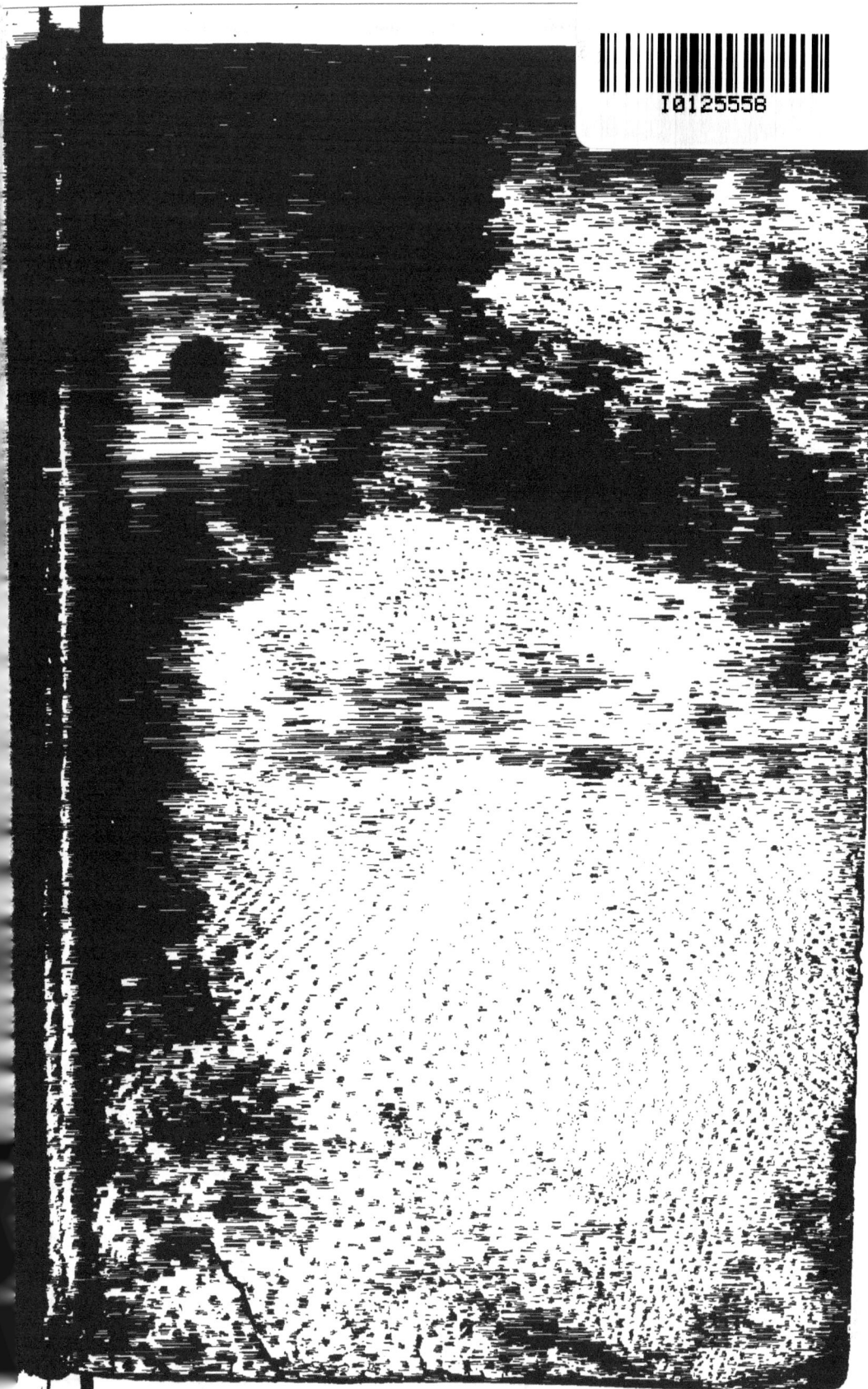

LE PRINCE.

Nouuelle Edition.

DIVISEE PAR CHAPITRES,

auec les Sommaires de chaque
Chapitre.

A PARIS,

Chez Jeremie Bouillerot, ruë
de la vieille Drapperie, vis à vis
la grand' porte du Palais.

M.DC.XXXXII.

LE
PRINCE.

ARGVMENT.

Plaisirs innocens de la campagne. Occupations de la vie retirée. Rencontre d'vn Esclaue venant d'Alger. Il conte la dispute de deux de ses compagnons, dont l'vn qui estoit François, tua de sa chesne l'autre qui estoit Espagnol. Occasion du present ouurage.

AVANT-PROPOS.

'AY esté assez long temps dans le monde, mais ie n'ay vécu qu'autant que dura l'Automne passé : Et pource qu'il n'est pas possible de faire reuenir ces iours bien heureux, & qui me furent si chers, ie tasche le plus qua

A ij

ie puis de les regouster par le souuenir, & par le discours. La liberté
en laquelle ie me trouuois, apres
vne captiuité de trois ans, i'appelle
ainsi le seiour que i'auois fait à la
ville : La pureté de l'air, que ie com-
mençois à respirer, & que ie receuois auidement, comme vne nourriture qui m'estoit nouuelle, & la
face riante de la campagne, qui
monstroit encore sur soy vne partie
de ses biens, & se paroit des derniers
presés qu'elle deuoit faire aux hommes, me donnoient des pensées si
douces, & si tranquilles, que sans
estre agité de l'émotion qu'excite la
ioye, i'auois tout le plaisir qu'elle
cause.

Les autres maladies de l'ame plus
importunes, qui tourmentent les
Cours & les Assemblées, n'appro-
choient point de nostre village, ni le

ii A

ne sçauois que c'estoit de craindre,
ny d'esperer, & ne connoissois plus
le soupçon, la deffiance, ny la ialousie. Toutes mes passions se repo-
soient, & celles d'autruy ne paruc-
noient point iusques à moy. L'enuie
& la haine, qui se sont si cruelle-
ment attachées à vne petite ombre
de bien, que quelques-vns ont crû
voir parmy mes defaux, m'attaquât
ou ie n'estois pas, ne me faisoient
point de mal que ie sentisse, & les
objets presens remplissoient mon
esprit de telle sorte, & y effaçoient
si nettement l'impression du passé,
que comme ils n'y laissoient point
de lieu aux apprehensions de l'aduenir, il n'y demeuroit rien de fafcheux qui me pust trauailler la memoire.

En cét estat, bien different du tumulte d'ou i'estois sorty, & sous la

ſerenité d'vn Ciel ſi benin, il me
ſembloit viſiblement de renaiſtre,
& d'aſſiſter au renouuellement de
toutes les choſes. Et à la verité quãd
nous euſſions eu durant cette ſaiſon
la direction du monde, & que nous
euſſions fait nous-meſmes les iours,
nous n'en pouuiõs pas auoir de plus
beaux, ny diſpenſer l'ombre & la lumiere, le froid & le chaud auec vne
plus égale meſure. Il s'eſleuoit bien
quelquefois vne petite vapeur de la
riuiere voiſine, qui l'enueloppoit cõme dans vn ré, & s'épandoit ſur la
ſuperficie de la Terre : Mais outre
qu'elle n'attendoit pas touſiours le
Soleil pour ſe défaire, & qu'elle n'en
pouuoit ſouſtenir les premiers rayons, elle n'auoit iamais tant de force qu'elle montaſt à la hauteur de
nos plus baſſes feneſtres, & nous
iouïſſions d'vn calme tres-net, &

d'vne clarté extremement viue, pendant qu'il y auoit vn peu de trouble & de fumée au deſſous de nous.

Auant que nous fuſſions habillés, & que nous euſſions fait nos prieres, cette humidité, qui n'auoit moüillé que la pointe des herbes, eſtoit entierement eſſuyée, & la fraiſcheur du matin n'auoit plus rien de moite, ny de piquant. Si bien qu'il me reſtoit vn iuſte interualle pour me promener iuſques à midy ; & pour faire de l'exercice qui dénoüaſt le corps ſans le trauailler, & réueillaſt moderément l'appetit, ſans le porter à vne faim déreglée , qui ſuit d'ordinaire les mouuements violéts, & tient quelque choſe de la maladie.

La premiere partie de l'apreſdiſnée ſe paſſoit en vne conuerſation familiere, d'où nous auions banny

les affaires d'Eſtat, les controuerſes
de la Religion , & les queſtions
de Philoſophie. On n'y diſputoit
point auec aigreur ſi le Pape eſtoit
pardeſſus le Concile : On ne ſe met-
toit point en peine d'accorder les
Princes Chreſtiens, pour faire vne
Ligue contre le Turc : On ne debat-
toit point à outrance , qui eſtoit le
plus grand Capitaine , du Marquis
de Spinola , ou du Comte de Tilly.
Perſonne ne reformoit les Royaumes , ny ne vouloit changer leur
gouuernement. Il n'eſtoit pas ſeulement permis de nommer le Public,
ny le Siecle ; & nous ne parlions que
de la bonté de nos melons , de la re-
colte de nos bleds, & de l'eſperance
de nos vendanges.

Apres cela, la compagnie s'eſtant
ſeparée , & de quatre que nous
eſtions , l'vn prenant poſſeſſion du

bois, l'autre du iardin, & le troisief-
me d'vne gallerie, où il y a des cartes & des tableaux, pour moy, ie me
retirois en ma chambre, & essayois
de m'endormir sur vn liure, aussi
peu serieux que nostre conuersation
l'auoit esté. Mais le declin du iour
s'approchant, & ce qui restoit de sa
chaleur n'estant pas plus difficile à
supporter que la vapeur d'vn bain
tiede, ie montois ordinairement à
cheual, & sortois du logis par vne
longue allée de meuriers blancs, qui
me conduisoit à la riuiere.

Il ne se peut rien voir de plus
clair, ny de plus agreable que son
cours: Et Ronsard a grand tort de la
deriuer de l'Acheron, & de penser
que ce soit vne branche de ce funeste lac, dont les eaux nous sont re-
presentées si noires, & si boüeuses.
C'est plustost vne fontaine conti-

nuée depuis fa naiffance iufques à la
Mer, où elle entre auffi fraifche &
auffi pure, apres auoir couru trente
licuës, que fi elle ne faifoit que for-
tir de fon origine. Elle cultiue gene-
ralemét tout ce qu'elle arrofe : Elle
laiffe l'abondance par tout où elle
paffe, & fi le mefme pays eft extremement maigre, & extremement
fertile, ce font des effets de fon
efloignement, & de fa prefence.

Au lieu où ie m'arreftois principalement, elle coule au deffous de
plufieurs collines, qui font vertes
de haut en bas d'vne foreft qu'elles
portent ; Et la pente en eftant fort
droite, vous diriés que les arbres n'y
font pas plantés, mais qu'on les y a
attachés, ou qu'ils y grimpent, tant
ils y ont apparemment peu de prife.
En certains endroits elle eft affez
large : ailleurs fon canal fe refferre

tellement, que les peupliers qui la
bordent de part & d'autre semblent
se baiser, & ioignent leurs branches
auec vne si belle iustesse, que le berceau ne seroit pas mieux fait, si l'art
& la contrainte les auoient pliées.

Là ne pouuant faire ce que faisoient Scipion & Lælius, au riuage
de la Mer, où ils ne faisoient pourtant que conter les vagues, & amas-
ser des coquilles, l'auois le plaisir de
regarder au fonds de l'eau les choses
qui se passoient dedans l'air, & de
voir nager tout ce qui voloit. C'e-
stoit l'amusemét qui m'entretenoit,
en attendant le coucher du Soleil, où
ie ne manquois iamais de me trouuer au milieu de la Prairie, afin de
considerer à mon aise cette riche ef-
fusion de couleurs qu'il verse en se
retirant, & dans laquelle il semble
qu'il tempere ses rayons pour les ren-

dre supportables , & qu'il adoucit sa
lumiere pour épargner noftre veüe.

Mais n'ayant à iouyr que fort peu
de temps du contentement que ie
receuois à l'aller admirer tous les
foirs, & à regarder les precieufes traces qu'il laiffe dans le Ciel , quand il
fe couche, les diuerfes couleurs qui
fe forment de la diffolutiõ de fes rayons, il n'y auoit point moyé de me
ramener au logis que la nuit ne fûft
venüe, & n'euft mis fin à la magnificence du fpeĉtacle qui me retenoit
dehors. Parce qu'vne faifon fi heureufe ne pouuoit pas eftre longue,
i'en voulois poffeder tous les inftans,
& eftois fi bon mefnager des moindres parties de fa durée, que i'aimois
mieux prendre le ferain que de perdre les reftes du iour. Et ne plus ne
moins que nous redoublons nos ca-
reffes aux perfonnes que nous ai-

mons, quand nous nous en deuons
bien toſt ſeparer, & que les vieillards deſirét plus ardemment la vie
à laquelle ils n'ót quaſi plus de part;
ainſi i'auois de violentes paſſions
pour vn bien qui s'enfuyoit de moy,
& que le voiſinage de l'Hyuer me
menaçoit à toute heure de me rauir.

Quand ie le vis approcher, on ne
me vit plus ſuiure ma premiere forme de vie, ny faire, comme auparauant, pluſieurs pieces de l'apreſdi-
uée. Ie n'eſtois ſociable que iuſqu'à
midy, incontinent apres ie ſortois
tout ſeul, & n'auois point de patience que ie ne vinſſe retrouuer ma chere riuiere: le long de laquelle me pro-
mehant vn iour à l'accouſtumée, &
ce fut, s'il m'en ſouuient bien, le
meſme iour que nous receuſmes la
nouuelle de la reddition de la Rochelle, i'apperceus tout d'vn coup à

la riue de delà ie ne sçay quoy de iaû-
ne & de bleu, qui se monstroit parmy les peupliers , & faisoit remuer
les roseaux. L'Eneide de Virgile,
que ie tenois d'auenture entre les
mains, & où ie venois de lire l'apparition du Tybre à Enée, qui se fit à
peu pres de la mesme sorte, m'auoit
tellement mis dans l'esprit les folies
de la Poësie, que ie m'allay d'abord
imaginer, que le fantosme que ie
découurois pouuoit estre le Dieu de
nostre fleuue. Mais ie corrigeay aussi
tost l'extrauagance de ma pensee,
& vis distinctement vn homme
blond, qui me presentoit vn bonnet
de peluche bleuë. A quoy reconnois-
sant qu'il auoit besoin de charité,
& le canal n'estant pas si estroit en
cét endroit là, que ie luy pûsse ietter
ter l'aumosne que ie luy voulois faire, ie fis signe à vn pescheur qui ten-

doit ſes filets à vingt pas de moy, de
l'aller prendre avec ſon bateau.

C'eſtoit vn Gentil-homme
Flamand qui venoit d'Eſpagne,
& qui tout pauure & tout dechiré
qu'il eſtoit, ne laiſſoit pas de ſen-
tir ſon homme bien nay, & d'a-
uoir fort bonne mine, quoy qu'il fût
en fort mauuais equipage. Ie ſceus
de luy que retournant de Lorette il
auoit eſté pris par vn vaiſſeau Turc,
& mené en Alger auec quelques autres Chreſtiens, qui pour eſpargner
la deſpenſe qu'ils euſſent faite par
terre, auoient loüé vne petite barque à Ancone, qui les deuoit porter
iuſques à Marſeille. Il me recita au
long l'hiſtoire de ſes mal heurs; le
faſcheux traitement qu'il auoit receu de quatre differens Maiſtres, qui
l'auoient achepté l'vn de l'autre, &
l'inſupportable humeur du dernier,

qui n'ayant ny raiſon, ny humanité,
luy doubloit toutes les charges de la
ſeruitude , & le miſt en fin en tel
eſtat, que ſe l'eſtant rendu entierement inutile, il fut contraint de le
laiſſer pour vne piſtole à vn Religieux de la Mercy.

Il n'oublia pas de me faire la deſcription de ces deux effroyables pri-
ſons qui ſont ſous la ville d'Alger, &
qu'on peut nommer à bon droict les
ſepulchres des viuans; puis qu'on y
enterre tous les ſoirs douze mille eſclaues, & qu'on les en tire tous les
matins, pour les enuoyer à leur trauail ordinaire. Et certes il ſe plaiſoit
ſi fort ſur cette matiere, & s'y enfon-
çoit quelque-fois ſi auant, que ie
voyois aſſez que les peines paſſées
luy eſtoient des contentemens pre-
ſens, & que le bien que nous eſpe-
rons ne flate pas dauantage noſtre
imagination

imagination, que le mal que nous auons souffert contente nostre memoire. Ie luy donnois donc, pour l'obliger, la plus paisible, & la plus fauorable audience qu'il eust pû desirer d'vn auditeur extremement curieux : Ie m'interessois en ses disgraces par les frequentes exclamations dont i'accompagnois ce qu'il me disoit, & luy laissois redire plusieurs fois vne mesme chose sans l'interrompre, afin de ne sembler pas luy vouloir oster la liberté, qu'il ne venoit que de recouurer.

Aussi l'ayant longuement escouté par complaisance, ie luy fis à mon tour quantité de questions pour ma satisfaction particuliere, & le lassay peut-estre de respondre à force de l'interroger. Ie voulus sçauoir de quelle police vsent les Mores, quelles coustumes ils obseruent, & à quels exercices ils s'adonnent. Entre

autres chofes il me conta, que tous
les Vendredis ils font des prieres publiques à Dieu, de leur rendre le
Royaume de Grenade, & maudif-
fent la memoire du dernier Roy, qui
ne le fceuft pas defendre contre Ferdinand Il m'informa de beaucoup
de femblables particularitez, que
l'hiftoire ne m'auoit point apprifes;
& bié qu'il me fuft impoffible de le
retenir plus de deux iours, quelque
priere que ie luy fiffe de demeurer
dauantage, ie receus à mon aife durant ce temps-là tout le profit qu'il
auoit tire d'vne trifte experience, &
de la multitude de fes mal-heurs.

Mais veritablement ce qui me
pleuft dauantage en fon entretien,
& me laiffa vne pleine & entiere fa-
tisfaction de lá rencôtre que i'auois
faite, ce fut qu'apres luy auoir demandé fi les Mores auoiét autant de

curiosité que moy, ou si comme les autres Barbares, ils viuoient en vne profonde ignoráce des affaires estrágeres; Il me fit response qu'il ne se parloit auiourd'huy en toute l'Afrique que des victoires de nostre Roy, & que la Rochelle auoit esté cause cette année de mille gageures, & de quasi autant de querelles; iusques-là que parmy les esclaues vn François s'estant picqué contre vn Espagnol, qui soustenoit qu'elle ne se prédroit point, & que le Roy n'en sçauroit venir à bout sans l'assistance du Roy d'Espagne; le François ne pouuant souffrir cette parole, & n'ayant rien pour la repousser, se fit des armes de ses propres chaisnes, & en frappa si rudement son compagnon, qu'il l'estendit tout roide mort aux pieds de leur commun Maistre.

ARGVMENT.

Confiderations fur l'hiftoire precedente. Difficulté de la matiere entreprife par l'Auteur. Ce qui l'oblige de la traitter, bien qu'il ne fe fente pas affez fort pour en fouftenir la dignité. Confeffion ingenuë de fa foibleffe. Acte de fa rerognoiffance enuers le Prince, par le bien fait duquel il iouyt paifiblement de fon loifir, & de toutes les belles chofes qui font defcrifes en l'Auant-propos.

CHAPITRE PREMIER.

ERTAINEMENT cette action me sembla si peu commune, que si celuy qui me la racontoit ne me l'euft asseurée par de grands & de religieux fermens, il faut avoüer que ie la trouuois trop belle, pour la croire veritable. Mais le témoignage qui m'en fut rendu, ne me deuant pas eftre fufpect, tant parce qu'il fortoit de la bouche d'vn Gentil-homme, originaire de la

Flandre Eſpagnole, & par conſequét
ſubjet du meſme Prince que le
mort, que pour d'autres conſiderations aſſez fortes : Ie fus rauy d'aiſe
de voir que ſur l'extreme vieilleſſe
du monde, & dans le declin de toutes choſes la France portoit encore
des enfans, dignes de la premiere
vigueur de leur mere.

Vn ſi genereux exemple me donna de l'amour, & en meſme temps
de la ialouſie. Ie fus extraordinaire-
ment émeu, & dis en moy-meſme;
Puis que de pauures captifs, qui reſpirent à peine ſous la peſanteur de
leurs fers, aiment ſi cherement vn
Prince, qui ne les a point deliurez de
la ſeruitude, & à bien dire, n'ayát nÿ
mains ny forces, tuent les ennemis
de ſa Couronne par leur ſeul courage : Puis que les eſclaues d'Alger deuiennent ſoldats de LOVIS LE

IVSTE , & que ceux qui ne partici-
cipent point à ses prosperitez, prennent part neantmoins à sa gloire;
Quelle apparence y a-t'il que viuant
en vne Prouince, dôt il est plus particulierement le liberateur que du
reste de la Frâce, & le principal fruit
de ses trauaux appartenant à mon
Pays, ie regarde d'vn esprit indiffe-
rent tant de biens qu'il nous a faits,
& iouïsse en secret & sans dire mot,
d'vne lasche & stupide felicité?
Quelle apparence y a-t'il qu'estant
dans le champ de la victoire, & ne
voyant autour de moy que des Peuples racheptez, & des ennemis abbatus, la presence d'vn si glorieux
objet ne puisse exciter mon oysiueté, & me donner vne pensée genereuse ? Quelle apparence, que ie ne
me réueille point à ce grand bruit,
qui se leuant icy, se fait entendre aux

extremitez de la Terre, & que ie ne
reçoiue aucune impreſſion d'vne lumiere ſi proche & ſi éclatante, qui
s'épand deſia au delà de la Mer, &
jette ſes rayons iuſques dans les ca-
chots de Barbarie?

Il faut eſtre touché plus viuement
de la bonne fortune publique, &
mieux connoiſtre ſon propre bien. Il
faut produire quelque acte de noſtre
ioye, s'il n'eſt plus temps de rendre
des preuues de noſtre courage; & témoigner que nous aimons l'Eſtat, ſi
nous n'auons eſté capables de le ſeruir. Il ne faut pas dauantage demeurer dans l'aſſoupiſſement & le ſilence de l'admiration. Il ne faut pas que
ie ſois le ſeul muet parmy les accla-
mations du peuple, ny le ſeul artiſan
inutile dans les preparatifs du triomphe.

Ie crains bien neantmoins à cette

heure que ie cõſidere les choſes d'vne
veuë tranquille, & que ie ſuis reuenu
du tranſport où i'eſtois, que la pauureté du lieu où ie ſuis ne me fourni-
ra pas dequoy trauailler aſſez dignement à vne ſi noble & ſi illuſtre beſongne. Nous n'auons point de car-
riere de marbre, ny de mine d'or,
d'où ie puiſſe tirer les ornemens que
ie deſirerois. L'abondance de Paris
ne ſe rencontre point au village.
Noſtre terre contente groſſieremét
le beſoin, mais elle ne donne rien
aux delices. En vain auſſi cherche-
rois-ie la communication d'autruy,
& le ſecours de la conference, ne
voyant quaſi que des obiets qui ne
parlent point, & paſſant ma vie parmy des choſes mortes & inanimées.
Qu'eſt ce que me peuuent apprendre les arbres & les rochers ? Qu'y a-
t'il de commun entre l'Agriculture

& la Politique ? Qui puis-ie confulter où ie ne trouue perfonne? Depuis que la Cour s'eft éloignée d'icy, les nouuelles ne vieilliffent elles pas à venir iufques à nous? Suis-ie pas des derniers à qui la Renommée les apporte? Les fçay ie qu'apres qu'elles font publiques & imprimées?

Ie n'ay pas acquis d'ailleurs beaucoup de pratique des chofes du mô-de. On ne m'a point donné de memoires, ny d'inftructions, pour fuppleer au deffaut de la connoiffance que ie n'ay pas. Ie chemine fans guide, & fans côpagnie. Tous les auantages, qu'vn autre pourroit auoir me manquent, & i'auoué que ie fuis fort mal pourueu des qualitez neceffaires pour fouftenir la dignité du deffein que i'ay entrepris. Neantmoins ie me fens comme forcé de me produire en cette occafion. Il m'eft impof-

fible de refifter au mouuement interieur qui me pouffe. Ie ne fçaurois
m'empefcher de parler du Roy, & de
fa vertu : de crier à tous les Princes,
que c'eft l'exemple qu'ils doiuét fuiure ; de demander à tous les peuples,
& à tous les aages , s'ils ont iamais
rien veu de femblable. Vn Hermite
veut dire fon aduis de ce qu il a de
plus magnifique , & de plus pom-
peux en la vie actiue. Ie veux me ietter auec mon fimple fens commun
dans les plus grandes affaires de la
Chreftienté. Ie veux trauerfer la Mer
auec vne claye.

C'eft pourquoy ie ne doute point
que ie ne me hazarde extrememét, &
que ie ne coure fortune de me perdre
dés le port. Ma temerité ne me peut
reüffir que par miracle: Ie ne puis me
rendre remarquable que par mes er-
reurs. On verra bien aux mefcontes

de mes écrits que ie suis estranger
du monde, & habitant du desert.
Toutesfois puis qu'en cecy ie n'e-
xerce ny de charge ciuile, ny de
charge militaire ; puis que ie ne
donne point d'Arrests, ny ne mene
de gens à la guerre, & qu'vne personne priuée peut faillir, sans que
ses fautes soient dangereuses, ie me
console de ce que les miennes ne feront point de mal à ma Patrie, &
que ma plus grossiere ignorance ne
luy coustera pas la vie du plus inutile de ses Citoyens. Ie renonce à tout
ce que i'ay pretendu en l'art de bien
dire, pour m'acquiter d'vne action
de pieté : Ma reputation ne m'est
point si chere que mon deuoir. I'aime mieux qu'on blasme mon zele
que ma dureté, & ma violence que
ma langueur : Ie n'aspire point à la
gloire ; Ie satisfais seulement à ma
conscience.

Et s'il eſt vray qu'il n'y a perſonne à qui la ioüiſſance du repos ſoit
plus ſenſible, qu'à celuy qui le ſçait
gouſter par le moyen de la Philoſophie, qui apprend à bien deuoir, encore qu'elle ne donne pas dequoy
payer; ce ſeroit à faux que ie ferois
profeſſion d'vne eſtude ſi honneſte,
ſi des effets ie ne montois à la cauſe,
& ne rendois quelque preuue de reconnoiſſance au ſecond fondateur
de cét Eſtat, par le bien fait duquel
ie reſue icy en ſeureté ſur le bord de
la Charante; ie conſidere à mon aiſe
les diuerſes beautez de la Nature, &
poſſede ſans trouble toutes les ri-
cheſſes de la Campagne.

ARGVMENT.

*Conſequence de la priſe de la Rochelle. Auantages
que le Prince en tire. Commencement d'vn ſiecle nouueau. Eſtabliſſement de l'autorité Royalle. Les Rebelles
abbatus, les Grands humiliez. Il ne ſe parle plus de*

conferences ny de traités de paix ; on obeit à vne simple
lettre de cachet. Ceux qui sont en liberté , sont aussi
peu à craindre que les prisonniers. Dans peu de temps
la rigueur des loix ne sera plus necessaire parmy nous.
Toutes choses se maintiendront par l'autorité & par la
reputation du Prince. Estat des affaires de Languedoc.
Le gros des Protestans dans l'obeissance. Les Mares-
chaux de Chastillon & de la Force dans le seruice.
Pourquoy parmy des Rebelles on ne peut ny donner ny
prendre de confiance.

CHAPITRE II.

E S formidables bastions,
qui nous empeschoient de
voir le Ciel ; qui auoient
esté bastis du sang & des larmes de
nos peres, & dont l'ombre estoit si
funeste à trois Prouinces voisines, ne
menaçent plus nostre liberté. L'Azi-
le des meschás est tombé par terre;
il n'en reste que des traces & des ruines, qu'on monstre aux passans. L'E-
glise a sa reuanche des lieux saints
qu'on luy a abbatus, & des images
qu'on luy a brisées. Il n'y a plus de

trou, ny de cauerne pour retirer cette
beste furieuse, qui venoit courir iufques dans nos portes, & s'en retour-
noit superbe & fiere de nos dépoüil-
les. Elle est maintenant exposée aux
ieux & à la risée des enfans : Elle est
deuenuë le spectacle & l'amusement
du peuple. Elle ne sçauroit plus se
deffendre que du cœur : On luy a
arraché les dens & les ongles.

Ce n'estoit pas certes vne petite
entreprise, ny qui eust besoin d'vn
moindre courage que celuy du Roy.
Et quand ie considere que nos propres freres estoient nos ennemis naturels, & qu'il y auoit plus de difference entre deux François, qu'entre
vn François & vn Moscouite ; &
qu'auiourd'huy ce genereux Prince
nous a tous recóciliez par sa victoire, & tous reünis dans son seruice, ie
ne voy point de conqueste qui se

puiſſe offrir à ſon ambition, qui vaille celle qu'il a deſia faite. Les auantages qu'il en tire ont beaucoup d'é-
clat, pour eſblouïr les yeux du vulgaire ; mais ils ont auſſi beaucoup de
ſolidité, pour côtéter les eſprits des
ſages. La gloire qui luy en vient, pe-
ſe pour le moins autant qu'elle brille ;
& c'eſt la parfaite gueriſon de ſon
Eſtat, & non pas vn vain ornement
de ſon Hiſtoire.

Et de fait ; outre qu'il a pris plus
de villes qu'il n'y en a dás le Royaume de Naples, & dans celuy de Sicile : Que tantoſt il a affoibly l'Eſtranger, & qu'il l'a tantoſt deshonoré ;
qu'il luy a touſiours fait receuoir, ou
des pertes, ou des affronts : Outre
qu'il a impoſé vn ioug à la plus or-
gueilleuſe partie de la Nature : qu'il
a planté dans la Mer des écueils arti-
ficiels, pour échoüer les flottes de

ſes ennemis , & que la force de ſa reſolution a ſurmonté la violence des
Elemens & des Aſtres : Il peut encore dire auec verité, qu'il a rendu tout
le monde ſage ; qu'il s'eſt fait d'autres Subiets , & vn autre Peuple , &
qu'aux termes où il a reduit les factieux , le pis qu'ils puiſſent faire,
c'eſt de faire de mauuais ſouhaits , &
de deſirer que le temps ſe change.

La paix qu'il nous a acquiſe , eſt
ſans doute d'vne bien plus forte , &
bien plus durable matiere , que toutes celles que nous auons veuës. Ce
n'eſt ny la neceſſité des affaires , ny
la laſſitude de la guerre, ny l'apprehenſion de ſes diuers euenemens qui
l'a obligé de la nous donner. Elle eſt
ſortie librement de ſon eſprit , apres
vne entiere & pleine victoire ; apres
que la derniere racine du mal a eſté
coupée , & que les choſes ont eſté
miſes

mifes hors de la puiſſance de la Fortune. Elle eſt fódée ſur la deſtructió
de tout ce qui la pouuoit iamais
troubler, & noſtre repos eſt ſi puiſ-
ſamment & ſi ſolidement eſtably,
que ſi l'Admiral de **** & le Mareſchal de **** reuenoient au mó-
de, auec toutes leurs ſubtilitez, &
toutes leurs ruſes ; ils ne ſeroient pas
capables de nous donner ſeulement
vne fauſſe allarme.

Il ne faut donc pas craindre que
ces grands Eſprits, qui ont tenu leur
ſiecle en perpetuelle inquietude;
qui ont excité des orages dans la
ſerenité des plus beaux iours, & qui
maintenant demeureroient oiſifs,
ne ſçachant par quel endroit nous
faire du mal, ayent laiſſé des diſciples plus ſçauans qu'eux, & plus in-
genieux à la ruine de leur patrie. Il ne

C

faut pas craindre, comme auparauant, que les mescontentemens des particuliers fassent naistre les miseres publiques, ny que le premier mouuement de leur cholere soit suiuy de la prise des villes, & de la desolation de la campagne. Toute leur mauuaise humeur se passera à l'auenir dans leur cabinet, & contre leurs domestiques : Ils se fascheront à meilleur marché qu'ils ne faisoient, lors qu'il n'y auoit pas assez de charges & de gouuernemens pour les appaiser. L'Estat ne donnera pas plus de peine à conduire, qu'vne maison bien reglée. Tout obeïra, depuis les enfans iusqu'aux mercenaires ; & cette multitude de Roys qui a si lōg temps partagé la France, sera en fin reduite au droict commun, & rendra à vn seul la souueraineté qui estoit diuisée entre plusieurs.

Qui est-ce, à vostre aduis, qui
voudra adjouster ses mal heurs à
ceux des autres, & suiure l'exemple
de tant de gens qui se sont perdus,
ou qui sont encore tous moittes, &
tous degouttans de leur naufrage?
Qui est-ce qui pourra songer à de
nouuelles broüilleries, s'il se souuiét
de ce qu'il a veu; & auoir de l'esperance, s'il n'a tout à fait perdu la memoire? Qui sera le temeraire, qui
se mettra au deuant de cette pros-
petité impetueuse, qui a emporté le
Bearn, la Guyenne, le Languedoc,
& le Dauphiné? Et où se cachera vn
pauure rebelle, puis que d'vn costé
le trauail de soixante ans, & l'industrie de tous les Mathematiciens de
l'Europe, & de l'autre la Mer & l'Angleterre n'ont sceu conseruer la Rochelle dans sa desobeissance?

Il n'y a rien de si fort naturelle-

ment , ny de si acheué par l'artifice
des hommes , qui puisse resister à la
presence du Roy. Il n'y a point de
grandeur qui ne s'humilie deuant la
sienne. Il n'y a point de finesse qui ne
soit foible contre sa prudence. Les
places qui eussent attendu le canon
il y a dix ans , se rendront à la veuë
de sa liurée. Deux lignes signées de
sa main , & portées par vn Valet de
pied , feront obeïr ceux qui eussent
voulu l'autre iour des traitez de
paix,& des conferences reglées pour
rentrer auec ceremonie dans leur
deuoir. Qu'il commáde à qui que ce
soit de luy venir rendre conte de ses
actiõs; il ne deliberera point s'il doit
partir, quoy qu'il doiue craindre le
succez de son voyage : il apportera
sa teste, & n'enuoyera point de Ma-
nifeste. Qu'il deliure quãd il luy plaira les prisonniers;pour estre en liberté,ils ne seront pas moins en sa puis-

sance. Il ne se dessaisira point de leur
personne, il élargira seulement le
circuit de leur prison. Il les tiendra
par de plus longues chaisnes que les
premieres, & les laissant viure auec
le reste de ses Subiects, il ne fera
qu'augmenter le nombre des gardes
qu'il leur donnoit. De sorte que bien
tost les peines & les supplices ne seront plus necessaires en son Royaume. On ne se seruira plus de ces remedes fascheux, que la foiblesse &
l'impuissance des hommes ont mis
en vsage, & qui ne peuuent conseruer le tout sans la perte de quelque
partie. L'Estat se maintiendra par
la reputation du Prince, & le Prince
sera redoutable par sa seule autorité.

Ie parle de ce qui luy reste à faire
en Languedoc, comme d'vne chose
desia faite. Sa fortune nous est trop
connuë pour douter du succés d'vne

action, qui aux termes où les affaires
se trouuent, seroit mesme facile à vn
mal-heureux. Il y aura de la presse à
se rendre au Roy. Les Sages ne cher-
cheront point de gloire en vne fausse
reputation de constance. Ils prendront conseil de leur condition presente, sans se ressouuenir mal à propos de leur prosperité passée. Ils n'at-
tendront pas que la necessité les con-
traigne à venir demander la paix en
chemise; & aimeront mieux se fier à
vne parole qui ne peut manquer,
qu'à des murailles qui se peuuent
prendre.

Au pis aller, il combattra contre
des gens qu'il a coustume de vaincre, & qui n'estans soustenus que
d'vn peu de desespoir qui les porte,
seront incontinent consommez par
ses forces, par son courage, & par
son bon-heur. Il ne faut plus que nos

heretiques faſſent eſtat de chefs, de
Party, de Villes, ny d'Aſſemblées;
il ne leur demeurera que leur here-
ſie, laquelle eſtant miſe à nud, & dé-
poüillée de ces auantages humains,
qui couuroient ſa naturelle laideur,
perdra tous les iours ſes vieux Parti-
ſans, & n'en acquerra point de nouueaux. Quelques-vns s'y tiendront
encore par commodité, & parce
qu'il faſche aux pareſſeux de déme-
nager d'vn lieu en vn autre; mais
perſonne ne s'y arreſtera pour y
mourir, & les plus opiniaſtres s'en-
nuyeront de diſputer vne Cauſe in-
fortunée, ſi ſouuent & ſi ſolennelle-
ment perduë, abandonnée de Dieu
& des hommes.

M. le Mareſchal de ✶✶✶✶ & M.
le Mareſchal de ✶✶✶✶ les plus aui-
ſez & plus conſiderables de cette Se-
cte, ſont habitans de Paris, & le

Roy n'en est pas moins asseuré que
du Preuost des Marchands. L'vn est
saoul de la guerre ciuile, l'autre n'en
à iamais voulu taster, & tous deux
sçauent assez quelle seruitude c'est
que de commander à des Rebelles,
parmy lesquels outre que les meilleures actions ont besoin d'aboli-
tion, que les victoires sont des parricides, & qu'il n'y a pas seulement
esperance de receuoir vne mort ho-
neste, il ne se peut encore n'y apporter, ny trouuer de confiance, à cause qu'il y a du merite à tromper, &
qu'en quittant son party, on fait son
deuoir.

promette vne chose pour en obtenir vne autre. Le moindre artisan luy demande raison de sa conduite. Chacun
croit auoir pareille part à vne puissance qui n'appartient de droit à personne. Agitation & inquietudes
de son esprit. il voudroit bien retourner à son deuoir,
s'il sçauoit par où sortir de sa faute. L'ancienne Politique ne luy fait point esperer de seureté, mais la bonté
du Prince corrige l'ancienne Politique. Il est capable
de seruir, & merite d'estre conserué. C'est vn mal-
heureux qu'on aime. Tout le reste des rebelles est
odieux.

CHAPITRE III.

P OVR M. de ✳✳✳✳✳ ie ne
croy pas qu'il ait l'esprit in-
curable, & qu'il suiue le mal
par election. La tempeste l'a ietté
dans la reuolte, & il connoist bien
qu'il n'y a point de si mauuaise place
auprés du Roy, qui ne vaille mieux
que la Generalité de son Armée. Il a
beau estre habile & laborieux, ses
entreprises sont semblables aux efforts d'vn homme qui songe ; il se
trauaille, & se debat inutilement.

On ne ſçauroit rien faire en dépit du
Ciel. Il void vne puiſſance ſuperieure , qui renuerſe d'enhaut tous ſes
deſſeins , & toute la prudence humaine abbatuë par la force de la de-
ſtinée.

Dauantage , en quelque lieu qu'il
ſoit , il eſt eſclaue d'vne infinité de
Maiſtres , & craint autant les ſiens
que les ennemis. Son autorité , qui
n'a pour fondement que la paſſion
du menu Peuple , eſt baſtie ſur de la
bouë: elle dépend de la fantaiſie d'vn
artiſan , qui croit auoir droit de luy
demáder raiſon de tout ce qu'il fait,
& de tout ce qu'il ne fait pas , & de
l'appeller traiſtre toutes les fois qu'il
ſera mal-heureux. Le plus ferme ſeruiteur qu'il ait n'eſt pas à l'eſpreuue
de mille eſcus de penſion. Il n'a pas
vn homme ſous ſa conduitte qui luy
rende vne vraye obeiſſance, & à qui

il ne faille qu'il promette quelque
chose pour en obtenir vne autre. Ils
pensent tous aucunemét estre égaux
à luy par la societé du mesme crime,
& que chacun a pareille part à vne
puissance qui n'appartient legitimement à personne.

Si bien que pour se conseruer cette vaine image de commandement
sur eux, il faut qu'il les gouuerne auec
des artifices honteux , & que d'a-
bord il leur souffre la licence , voire
mesmes contre sa propre personne.
Il faut qu'il soit le flateur & le cor-
rupteur de son Armée ; que tous les
iours il inuente des nouuelles , pour
entretenir les esperances ; qu'il compose des propheties, pour amuser les
credules ; qu'il asseure que les Casi-
mirs repasseront la Loyre , & inon-
deront encore la France auec leurs
Lansquenets & leurs Reistres. Qu'a-

prés cela il contrefaſſe des lettres de
Bethlem Gabor , par leſquelles le
Turc doit bien toſt venir, puis que
l'Angleterre & l'Allemagne ont mâ-
qué ; & que dans l'apprehenſion de
ſa prochaine ruine, & parmy les hor-
reurs du deſeſpoir, il ait toutes les
mines & toutes les apparences d'vn
homme content.

Cependant ie m'aſſeure que depuis deux ans il n'a pas receu d'autres
ioyes que celles qui ſe peuuent gouſter dans l'interualle qui eſt entre la
condemnation & la mort. Les
mauuais iours qu'il paſſe ne ſont
pas ſuiuis de meilleures nuits ; & s'il
veut prendre quelque repos, en meſme temps ſon imagination qui veille, luy repreſente, ou vne ſedition en
ſon Camp, ou vne Ville qui ſe ſaiſit
de luy pour faire ſa paix plus auanta-
geuſe, ou le poignard d'vn des ſiens

qui le tient à la gorge , ou le visage
irrité de son Maistre, qui luy repro-
che sa felonnie , & l'abandonne aux
formes ordinaires de la Iustice. Certes si on pouuoit voir les tourmens,
& l'agitation de la pauure ame,ie ne
doute point qu'on n'en eust pitié.
Nous n'auons point de volontaire
dans nos troupes qui voulust se chã-
ger auec ce mal-heureux General, &
qui n'entendist en ce sens-là les paroles qu'Homere fait dire à son
Achile, Que ceux qui obeïssent en
ce monde sont plus heureux que
ceux qui commandent aux Enfers.

Il n'est donc pas difficile à croire,
que s'il estoit à recommencer , il ne
preferast vn bannissement volontaire à sa qualité de Chef de Part ; &
qu'encore auiourd'huy considerant
l'auenir, qui ne luy monstre rien que
de triste & de funeste, il ne porte en

uie aux prifonniers du Bois de Vin-
cennes, qui attendent pour le moins
en repos la mifericorde du Roy.

Il regarde bien de tous coſtez par
où il pourroit ſortir de cette confuſion de diuers mal-heurs, & cherche
vn paſſage pour retourner à ſon deuoir. Mais il n'y a point de degrez
en vn precipice : On ne void gueres
remonter les perſonnes qui s'y ſont
iettées, & le dáger n'eſt pas moindre
de ſe défaire de la Tyrannie, que de
s'en ſaiſir. Phalaris eſtoit tout preſt
de la quitter ; mais il demandoit vn
Dieu pour caution, qui luy répon-
diſt de ſa vie, s'il ſe dépoüilloit de
ſon autorité; & ç'a touſiours eſté vne
commune opinion, que ceux qui
ont pris les armes contre leur pays,
ou contre leur Prince, ſont en quelque façon reduits à la neceſſité de
mal faire, pour le peu de ſeureté

qu'ils trouuent à faire bien. Ils n'o-
sent deuenir innocens, de peur de se
mettre à la mercy des Loix qu'ils
ont offensées, & cõtinuent leurs fautes, à cause qu'ils ne pésent pas qu'on
se contentast de leur repentance.

Toutesfois la bonté du Roy doit
asseurer les esprits que ces maximes
pourroient auoir effrayez : elle ne
s'assuiettit point aux regles de la Politique vulgaire, & est en estat de les
adoucir, & de les changer à sa volonté. La rigueur & la courtoisie qu'on
exerce dans l'incertitude des euenemens, & dans la violence du mal,
sont plustost des effets de necessité
que de vertu. Ce sont, à bien dire,
des craintes honnestes & specieuses,
qui témoignent que nous ne voulons point d'ennemis puissans quãd
nous faisons aux nostres du pis qu'il
nous est possible; & quand nous les

traitons doucement, que nous en attendons la pareille. Mais la continuelle profperité du Roy ne donne
point lieu à ces penfées, elle ofte tout
foupçon d'hypocrifie à fa vertu, &
laiffe à fon choix d'vfer de iuftice &
de grace, comme bon luy femble.
Luy feul peut tirer M. de **** de
l'extremité où il eft tombé, & luy
donner moyen, ou de trouuer vne
mort glorieufe en quelque occafion
éloignée qui regarde fon feruice, ou
de paffer vne vieilleffe tranquille dás
les feftes & dans les triomphes de fa
Cour. Ses mains ne font point ra-
courcies depuis les dernieres a-
ctions de clemence qu'il a faites : &
fi elles s'eftendent fur vn homme,
qui peche encore auec remords, qui
n'a pas oublié fon nom ny fa naiffance, & qui certes merite qu'on le conferue, on le loüera par tout de ce
qu'apres

qui apres auoir abbatu l'orgueil des
Rebelles, il ne s'attache point à l'infortune des affligez.

Ie n'ose pas dire que les Autheurs
de la reuolte qui ont renié leur Prince, & voulu vendre leur Pays à l'E-
ranger, doiuent receuoir vn si fauorable traitement, & qu'il ne faille
le quelque exemple pour appaiser
les ames des morts, & pour satisfai-
re le public. Le Roy neantmoins peut
faire en cela ce que personne ne luy
peut demander raisonnablement, &
la douceur de son inclination a corrigé souuent la seuerité de la charge
qu'il exerce.

Mais quand il voudroit estre liberal de ses iniures, & pardonner à des
gens qui l'ont si sensiblement offensé, que seroient ils d'vne grace, dont
il leur seroit impossible de iouir au
milieu d'vne nation irritée? Que leur

seruiroit-il d'auoir la liberté, si elle
leur estoit plus dāgereuse que la prison ; & d'estre échappez de la justice
du Parlement pour s'exposer à la vé-
geance du peuple? Ils sont si odieux
en tout ce Royaume, qu'ils n'y pourroient marcher que de nuit , s'ils y
retournoient. Les plus tendres esprits ne sont point touchez de leurs
disgraces ; & quoy que ce soit la nature du mal de donner de la compas-
sion à ceux qui le voyét, ils sont hays
cóme s'ils n'estoient pas miserables.

On se souuient qu'ils ont tousiours
allumé les embrasemens que nous
auons veus ; qu'ils ont esté les premiers pariures, & les premiers infra-
cteurs de la Foy publique ; qu'ils se
sont émeus lors que le trouble mesmes se reposoit , & ont deuancé le
souleuement de leur Party par l'impatience de leur propre rebellion.

On se souuient qu'en pleine Paix ils
se sont faits Pyrates de nostre Mer,
& violateurs de la franchise de nos
Havres; qu'ils se sont opposez à la
grandeur de la France; qu'ils ont en-
uié la gloire du Roy, & détourné son
esprit d'vne genereuse entreprise
hors de ce Royaume, par les empeschemens domestiques qu'ils luy
ont suscitez au dedans.

Nous sçauons qu'ils ont diuisé des
Roys, & rompu les Alliances des
Couronnes; que leurs Harangues se-
ditieuses ont versé le feu & le souffre
de tous costez; qu'ils ont essayé de
reimuer toute l'Europe contre leur
Patrie; qu'ils ont esté au bout du
monde nous chercher des ennemis;
& ont fait si peu d'estat de la dignité
du nom François, qu'ils n'ont point
eu honte de se trouuer au leuer d'vn
fauory d'Angleterre, & de plier les

genoux deuât vne puifsâce étrâgere.

Les Rebelles d'ailleurs les regardét
comme les demons qui les ont tentez, & leur ont infpiré la premiere
fureur des armes, qui leur ont fi mal-
heureufement reuffi. Il eft bien vray,
qu'ils ont preffé le fecours qui leur
eft venu, & les ont feruis chez nos
voifins auec de l'affection & du foin:
mais ils n'ont pas efté fi bons condu-
cteurs de leurs troupes, que bons fol-
liciteurs de leurs affaires, & apres
auoir preparé la guerre, & engagé
les foldats, ils fe font contentez prefque toufiours de donner des confeils
hardis, & de deliberer genereufe-
ment. Ainfi ils ont pouffé dans le peril ceux qu'ils y deuoient mener, qui
leur reprochét continuellemét leurs
bleffeures, & leurs pertes, & croyent
qu'ils font vn crime de viure apres
la ruïne de leur party. Ils ne font pas

en meilleure odeur chez les Estrangers, & s'il estoit possible de recueillir les voix de tous les Peuples ensémble, ils seroient condánez par vn cómun Arrest du genre humain, & repoussez de tous les Asyles de la Terre.

ARGVMENT.

Le Prince aimé generalement de tout le monde. L'estime qu'on fait de lay est le fondement de cette amour. Le Huguenot est icy le rival du Catholique. Il trouve son avantage particulier dans la ruine de son party. Il ne se plaint point de sa cheute, n'estant tombé que dans le sein de son pere. Adresse du Prince à faire trouuer bonne sa victoire mesme aux vaincus. Ce n'est ny sa beauté ny sa bonne mine que nous suiuons, c'est quelque chose de beaucoup plus noble. Si la France n'estoit passionnée, elle seroit ingrate.

CHAPITRE IV.

R il est sans doute, à mon aduis, que l'extreme haine qu'on leur porte vient de l'extreme amour qu'on a pour le

D iij

Roy. Les offenses qui font faictes à
vn Prince iufte, excitent des reffen-
timens vniuerfels, & appartiennent
à tout le public. Tout hôme eft fol-
dat contre les ennemis de l'excellente vertu. Il n'y en a point de fi defin-
tereffé, qu'elle n'engage dans fon
party; ny de fi froid, à qui elle ne
donne de la paffion; ny de fi contraire qu'elle ne change. En quelque lieu
qu'elle fe faffe voir, elle acquiert
premieremét l'eftime, qui eft le fondement de l'autorité : elle produit
apres des fentimés plus doux & plus
tendres, & ne laiffe pas mefmes à
ceux qu'elle bat & qu'elle pourfuit,
la liberté de ne l'aimer pas.

Nous voyons les habitans des villes rafées qui adorent la vertu de leur
deftructeur; qui beniffent la foudre
qui les a frapez, & recónoiffent que

la guerre qu'on leur a faite, n'a esté ny vn mouuement precipité de co-lere, ny vn effet de mauuaise volon-té contre eux : mais vne necessaire conclusion de tous les principes de la prudence, & le seul remede qui les pouuoit mettre en meilleur estat. Ils côfessent qu'ils iouyssent par la perte de la Rochelle, de la soureté qu'ils n'auoient pû trouuer en ses prodi-gieuses fortifications, & ne se plai-gnent point de leur cheute, n'estans tombez que dâs le sein de leur pere. Ils ne font point difficulté d'auoüer qu'ils sont obligez à la victoire du Roy, de leur tranquillité & de leur repos, qu'il leur a dôné loisir de vac-quer à leurs affaires particulieres, en les déchargeant de celles de leur par-ty ; & que puis qu'on n'a touché ny à leur vie, ny à leur liberté, ny à leur fortune, en leur ostant des places qui

n'eſtoient pas à eux, on ne leur a oſté
que des ſoucis, des inquietudes, &
des peines.

Comme les vents les plus impe-
tueux & les plus froids, ſe relâchent,
& s'adouciſſent aucunement, paſſant
par vne region temperée : auſſi les
plus ſeueres & les plus faſcheuſes
actions retiennent quelque choſe
des qualitez de la perſonne qui les
entreprend, & perdent vne partie
de leur aſpreté & de leur rudeſſe dás
la conduite d'vn Prince ſage & bien
auiſé. Le Roy a ſçeu ménager cette-
cy auec tant d'adreſſe, qu'en faiſant
iuſtice il a receu des loüanges de la
propre bouche des coupables, & a
porté ſon reſſentiment à vne pleine
ſatisfaction de l'offenſe qu'il auoit
receuë, ſans qu'il ait paru d'aigreur
en ſon procedé, ny d'émotion en
ſon eſprit. Il a agy ne plus ne moins

qu'agissent les Loix, qui ordonnent
des peines & des supplices, sans se
mettre en colere, & ne sont point
passionnées, quoy qu'elles soient du-
res & inflexibles. Tout le monde a
admiré la subtilité de la main, qui
en mesme temps a sauué le corps, &
percé le serpent qui l'entortilloit; qui
a employé innocemment le fer & le
feu, la rigueur & la vengeance; qui
a exercé vne hostilité si charitable,
que les vaincus en remerciet auiour-
d'huy le victorieux.

Il a donc à bon droict la faueur
vniuerselle, & les volontez des vns
& des autres. En vne si iuste affectió
le Huguenot est riual du Catholique, toute la France est également
amoureuse de son Roy. Et bien qu'é
s'éloignant d'elle, il luy ait laissé la
paix, & d'autres gages tres-precieux;
bien qu'il n'acquiere point de gloire

qui ne ſoit pour elle , & qu'à toute
heure il luy enuoye des Trophées du
lieu où il eſt , elle ne ſe peut conſoler de ſon abſence, qui la met en
vn ſi haut degré de reputation en
la ſeparant de luy. Elle eſt enuieuſe
de la bonne fortune de ſes ennemis,
qui voyent pour le moins le viſage
qui leur fait peur, & iouïſſent de la
clarté qui les eſbloüit.

Nos yeux qui ne ſont iamais ſa-
tisfaits des meſmes obiets ; qui veulent touſiours changer de beauté, &
qui s'ennuyent quelquefois du iour
& de la lumiere, ne ſe laſſent point
de regarder noſtre Prince. Quand il
à paſſé par vne rué, le peuple court à
l'autre pour le reuoir:& toutesfois ce
n'eſt pas la forme exterieure que
noꝰ ſuiuõs,quoy que les Philoſophes
l'eſtiment la troiſieſme partie du
ſouuerain bien. Noſtre affection eſt
plus ſpirituelle & plus détachée des

sens. Nous sommes attirez par vne
plus noble force. I'ay déia dit qu'il
nous a gaignez par son merite. Par
là il possede le cœur de tous ses Subjets, & possede par consequent le
lieu des veritables affections, le lieu
où les hommes mettent leurs femmes & leurs enfans, & les autres choses qui leur sont cheres, le lieu qui a
resisté à la puissance des Conquerás,
qui a tenu bon contre Cesar, qui est
fermé à ceux à qui les portes des Ci-
tadelles sont ouuertes, qui se conserue libre lors que la tyrannie se des-
borde sur toute la terre.

Certes si les peuples ont eu autresfois des passions violentes pour
des Princes qu'ils ne pouuoient pas
encore connoistre, & qui ne leur
auoient fait ny bien ny mal. Si Rome a esté idolatre du ieune Marcel-
lus, qui ne monstroit encore que des

signes & des presages d'vne future
grandeur, & qui fut esteint comme
il commençoit à luire : Si pour cét
effet il a esté appellé, les courtes &
mal-heureuses amours du peuple
Romain, qui pleura sa mort amere-
ment, & eut vne extreme affliction
d'auoir perdu ce qu'il esperoit ; c'est
à dire d'auoir perdu ce qu'il n'auoit
pas; ce seroit vne hôte que des bienfaits receus trouuassent moins de reconnoissance que n'en ont trouué
des bien faits à receuoir ; que nous
fissions moins de cas d'vne vraye &
réelle possession, qu'on n'a estimé
des imaginations & des desirs ; que
Rome eust admiré les boutons & les
fleurs d'vne inclination portée au
bien; & que la Fráce ne fust pas rauie
de recueillir le fruit d'vne vertu có-
sommée. Ce seroit veritablement
trop d'iniustice, si vn Prince qui a

tant vaincu & tant trauaillé pour
nous, n'auoit pû se rendre agreable
par ses peines & par ses victoires. Si
les Coúrones & les applaudissemés
luy manquosét apres le salut de l'E-
stat & le repos de l'Eglise, qu'il a pro-
curé, & si de parfaites obligations
produisoient des ressentiments vulgaires.

*Cet ouurage n'est ny Eloge, ny Panegyric. C'est vn
témoignage que l'auteur a rend à la posterité de la vertu
de son Prince. Il ne declame point, il instruit, bien
que ce ne soit pas en Docteur. La flatterie ancien vice de
toutes les Cours. Exemples de cela fort remarquables.
On adore les enfames en public dont on se mocque en
particulier. Les estrangers démentent les histoires que
les domestiques ont écrites. Toutes les nations ont vn
respect seurement pour nostre prince. Les Espagnols &
les Allemans sont ses admirateurs, aussi bien que les
François. Le suiet est si grand qu'on n'en sçauroit tant*

CHAPITRE V.

E ne pense pas que personne m'accuse de faire le De-
clamateur , & de vouloir
agrandir de petites choses. Ie m'éloi-
gne bien plus de l'excés que du de-
faut : & de l'extremité où se iettent
ceux qui abusent de leur esprit , que
de celle où tombent ceux qui n'en
ont point. Mon dessein n'est ny de
gaigner de la creance au mensonge,
ny d'apporter de l'embellissement à
la verité : & nous ne viuons pas sous
ces Regnes mal-heureux , où pour
dire du bien de son Maistre, il falloit
parler improprement , & appeller
chaque chose par le nõ d'vne autre.

En ce temps-là lors qu'vn Prince
faisoit de grandes cruautez, on disoit qu'il faisoit de grãds exemples:
Il receuoit des remerciemés de tou-

tes les actions dôt il deuoit receuoir
du blafme : lors qu'il payoit tribut à
fes ennemis, on vouloit luy perfuader qu'il donnoit penfion à fes voifins, & changer vn effet de feruitude en vne marque de fuperiorité.
On le loüoit d'eftre vaillant, pour
auoir mis vne fois fon cheual en fou-
gue, ou fait femblant de figner à regret vn traité de paix. Il n'y auoit
point de fuite fi honteufe qui ne fuft
vne retraitte honorable. Ils nommoient le Lyon celuy qu'ils n'ofoiét
nommer le Loup, & deftournoient
generalement tous les mots de leur
vraye & de leur ancienne fignifica-
tion, afin de déguifer toutes chofes.

Vn Empereur a triomphé de l'O-
cean, pour auoir traifné vne armée
de Rome à Calais, & s'eftre conten-
té, ayant regardé la mer, de faire
amaffer à fes foldats les coquilles du

riuage. Il y en a eu qui ont attaché à
leurs chariots d'or des hômes blancs
qu'ils auoient noircis, fans prendre
la peine d'aller conquerir l'Ethiopie.
Il y en a eu qui ont habillé des Romains en Perfes, afin de monftrer
des captifs des Prouinces qu'ils n'a-
uoient point conquifes, & les vns &
les autres n'ont pas manqué d'Orateurs, qui les ont coniurez au nom
du public de ne hazarder plus leur
perfonne en de fi dangereufes occafions, & d'vfer à l'auenir de leur courage auec plus de moderation & de
retenuë.

La flaterie donne de la Majefté à
des Souuerains qui auroient bien de
la peine à treuuer leur Eftat dans la
Carte. Elle benit les dominations iniuftes, & fait des vœux pour la profperité des méchans : elle baftit des
Temples à ceux qui ne meritent pas
des

des sepulchres. On flate leur memoire quand on ne peut plus flater leur
persóne. Celuy-là iure qu'il a veu mó-
ter Romulus au ciel, armé de toutes
pieces, & qu'il luy a commandé d'en
venir aduertir le Senat. Claudius
l'imbecille est aussi bien fait Dieu
qu'Auguste le sage. Vne mesme autorité consacre leurs cendres, & leur
decerne des honneurs celestes. On
institue des Prestres, on brusle de
l'encens, on presente des sacrifices à
l'ame d'vn hebeté, à celuy qui au iugement de sa propre mete, n'estoit
que le commencement d'vn hôme.

Il n'est point auiourd'huy de si
petit Prince en qui la prophetie de la
ruine du Turc ne doiue estre accom-
plie, s'il en faut croire à vn mauuais
liure, qui aura esté fait en sa faueur.
Il y a tousiours eu dans les Cours des
Idoles & des Idolatres. Il y a eu de la

E

lafcheté par tout où il y a eu de la
Tyrannie. L'autorité,quoy qu'iniuste & odieufe, a efté de tout temps
adorée. Mais auffi il est à remarquer,
que ç'a efté par des perfonnes qui en
auoiét peur,ou befoin;qui en eftoiét
fubjettes ou dépendantes : car autrement ces honneurs forcez n'ont duré qu'autant qu'a duré la feruitude,
& ont efté feulement rendus où il
eftoit dangereux de les refufer. Le
premier rayon de la liberté a fondu
toutes les ftatuës qui auoiét efté eri-
gés aux mauuais Princes. Cét ambitieux qui auoit remply des fiennes la
capitale ville de Grece , furuefquit à
tous ces beaux monumens de fa vanité, & eût le regret auant mourir,
d'en voir faire des meubles de cuifi-
ne. En plufieurs endroits, au mefme
moment qu'on crie, viue le Prince,
on en fouhaite la mort. Souuent on

s'est mocqué en particulier de ce
qu'on auoit admiré en public ; & les
estrangers ont démenty l'histoire que
les domestiques auoient publiée.

Ayant à parler du Roy, nous ne
courons point cette fortune ; l'Escu-
rial en fait autant de cas que le Louure ; sa reputation est reuerée au loin,
comme aupres. Il est loüé iusques
dans le cabinet de ses ennemis ; &
cette voix se fait entendre assez haut
chez nos voisins, QVI NOVS
POVRROIT RESISTER, SI
NOVS AVIONS VN SI BRAVE
MAISTRE? De sorte que ie ne dis
rien qui soit nouueau à personne, qui
ne soit confirmé par la commune reputation, que les Allemans & les Espagnols ne diët aussi bien que moy.
Ce n'est point vn Eloge, ny vn Panegyric que i'escris ; c'est vn tesmoignage que ie rends à nostre Siecle, &

E ij

à la Poſterité. C'eſt vne confeſſion
que le droit des Gens , & la Iuſtice
vniuerſelle tirent de la bouche de
tous les hommes. Ceux-là meſmes qui ſont ſeparez de nous de toute l'eſtenduë de la Mer ; qui voyent
vn autre iour, & d'autres eſtoilles,
n'ignorent point cette verité, & s'e-
ſtonnent qu'il y ait en l Europe quelque choſe de plus excellent, & de
plus parfait que la puiſſance à laquelle ils obeïſſent.

Ie ne ſuis point en peine d'ampli-
fier mon ſujet ; il eſt ſi diffus & ſi va-
ſte, que ie n'en ſçaurois tát employer
qu'il m'é demeurera: I'en laiſſe beaucoup plus que ie n'en prens , & trouue beaucoup moins de paroles que
de choſes. Cette rencontre me fait
voir tout à la fois la ſterilité de mon
eſprit, la pauureté de noſtre langue,
& la foibleſſe de la Rhetorique. C'eſt

vne science qui m'a trompé, & de
qui i'eusse attédu de plus grands secours. Ses plus viues couleurs sont
trop sombres pour representer vne
vie si esclatáte que celle du Roy. Ses
plus violentes figures ne peuuét suiure que lentement, & de loin le progrez d'vn courage si actif : Tous les
termes sont inferieurs à ses actions :
& partant reconnoissons l'auantage
qu'a nostre matiere, tant sur nostre
intelligence, que sur nostre art. On
donne des enrichissemés aux autres,
mais il les faut prédre de celle-cy, &
tascher seulement de ne pas gaster
ce qu'il n'est pas possible d'embellir.

*Innocence de la vie du Prince. Fondement de ses
autres vertus. Chose tres-rare dans vne grande ieunesse, & dans vne souueraine autorité. Il est beaucoup
plus aisé d'estre vertueux à vn particulier qu'à vn
Prince. Celuy qui commande à tout le monde, obeit*

E iij

aux loix, & ne se permet rien, bien que toutes choses
luy soient permises. C'est vn effet de la Morale de Ie-
sus-Christ, & non pas de celle d'Aristote.

CHAPITRE VI.

IE ne veux point preuenir le
iugement de l'Eglise, ny ré-
pódre d'vne vertu, que Dieu
n'a pas encore recompensee des fe-
licitez de l'autre vie. Ie dis seulemét,
qu'il n'y a personne auiourd'huy au
monde qui sçache que le Roy peche,
& que la plus hardie, & la plus iniuste mesdisance qui se puisse attaquer
aux choses saintes, ne sçauroit treuuer sur ses actions dequoy mentir
auecques couleur. Y a-t'il des enfans
qui se plaignent que le Prince est heritier de leur pere ? Y a-il des peres
qui demandent les enfans que le
Prince leur a rauis, & qui les pleurét
auant qu'ils soient morts ? Où void-
on de beauté, à qui il ne permette

d'estre chaste? Où sont les Ministres
de sa cruauté, & de ses plaisirs ? En
quel endroit a t'il fait verser vne
goutte de sang innocēt? Où entend-
on les cris & les gemissemens des
familles qu'il a desolées ? Qu'on me
monstre en fin vne seule marque
qu'il ait laissée, par laquelle la Posterité puisse sçauoir qu'il a esté ieune.

Lors que la ieunesse se rencontre
auec l'autorité, elles sont capables
de produire ensemble d'estranges
effets, & de mettre en feu toute la
Terre. C'est vne pareille coionctiõ
à celle qui se fait dans le ciel, de deux
Astres esgalement dangereux : & si
la violence, qui accompagne d'ordinaire cét aage là, n'est pas supportable en vne condition priuée, bien
que la crainte des loix la retienne, &
qu'elle soit liée de mille chaisnes, ie
vous laisse à peser ce qu'elle doit fai-

E iiij

re, eſtant armée des forces d'vn grãd Royaume, ayant les Magiſtrats & la Iuſtice à ſes pieds, & ne trouuant ny d'empeſchemét en ce qu'elle deſire, ny de limites en ce qu'elle peut.

Voicy neantmoins vn homme, qui en la fleur de ſon aage, & dans vne ſouueraine fortune, ne laiſſe à ſes paſſions qu'autãt d'eſtenduë que la ſageſſe leur en ordõne, & leur ferme tout ce lõg eſpace que la Royauté leur ouuriroit. Voicy vn homme, qui ſe ſçait abſtenir au milieu de l'abondance, & ayant de l'appetit, qui ſçait mettre des bornes par ſa vertu à vne puiſſance qui n'en a point ; & tout Prince qu'il eſt, mene vne vie plus modeſte, & plus reguliere, que ne font les ſimples citoyens des petites Republiques.

Voicy ſous les Loix & dans le deuoir celuy qui ne void rien que le

ciel au deſſus de ſoy ; qui ne ſçauroit
pecher que contre Dieu ſeul ; qui
porte la Couronne la plus indépen-
dante qui ſoit au monde, & pour lequel l'Egliſe, qui lance ſes foudres
ſur toutes les autres teſtes, n'a que
des benedictions & des graces. Celuy-là, dis ie, rend vne ſi parfaite
obeïſſance à la raiſon, & conduit ſes
actions auec vne ſi exacte probité,
qu'il me ſemble qu'au lieu du Roy
de France, ie voy le Roy de Lacedemone, qui n'auoit autre auâtage ſur
ſes Subiets, ſi ce n'eſt qu'il luy eſtoit
permis d'eſtre plus vaillant qu'eux,
& de faire moins de fautes.

Ie ne m'eſtonne point que le mal
ſoit peu connu au village, & que l'on
conſerue ſon innocence où il eſt difficile de la perdre. Vn homme eſt
bien mal-heureux, qui ſe noye en vn
lieu où il n'y a preſque pas aſſez d'eau

pour boire, & qui tombe fans que
perfonne le pouffe. Mais quand toutes les puiffances de l'Enfer s'eſleuét
à la fois pour l'attaquer; que fes yeux,
fes oreilles, & les autres auenuës de
fon cœur font continuellement af-
fiegées, & que les ennemis tafchent
d'entrer par toutes les portes, il fait
certes quaſi plus qu'il ne doit, s'il fou-
ſtient de ſi violens efforts, & s'il re-
ſiſte à tant d'affaillans.

Quand les obiets agreables le pref-
sét, & le pourfuiuét de tous coſtez, &
que la fin des pl° belles chofes eſt de
fe rédre dignes de fon amour : Quâd
le deſir d'auoir s'allume en fon ame
par l'efclat & par la groffeur des dia-
mans, & que pour peu qu'il faffe valoir le crime de leze-Majeſté, tout ce
qui eſt à autruy peut incontinent deuenir fien. Lors que la Fortune luy
ouure elle meſme le paffage à la con-

queste de l'Vniuers, & luy dispose
les choses de telle sorte, que pour
toute la peine de l'execution elle ne
lui laisse que la gloire de l'euenemét:
lors qu'il ne tient qu'à luy qu'il ne
mette en chemises ses petits Voisins, & que dans quinze iours il ne
recule la frontiere de son Estat de
cinquante lieuës, il faut sans mentir
qu'il aime bien la vertu, pour ne la
pas quitter en vne rencontre où le
vice luy offre tant de retour, s'il le
veut suiure, & qu'il ait de grandes
pretensions en l'autre monde, pour
mépriser tous les biens & toutes les
esperances de celuy-cy.

La Philosophie ne sçauroit aller
iusques-là, quelque presomptueuse
qu'elle soit, & quelque vanité qu'elle se donne: elle promet beaucoup,
mais elle manque le plus souuent de
parolle: elle a du courage pour aspi-

rer à la perfection, mais elle n'a point
de force pour y paruenir. Cette force est propre & particuliere aux Fideles, qui peuuent tout en celuy qui
les assiste de sa puissance. Il n'y a
que la Morale de Iesus-Christ qui
puisse former vne si excellente habitude; & c'est elle qui éleue tellement
le Roy au dessus des grandeurs du
monde, & le met si pres du principe
de toute grandeur, qu'encore qu'ap-
paremmét il n'y ait rien de plus emi-
nent que la Royauté, il faut pourtant
qu'il descende d'vn lieu plus haut, &
qu'il s'abbaisse toutes les fois qu'il
veut s'asseoir sur le throsne de ses Peres, & se communiquer auecque les
hommes.

Il regarde desia la terre de la mesme sorte qu'on la regarde du ciel.
Rien ne luy paroist grand dans vn si
petit espace: Il n'y trouue rien qui

merite d'arrester ses péſées, ny d'occuper ſes deſirs: Tout ce qu'elle con-
tiét ne le rempliroit pas à demy. La
ſeule poſſeſſion de Dieu eſt capable
de combler vn ſi large cœur. Auſſi
eſt-ce, ſans plus, ſon amour & ſon
ambition, ſa part & ſon heritage;
Les Peuples & les Eſtats qu'il gouuerne n'en ſont que les ſuites & les
acceſſoires.

Celle qui prend plaiſir de couron-
ner les bergers, & de mettre les
Roys à la chaiſne; qui eſt également
maudite & adorée dans le monde:
La Fortune, dis-ie, fait tous ſes deſ-
ordres au deſſous de luy, & eſt trop
foible pour attaquer ſa conſtance, &
trop pauure pour tenter ſa moderation. Il ne cónoiſt d'heur ny de mal-
heur que la bonne & la mauuaiſe có-
ſcience. Il eſt bien plus glorieux de
ſon Bapteſme, que de ſon Sacre, &

fait bien plus d'estat du moindre priuilege de la Grace , que de tous les
auátages de la Nature. Iamais esprit
ne fut mieux persuadé que le sien de
l'auenir que nous attendons, ny ne
receut de plus viues & de plus violé-
tes impressions de la verité , ny ne
pensa plus hautement de la dignité
du Christianisme, ny ne rendist de
plus belles & de plus illustres preuues de sa creance.

ARGVMENT.

Discours de la vraye pieté. Où il est premierement
traité de la fausse, afin de connoistre la difference des
deux. Deuotion d'apparence & de grimace, qui est
vne pure action du corps. Deuotion foible & scrupu-
leuse, qui est une estrange maladie de l'ame. Le su-
perstitieux aime mieux se rendre à son ennemy , que
de faire mentir vn mauuais presage. Croit que Dieu
n'est occupé dans son bien-heureux repos qu'à luy pre-
parer des peines & des tourmens. Adore tous ses soup-
çons & toutes ses doutes. Se fait des Saints de son au-
torité priuée, & passe du desespoir de son propre salut
à la distribution de la gloire d'autruy. Il s'imagine que

tout est miracle, & que réueiller vn homme endormy,
c'est ressusciter vn mort.

CHAPITRE VII.

QV'on ne me parle point de
cette grossiere imitation
de pieté, qui ne cherche que
des spectateurs, qui amuse le monde
de mines, & s'employe plustost à
conduire les mouuemens de la teste,
& à donner vn certain tour au visage, qu'a regler les affections de l'a-
me. C'est vne pure action du corps,
& des moins difficiles de cette vie.
Les plus mal-adroits y reüssissent du
premier coup, elle ne demande ny
force, ny industrie, & ne baille pas
plus de peine que ces petits jeux, qui
diuertissent sans trauailler, & qui
s'apprennent sans maistre. C'est vne
sorte d'oisiueté, déguisée sous vn
nom plus honneste que le sien proprement dit.

pre; ou pour le plus, vne occupation
languissante & paresseuse, de laquelle
vn homme se sçait fort dignement
acquiter, encore qu'il ne sçache rien
faire, & qui se passe quasi toute ou à
murmurer quelques paroles confu-
ses, ou à remuer simplement les lé-
vres, ou à s'adoucir tout d'vn coup
les yeux, apres auoir contrefait le
triste.

Il y a vne autre sorte de fausse deuotion, qui est plus dangereuse que
celle-là. Ie veux dire cette deuotion
tremblante, & perpetuellement ef-
frayée, qui pense que Dieu n'est occupé dans son bien-heureux repos,
qu'à luy preparer des peines & des
supplices & qu'il afflige les Royaumes, & enuoye les pestes, & les ste-
rilitez, pour la seule haine qu'il luy
porte. Le visions sortent en foule de
son imagination troublée, qui luy

reuiennent

feulement apres au deuant comme
des monftres eftragers & inconnus.
Il ne fe paffe nuit que les morts ne
s'apparoiffent à elle auec des formes
eftranges, & vn attirail épouuenta-
ble qu'elle leur donne. Iamais elle
n'ouïr de cry parmy les renebres
qu'elle ne creuft que ce fuft la voix
d'vne ame qui fe plaigniſt : elle ne
fçauroit voir vne partie de l'air plus
fombre & plus épaiffe que l'autre,
qu'elle ne fe figure que c'eft vn phan-
tofme. Toutes les maladies luy font
des poffeffions, & où il ne faut que
des Medecins, elle employe les
Exorciftes.

Elle affoiblit l'efprit, & abbat le
courage de telle forte, que ceux qui
en font frappez n'ofent ny fe refiouyr
en temps de paix, ny fe deffendre
dans la neceffité de la guerre. Vn
mauuais fonge fuffit pour leur faire

F

changer vn bon deſſein : de cinq
iours ils en content quatre mal-heureux, & choiſiſſent les heures & les
momés qu'ils ont marquez de blãc,
auant que d'entreprendre la moindre de leurs affaires. Si bien que les
occaſiós ſont pluſtoſt écoulées que
leur reſolution n'eſt priſe. Ils ſont à
demy vaincus par le chãt d'vn Cor-
beau, ou par la rencontre d'vne Be-
lette, & cheriſſent ſi folement leur
erreur, que pour luy conſeruer l'o-
pinion de verité qu'ils luy ont donnée, ils aimeroient mieux ſe rendre
à leur ennemy que de faire mentir
vn preſage.

Ces gens là adorét tous leurs ſoup-
çons, & toutes leurs doutes. Ils ſe
font des Saints de leur authorité priuée, & ſans attendre la fin de la vie,
ny l'oracle du ſouuerain Pontife. Ils
rendent des honneurs diuins à ceux
qui ſont encore ſujets aux infirmi-

tez humaines, qui sont encore iusti-
ciables de l'Inquisitió, & qui ne sça-
uet encore s'ils sont dignes d'amour,
ou de haine. Cependát les supersti-
tieux les canonisent en leur cœur, en
dépit de Rome & du Consistoire, &
passant d'vne extreme crainte à vne
extreme temerité, & du desespoir de
leur propre salut à la distribution de
la gloire d'autruy, ils leur addressent
des-ja des vœux, & les inuoquent,
comme s'ils estoient en estat de les
exaucer, & que des coupables pûssét
donner grace à leurs compagnons.
   Apres cela les corps les plus gras,
& les plus replets leur paroissent tráf-
parens & lumineux, & la teste qu'ils
reuerent, n'a pas vn cheueu qui ne
leur semble vn rayon de sa Couróne.
Ils pensent que ce soit vne Sainte en
extase, & ce n'est qu'vne femme éua-
nouïe, ils iurent qu'elle a des reuela-

tions de l'auenir, & à peine sçait-elle
les nouuelles qui courent apres qu'on
les luy a dites. A leur opinion il est
aussi aisé de ressusciter vn mort que
de réueiller vn homme endormy. Si
on veut leur adiouster foy, l'ordre du
monde se trouble châque iour par
des prodiges continuels, & ils se per-
suadent plus facilemét, qu'vne chose est arriuée contre le cours ordinaire de la Nature, qu'ils ne s'imaginent
que celuy qui la conte peut estre
menteur.

Les accés mesme les plus tranquilles d'vne si fascheuse maladie ne sót
point sans beaucoup d'extrauagance. Il s'en est trouué qui pour se ma-
rier plus Chrestiennement ont esté
choisir des femmes dans les lieux de
dissolution, & de desbauche, afin,
disoient-ils, de gaigner des ames à
nostre Seigneur. Quelques-vns ayát

à toucher vn payemét qui leur eſtoit
deu, ont fait ſcrupule de le receuoir
en Iacobus, à cauſe qu'ils viennent
d'vn pays excommunié : d'autres ſe
ſont confeſſez d'auoir ſeruy l'Eſtat
durant les troubles, & de n'auoir pas
eſté de la Ligue. Et i'en ſçay qui
croyent eſtre obligez en conſcience
de trahir, & de donner des aduis à
ceux du party contraire, pource que
la ſainte Eſcriture nous commande
de faire du bien à nos ennemis.

_____

ARGVMENT.

*Deuotion trompeuſe & intereſſée. Le menſonge eſt
ſouuent plus vray-ſemblable que la verité. On loue la
Iuſtice, afin d'eſtre iniuſte plus finément. Il y en qui
s'approchent de nos myſteres, eſtans tous ſanglans de
leurs parricides. Leur zele ne les deuoe pas, il deuore
leur prochain. Il ſemble qu'ils ne vont pas tant à l'Egliſe pour obtenir pardon de leurs fautes que pour demander permiſſion de les faire. Par la familiarité qu'ils
croyent auoir auec Dieu ils apprennēt à le meſpriſer. Ils
perdent le ſcrupule & ne quittent pas le mal. C'eſt le*

masque, auec lequel les Grands trompent les petits, &
la couleur qu'ils donnent à toutes leurs entreprises. L'or
des Indes tente leur auarice, & ils veulent faire ac-
croître que c'est le salut des Indiens qui excite leur pieté.
Ils pillent, ils massacrent par deuotion. Sur ce suiet
Maximes de la bonne & de l'ancienne Theologie. Expediens des nouueaux Docteurs, qui ont trouué le moyen
d'accorder le vice auec la vertu, & de pouuoir pecher
en conscience.

CHAPITRE VIII.

Outesfois la plufpart de
ceux-là se tiennent dans les
bornes d'vne innocéte fo-
lie. Leur volonté est entiere ; quoy
que leur entendement soit blessé. Ils
font trompez par quelque ombre &
quelque image de Religion, qui se
presente par tout à eux: mais ils ne se
seruent point de la Religion pour
tromper personne, & n'assuiettissent
pas à leurs desseins particuliers celle
qui doit estre la Reyne, & la Maistresse des choses humaines. Il se

void donc dás le monde des pipeurs
qui paroissent ce qu'ils ne sont pas,
& ne loüent la Iustice qu'afin d'estre
iniustes plus finement. Il se void des
Pharisiens qui nettoyent le bord de
la coupe , estans pleins d'ordure,&
de rapine au dedans ; qui edifient les
sepulchres des Prophetes , & parent
les monumens des Saints ; estans
tous prests de les tuer encores, s'ils
reuenoient au monde leur dire la
verité , & reprendre leur mauuaise
vie.

Le iugement qui se fait de la bonté des choses par leur simple dehors,
& par leur couleur exterieure n'est
pas toûsiours infaillible. Quelquefois le mensonge est plus vray-sem-
blable que la verité , & le mal a plus
d'apparéce de bien que le bien mesme. Persóne ne doute que ce ne soit
vne œuure de misericorde de rache-

ter les prisonniers, de payer les debtes des miserables, de distribuer du blé au peuple en temps de cherté; & neantmoins dans les Republiques bien policées on a puny des hommes pour auoir exercé de ces œuures de misericorde, & beaucoup de meschans citoyens sont venus par là à la Tyrannie. Combien y a-t il eu de faux Philosophes, qui sous vn visage austere ont caché de sales affections, qui ont méprisé la gloire par orgueil, & non pas par humilité, qui ont fait profession de la pauureté pour se faire reuerer des Princes? Dans la besace de ce fameux Cynique, qui parut du téps de Lucian, où l'on croyoit qu'il n'y eust que des fèues & du pain bis, on trouua vne balle de dets, vne boëtte de senteurs, & le portrait d'vne femme. Celuy que vous pensez qui s'en soit fuy au

desert pour vacquer à la contemplation auec moins de diuertissement, y
est allé peut-estre pour faire la fausse
mónoye auec plus de seureté. Nous
auons ouy parler d'vn Prince qui se
retiroit reglemént toutes les bonnes
festes dans les maisons Religieuses;
& là tandis qu'on croyoit qu'il exa-
minast sa conscience, & qu'il fist ses
exercices spirituels, on l'a surpris souuent qu'il faisoit des depesches, &
qu'il donnoit des audiences secret-
tes. Ne vous fiez pas à la feinte humilité, ny au mauuais habillemont
d'vn Directeur des consciences, qui
semble se preparer toussiours à la
mort: car au dedans il est tout vestu
de pourpre, il a l'ambition de quatre Roys, il a des desseins pour vn autre siecle. Mais sur tout deffiez-vous
de ces ouuriers d'iniquité, de ces
hommes puissans en malice, qui le-

uent au ciel des mains impures , &
ne craignent point de s'approcher
de nos redoutables Myſteres , eſtant
tous ſanglans de leurs parricides.

Ils ſont cruels ; ils ſont inceſtueux;
ils ſont ſacrileges , & ne laiſſent pas
d'eſtre deuots. Leur deuotion corrige leurs geſtes , & reforme leurs cheueux , mais elle ne touche point à
leurs paſſions , ny à leurs vices . Ils
mettent toute la vertu à louër les * *
* * & à dire mal des Huguenots. O
qu'ils feroient de grands exploits en
vn maſſacre , & qu'ils feroient vail-
lás contre des perſonnes endormies,
& qu'on auroit conuié à des nopces.
Leur zele , qui ſelon l'intention du
ſaint Eſprit , les deuroit deuorer, deuore leur prochain , & bruſle les villes & les Prouinces. Ils ne gaignent
rien de la frequentation des choſes
ſaintes que le mépris qui naiſt de la

familiarité, & la coustume de les
violer. Ils en deuiennent plus hardis
méchans, & non pas plus gens de
bien: Ils perdent le scrupule, & ne
quittent pas le mal.

Tellement qu'il est à croire qu'ils
ne vont pas tant à l'Eglise pour obtenir pardó de leurs fautes, que pour
demander permission de les faire, &
auoir autorité de pecher. Et comme
quelques-vns des premiers Chrestiens ne faisoient point difficulté
de s'enyurer, estans assis sur le tombeau des Martyrs, ils se figurét aussi
que toute autre méchanceté leur est
permise, pouruou que d'ailleurs ils
demeurent dans quelque apparence
de pieté.

La pluspart des Grands ont eu de
tout temps cette belle deuotion; &
quoy que ce soit vn masque fort
vsé, & reconnu d'vn châcun, il ne

laiſſe pas pourtât de ſeruir touſiours,
& d'abuſer encores le Peuple.

Ne connoiſſons-nous pas ceux là
qui meſlét Dieu parmy toutes leurs
paſſions; qui le font entrer dans tous
leurs intereſts, & l'employent à toutes ſortes d'vſages? S'ils vſurpent vn
Royaume, ſur lequel ils n'ont aucun
droit que celuy de la bien-ſeance,
ou de la force, ils diſent que c'eſt
pour empeſcher que les ennemis de
l'Egliſe ne s'en ſaiſiſſent, & pour aller au deuant d'vn mal, qui n'arriue-
ra poſſible iamais. Si leur auarice les
fait trauerſer les Mers, & courir au
bout du Monde, ils publient que
c'eſt le bien des ames qui les y attire,
& le deſir de ſauuer les Infidelles. Et
toutesfois il eſt vray, que la charité
de ces bons Chreſtiens ne va qu'au
païs où le Soleil fait de l'or, & ne s'eſt
point encore tournée vers les der-

nieres parties du Septentrion , où il
y a bien des ames à conuertir , mais
où il n'y a que de la glace & des nei-
ges à gaigner.

Ils ne veulent le falut que des Peuples du Perou & de la Mexique, &
encore eftant arriuez chez eux , ils
leur parlent fi peu de noftre Foy &
leur vendẽt fi cherement vn crayon
confus & imparfait qu'ils leur en fi-
gurent, qu'il eft aifé à voir que le
pretexte qu'ils prennent n'eft pas la
caufe de leur voyage. D'abord ils en-
leuent dans leurs vaiffeaux toutes les
richeffes qui paroiffent fur la face de
la Terre , & confomment en fuite
des generations entieres à chercher
celles qui font cachées dans les Mines. De maniere qu'il ne vient pas
vne piftole en l'Europe, qui ne cou-
fte la vie d'vn Indien, & qui ne foit
le crime d'vn Catholique.

Cependant on laiſſe crier la vieille Theologie dans les Eſcholes, &
dans les chaires des Predicateurs, où
elle n'eſt écoutée que des enfans &
,, des femmes. Elle dit aſſez, Qu'vn
,, petit mal eſt deffendu, quand il en
,, deuroit naiſtre vn grand bien ; Que
,, ſi le Monde ne ſe peut conſeruer que
,, par vn peché, elle eſt d'auis qu'on le
,, laiſſe perdre ; Que ce n'eſt pas à nous
,, à troubler l'ordre de la Prouidéce; &
,, à nous meſler des affaires ſuperieu-
,, res ; Que Dieu a mis entre nos
,, mains ſes commandemens, & non
,, pas la conduite de l'Vniuers ; & qu'il
,, faut que nous faſſions noſtre deuoir,
,, & que nous luy laiſſions faire ſa
,, charge.

Il eſt venu depuis vne autre
Theologie, plus douce & plus
agreable ; qui ſe ſçait mieux aju-
ſter à l'humeur des Grands ; qui

accommode toutes ses maximes à
leurs intentions, & n'est pas si ru-
stique & si inciuile que la premiere.
La Cour a produit de certains Docteurs, qui ont trouué le moyé d'accorder le vice auec la vertu, & de
joindre ensemble des extremités si
éloignées. On donne aujourd'huy
des expediens à ceux qui ont vo-
lé le bien d'autruy, pour le pouuoir retenir en saine conscience.
On enseigne aux Princes à entreprendre sur la vie des autres Princes,
apres les auoir declarez Heretiques
en leur cabinet. On leur apprend
à abbreger des guerres, dont ils
apprehendent la longueur & la
dépence, par des assassinats où
ils ne hazardent que la personne
d'vn traistre, & à se défaire
de leurs propres enfans sans aucune forme de procez, pour-

ueu que ce soit du consentement de leur Confesseur.

Outre cela, comme si nostre Seigneur estoit mercenaire, & qu'il se laissast corrompre par presens: comme si c'estoit le Iupiter des Payens, qu'ils appelloient au partage de la proye & du butin ; Apres vn nombre infiny de crimes, dont ils sont coupables, on ne leur demande ny larmes, ny restitution, ny penitence ; il suffit qu'ils fassent quelque legere aumosne à l'Eglise. On compose auec eux de ce qu'ils ont pris à mille personnes pour vne petite partie, qu'ils donnent à d'autres à qui ils ne doiuent rien ; & on leur fait accroire que la fondation d'vn Conuent, ou la dorure d'vne Chappelle les dispense de toutes les obligations du Christianisme, & de toutes les vertus morales.

ARGV-

A la veritable pieté du Prince, il reiette la Theologie
complaisante comme l'art de charmer & d'empoi-
sonner. Sa Religion n'est pas secrette & mentale. Il
en rend chaque iour des actes publics, & a soin par
son exemple de l'edification de son peuple. Elle a son
siege en l'entendement, où elle seroit oisiue si elle ne
descendoit dans le cœur, & imparfaite, si de là elle
ne sortoit au dehors par des effets excellens. Il ne la
faut pas seulement considerer à l'Autel & à l'Oratoire où elle traite sans peril auecque Dieu. Elle va
dans les tranchées, elle paroist à la teste des troupes, elle
met à tous les iours la plus precieuse vie qui soit au
monde. On obtient les victoires de Dieu, mais c'est
en trauaillant & en agissant. Il veut estre prié à la
guerre de cette sorte, & exauce bien plustost les courageux que les lasches. Exemple de la legion foudroyante
sous l'Empereur Marc Aurele, de l'Empereur Theodose en la defaite du Tyran Eugene, du Roy au combat de Rié & en plusieurs autres occasions. Cette deuotion victorieuse a acquis aux Rois de France le superbe tiltre de tres Chrestien, le plus magnifique qu'elle a re-
çeus de la bouche des Souuerains Pontifes. Outre la
vaillance naturelle & la raisonnable, elle en produit
vne troisiesme qui est vne espece de fureur diuine, dont
les Princes Orthodoxes ont esté aguës, lors qu'ils ont
fait des actions extraordinaires. Par quelle raison on
nie qu'vn Prince qui aime Dieu, & pourquoy il
n'aura de la soumission qu'ils meschans espoumroient de

G

la refiftance. Il ne s'engage pas dans vn grand deffein
fur la propofition d'vn Aftrologue. Il fuit les infpira-
tions de celuy qui eft appellé par Ifaye, le Dieu fort, &
le Confeiller, & qui a promis à ceux qui le feruent la
victoire de toutes leurs guerres. Au pis aller, s'il y
faut mourir, il ne redoute point la mort, au delà de
laquelle il voit fa recompenfe qui l'attend, & vn
meilleur Royaume que celuy qu'il quitte.

CHAPITRE IX.

NOVS auons vn Prince qui
ne fe fert point de ces gui-
des en la côduite de fa confcience, & qui puife dans vne meilleure fource les maximes auec lef-
quelles il fe gouuerne. Il ne verroit
pas de fi mauuais œil des gens qui
viendroient tout exprés pour l'em-
poifonner, que de femblables Docteurs qui voudroient le corrompre
de leur haleine ; & fouffriroit plus
patiemment en fa Cour les Iuifs, &
les Magiciens, c'eft à dire, les ennemis declarez de la verité, que ces

feruiteurs infideles, qui ne portent
les liurées de Iesus Christ, & ne sont
à ses gages que pour le trahir. Mais
aussi quel besoin a-t'il de la Theologie complaisante, puis qu'il ne fait
rien que ce que la plus seuere luy ordonne? A quoy luy seruiroient les
vendeurs de fard & de plastre, puis
qu'il n'a ny tache à couurir, ny deffaut à déguiser? Et quel goust pren-
droit-il aux cajolleries de trois ou
quatre Sophistes, parmy les remer-
ciemens des peuples, & les loüanges
de la renommée?

« Sçachant que nostre Religion «
nous ordonne de nous abstenir «
de toute apparence de mal, & de «
faire ce qui est bon, non seulemét «
douant Dieu, mais aussi deuant les «
hommes, il ne se contente pas d'vne
pieté fardette, & de la simple ado-
ration de l'esprit. Il croit estre obli-

gé de donner quelque chofe aux
yeux du monde, & a foin par fon
exemple de l'edification de fon peuple. Les moindres ceremonies qui
regardent le culte diuin luy font en
tres grande reuerence. Il mefle quelquefois fa voix dans les prieres publiques, & fe fouuient de ces paro-
,, les d'vn Roy comme luy; Ie fuis
,, las de crier: i'en fuis enroüé, les
,, yeux me font défaillis, criant &
,, regardant apres mon Dieu.

　　Sa deuotion neantmoins a toufiours beaucoup plus de folidité que
de montre; & reffemble à ces arbres
dont les racines font encore plus longues que les brãches. Elle n'eft point
corporelle, ny attachée aux obiets
fenfibles. Elle a fon fiege en l'entendement; qui eft parfaitement éclairé; qui ne croit rien de bas des chofes du ciel, & n'a que de tres faines

& de tres-raisonnables opinions de
cette premiere & excellente cause,
dont la pluspart des hommes font
des iugemens si temeraires. Mais
parceque la qualité dont ie parle seroit comme morte, & de nul visage,
si elle ne paroit en la plus haute region de l'ame, où se forme le discours
& l'intelligence, & qu'il faut qu'elle
reside egalement en la seconde partie, où naissent les affections, & les
desirs, si il la sçait faire descendre de
la teste dans le cœur, afin que ce qui
estoit lumiere deuienne feu, & qu'vne
connoissance si noble & si releuée,
qui doit estre fertile en grandes ope-
rations, & sortir au dehors par des
effets admirables, ne finisse point en
elle mesme, & ne s'arreste pas aux
plaisirs oisifs de la simple meditatió.

Ne la considerons donc pas seulement à l'Autel & dans l'Oratoire,

où elle traite fans peril auecques
Dieu, & exerce vn commerce paifible, qui ne peut eftre troublé de
perfonne : car elle fe trouue dans les
occafions de la guerre auffi bien que
là : elle paroift à la tefte de nos troupes : elle va dans les tranchées, & expofe à toutes les iniures du temps,
& à toutes les embufches de la fortune la plus precieufe vie qui foit
auiourd'huy au monde. Elle ne s'occupe pas feulement à la ftructure,
ou à l'embelliffement de quelques
pierres ; mais elle affermit tous les
Autels : elle affeure les fondemens
de l'Eglife : elle la pare des drapeaux
d'Angleterre, & la remplit d'vne infinité de Conuertis qui auoient befoin pour deuenir bons qu'on leur
oftaft la puiffance de mal faire.

　　Ce font là des effets de fa deuotió,
qui agit & trauaille fans relâche, &

qui en agiſſant & en trauaillant, im-
petre du Dieu des armées, tant ſur
terre que ſur mer, des victoires pleines de merueilles. Et c'eſt ainſi, à mô
aduis, qu'il veut eſtre prié à la guerre. Il ne refuſe rien en ces occaſions
aux perſonnes violentes & laborieu-
ſes, & exauce bien plus volontiers
les courageux que les lâches, & ceux
qui vont au deuant de ſes graces, &
ſe preparent pour les receuoir, que
ceux qui les attendent au logis, ſans
ſe mettre en eſtat de les meriter.

Cette legion de Chreſtiens, qui
du temps, & ſous les enſeignes de
Marc Aurele, fit tomber la foudre
du ciel ſur les ennemis, dont elle
merita le nom de LEGION FOV-
DROYANTE, n'obtint pas les
bras croiſez vn ſuccez ſi merueil-
leux. Mais en ſuite d'vne rude &
opiniaſtre meſlée, & en combattant

G iiij

de toutes ses forces. Et depuis lors
que les vents & la gresle s'armerent
à la priere de l'Empereur Theodose,
coñtre le Tyran Eugene, ce fut vne
priere qu'il fit estant à cheual, apres
auoir faict tout deuoir de bon Capitaine, & s'estre rendu digne de ce
miracle : car autrement d'exiger de
Dieu qu'il fauorise les indignes, &
qu'il donne à la paresse & à la timidité la recompense qui est deue au
trauail & à la vaillace, ce seroit vser
de luy indiscrettement, & le solli-
citer d'vne iniustice.

Il est donc besoin qu'vn Prince
soit deuot de ceste premiere sorte,
& comme le Roy le fut au combat
de Rié & en la défaite des Anglois.
Il ne sçauroit produire vn acte plus
eminet de pieté ; & s'il est inferieur
à celuy des Martyrs, ce que i'ay bien
de la peine à confesser, ce ne peut

estre que d'vn degré seulement, à
cause que dans l'humilité du Christianisme le souffrir est plus estimé
que le faire.

Mais quoy que s'en soit, cette
deuotion victorieuse est celle qui a
acquis à nos Roys le glorieux super-
latif de TRES - CHRESTIEN,
qui estoit inconnu auãt eux, & qu'il
fallut faire exprés, & contre l'vsage
de toutes les langues, pour honorer
tout ensemble leurs victoires & leur
zele. La mesme deuotion a receu ces
témoignages de la bouche des souuerains Pontifes, Que Dieu se ser- "
uoit des Roys de France cõme de "
ses principales forces, & d'vn rem "
part inexpugnable pour defendre"
la Republique Chrestienne, Que "
leur Royaume estoit sõ Carquois, "
& qu'il en tiroit toutes les flèches "
qu'il décochoit contre les Tyrans. "

La mesme en fin merite auiour-
d'huy les mesmes Eloges, porte le
Roy à des entreprises si hautes,
qu'elles ne peuuent estre tirées en
exemple, & outre la vaillance qui
est née auec luy, & celle qui s'est
formée par la raison, luy inspire encore vne troisiesme sorte de courage, qui est vne espece de fureur diuine, dont les Princes Orthodoxes
ont esté autresfois agitez, lors que
leur seule presence a mis des armées
en fuite, & que leurs Aduersaires ont
veu quelque chose d'extraordinaire
sur leur visage, à quoy ils n'ont osé
resister.

Comme ce n'est pas tousiours vne
simple exhalaison éleuée de la terre,
qui cause ces estranges & épouuen-
tables feux, qui passent de bien loin
le feu materiel & elementaire : mais
ce sont souuent effets des Demons

qui entrent dans les causes naturelles : ainsi quelquefois dans les actiós
humaines il descend vn rayon de
Diuinité qui les renforce, & les per-
fectionne ; qui en estend la puissance, & en augmente la vertu presqu'à
l'infiny ; qui attire apres elles l'e-
stonnement , & l'admiration des
peuples.

Et s'il est vray, que l'innocéce que
perdit nostre premier Pere, luy im-
primoit vn caractere d'autorité, que
les bestes sauuages reconnoissbient,
& qui le faisoit reuerer de ce qu'il y
a de plus cruel & de plus redoutable en la Nature ; ie ne m'estonne
point qu'vn homme, qui par sa vertu semble auoir recouuré cette ancienne & originelle iustice, ait de
l'auantage sur les autres hommes, &
que la plufpart du temps il treuue
de la soûmission où les méchás treu-

ueroient de la refiftance. Ie ne m'e-
ftonne point qu'ayant l'efprit vuide
de tous les remords, & de toutes les
craintes qui accompagnent le vice,
il foit extrememeht courageux, &
que ne fentant point de trouble ny
de defordre en foy-mefme qui faffe
diuerfion de fes penfées, il combatte
auec pl° de liberté que les pecheurs,
qui font defia las & haraffez d'vne
guerre interieure & cachée quand
ils marchent contre leurs ennemis.
,, La confcience troublée prefu-
,, me chofes cruelles. La malice eft
,, craintiue, & donnée à l'homme
,, en condamnation. Et partant vn
Prince, qui n'a que de faintes intentions, ne fçauroit auoir que de bonnes efperances. Les entreprifes les
plus hazardeufes n'ont point de difficulté pour luy: Il y va auec vne ferme creance, que ce qui n'eftoit pas

eftimé faifable par fes Predeceffeurs
eft referué à fa Pieté , & ne fe met
point en peine de l'incertitude de l'a-
uenir, parce qu'il ne s'engage pas fur
la foy d'vn Almanach, & fur les pro-
pofitions d'vn Aftrologue ; mais il
fuit les infpiratiós du Dieu des Chreftiens, qui au mefme lieu où il eft
appellé L'ADMIRABLE , LE
DIEV FORT , LE PERE DV
SIECLE ADVENIR , eft auffi appellé LE CONSEILLER. Il fe repofe fur la parole de celuy qui ne
peut mentir, & qui a promis à ceux
qui le feruent , de les affifter vifi- "
blement de fes Anges ; d'aller luy- "
mefme en perſóne leur feruir d'ef- "
pée & de bouclier ; de les cacher "
dans fon Tabernacle au temps de "
leur aduerfité ; & de les fauuer au "
plus fecret de fa maifon ; d'en- "
uoyer fon épouuentement deuant "

„ eux, & d'effrayer tout Peuple, vers
„ lequel ils arriueront; de repouſſer
„ deuant eux les Nations, & de leur
„ partager & meſurer la terre pour
„ heritage.

Mais au pis aller, quand ces pro-
meſſes temporelles ne ſeroient pas
punctuellement executées, & que
les bons ſuccés ne ſuiuroient pas de
neceſſité la bonne Cauſe: Quand les
Iuſtes ne fleutiroient pas comme
la Palme, & ne s'eſleueroient pas
comme le Cedre du Liban, il eſt touſiours impoſſible qu'vn Prince religieux craigne la mort, au delà de laquelle il void de ſi grandes recompenſes qui l'attendent, & qu'il ait du
regret de quitter vn Royaume, qui
eſt enfermé entre les Alpes & les Py-
renées, pour aller prendre poſſeſſion
d'vn autre Royaume qui n'a point
de bornes.

ARGVMENT.

Continuation de la matiere precedente. Où il est
monstré que la pieté du Prince doit estre agissante, &
fertile en bonnes œuures. Sans elles la priere n'est
qu'vn bruit, & les sacrifices que des meurtres. Preuues de cette verité par la parole de Dieu. Il est bon
d'employer beaucoup de ceremonies à celebrer la feste
des Saincts, mais il seroit encore meilleur de mettre
quelque soin à imiter leur vertu. Dieu ne demande
point aux Princes de meilleure deuotion que celle qui
les approche le plus de luy. Ils ne l'imitent pas en cō-
trefaisant le tonnerre, mais en faisant du bien aux hō-
mes. Ce n'est pas sa puissance qu'ils se doiuent proposer
à imiter, c'est sa Iustice. Le nostre s'y conforme de telle
sorte, qu'il seroit plus mal-aisé de le destourner de
l'honnesteté, que de mener le Soleil par vne autre route
que la sienne. Il ne se contente pas d'vne innocence
vulgaire. Il cherche la perfection, & quand il y a
lieu de mieux, il estime que le bien est vne espece de
mal. Il pratique les vertus difficiles. Il n'vse pas
tousiours de la liberté de son naturel. Il prend la cause
du public contre ses affections particulieres. Il passe sur
toutes sortes de respects pour obeir à la souueraine raison. Exemple de celu en la grace qu'il a faite à vne
infinité de Rebelles, & qu'il n'a pu accorder à Mōn-
sieur de Boutteuille. Il se resserre mesmes dans la Iustice ciuile, bien loin d'estendre plus qu'il ne faut l'autorité souueraine. Puis qu'il s'abstient de ce qui est permis, il n'a garde de faire ce qui est defendu. Mais

qu'il refuſe beaucoup de choſes à la nature, il n'a garde de tout accorder à la volupté. Il n'aime que les plaiſirs ſerieux, qui viennent de la gloire, & ſe gouſtent
dans la conſcience ; qui ne ſont pas remedes de l'infirmité humaine, mais recompenſes de la vertu heroïque.

CHAPITRE X.

LA pieté du Roy ſe monſtre par éminence en ce gene-reux mepris qu'il fait de la plus terrible des choſes terribles. Mais cela paroiſt vniuerſellement en toutes ſortes de bonnes œuures, qui ſont les vrayes & eſſentielles marques de la diſcipline Chreſtien-ne. Car il eſt certain que ſans elle la foy n'eſt point recompenſée de la fe-licité ; la connoiſſance des choſes cé-leſtes ne merite point le ciel ; la prie-re n'eſt qu'vn ſimple bruit, & les ſa-crifices ne ſont que des meurtres.

Et de fait, bien que dans l'Exode ils ſoient nommez plus d'vne fois, la viande

viande & la nourriture du Seigneur;
Si est ce que pour la raison que i'ay
alleguée, il est escrit en d'autres "
lieux, Que les sacrifices des mé- "
chans sont abominables au Sei- "
gneur; Que celuy qui presente sa- "
crifice de la substance des pauures "
est comme celuy qui sacrifie le Fils "
en la presence du Pere; Que Dieu "
ne reçoit point les mauuais dons, "
& qui luy sont offerts de peché. Il "
proteste luy-mesme aux Fideles, "
Qu'il n'a que faire de la multitude "
de leurs oblations; qu'il est plein; "
qu'il ne demande ny la gresse, ny "
le sang des bestes; que l'encens luy "
est en abomination; qu'il ne souf- "
frira plus leur nouuelle Lune, ny "
leur Sabbat, ny leurs autres festes: "
Que son ame hait leurs iours des "
Calendes, & leurs solemnitez; "
qu'elles luy sont à charge; qu'il a "

H

,, peine de les fouftenir ; qu'il ne les
,, exaucera point , quand ils multi-
,, plieroient leurs oraifons ; parce
,, que leurs mains font pleines de
,, fang ; que quand ils les eftendront
,, vers luy , il deftournera fes yeux
,, en arriere.

Dauantage , comme en la Loy il
ne receuoit point pour offrande ny
le prix du chien , ny le falaire de la
paillarde ; auffi en l'Euangile il defire que l'aumofne prouienne des chofes qui font acquifes legirimement.
Il veut que la pieté des Chreftiens
foit actiue , leur fimplicité aduifée,
& leur fageffe bien feante ; & nous
aduertit en termes exprés , que nous
connoiftrons les fiens à leurs fruits ,
& qu'on ne cueille point des raifins
de l'efpine , ny des figues du chardõ.

Penfez vous que fi la douleur
pouuoit entrer dans le ciel , & fi les

bien heureux Esprits qui l'habitér,
auoient emporté leurs passions auec
eux, il ne leur faschast pas de voir
qu'on employe tant de ceremonie à
celebrer leur Feste, & qu'on mette si
peu de soin à imiter leur vertu. Pensez vous aussi que le Saint des Saints
vueille vne meilleure deuotion de
nous, que celle qui nous approche le
plus de luy par l'exercice des choses
honestes? & qu'il ait vn plus agreable spectacle quand il iette les yeux
icy bas, que de considerer le progrez
que fait le Roy dans le cessein qu'il a
de le suiure? Car à dire vray, ce n'est
pas en contrefaisant le Tonnerre, ny
en portant le Trident en vne main,
& le Globe de la Terre en l'autre, ny
en commandant qu'on les appelle
Eternels, que les Princes se rédét sé-
blables à luy: Mais c'est en gouuer-
nant sagement leurs Peuples, en de-

liurât les Foibles de l'oppreſſion des
plus Forts , & en faiſant du bien à
tout le monde. Ce n'eſt pas la puiſſance de Dieu qui eſt imitable aux
hommes, mais c'eſt ſa bonté & ſa
juſtice, dont nous pouuons repreſenter quelques traits & quelques
ombrages ; & que le Roy poſſede
auec vne ſi pleine & ſi liberale communication qu'il en a receuë , qu'il
ne ſeroit pas plus difficile de mener
le Soleil par vne autre route que la
ſienne , & de déregler les mouuemens des cieux, que de le deſtour-
ner de l'honeſteté.

C'eſt pourquoy , bien qu'on le
voye aſſez ſouuent proſterné deuant
ſon Confeſſeur, & toute ſa Maieſté
humiliée aux pieds d'vn de ſes Sujets , qu'on ne s'imagine pas pour
cela que l'habitude qu'il a à pecher
luy réde plus familiere cette action.

Car humainement parlant , & dans
la rigueur de nostre justice, il semble
qu'il n'ait pas perdu son innocence.
Il n'a donc pas tousiours besoin de
la puissance du Sacerdoce , mais il
demande quelquefois de la consolation à la Theologie. Souuent il dé-
lasse son esprit accablé d'affaires dás
l'entretien d'vn homme de Dieu:
Souuent il reçoit des conseils qu'il a
des ja preuenus par ses actions. Il se
laue souuent pour se rafraischir , &
non pas pour se nettoyer : Il prend
des remedes pour se confirmer en
santé , & non pas pour se guerir ; Il
cherche la perfection auec tant d'ardeur & de violence, que quand il y a
lieu de mieux , il estime que le bien
est vne espece de mal.

De là vient qu'il pratique d'ordinaire les vertus difficiles & perilleu-
ses ; qu'il va au deuant des occasions

H iij

qu'il pourroit attendre, & que pou-
uans demeurer en repos, il prefere les
dangers honestes à vne seureté sans
merite. De là vient qu'il n'vse pas
tousiours de la liberté de son naturel,
qu'il est contraint de cacher la douceur qui luy est propre, sous vne seuerité qu'il emprunte, & qu'auec vn
cœur de Pere il exerce l'office de Iuge ; Que quelquefois il a pris la cause du Public contre ses sentimens &
ses affections particulieres, & qu'il a
passé sur toutes sortes de respects,
pour obeïr à la souueraine Raison.
II. Au commencement de la derniere guerre, qu'on peut nommer moitié estrangere, & moitié ciuile, en
vne saison où les gens de seruice n'e-
stoient pas si communs, que la perte
n'en fust remarquable, n'a-t'il pas
souffert que sa Iustice luy ait rauy
des personnes qui luy estoient che-

res, & qu'il euſt rachetées de toutes
les pierreries de ſa Couronne, mais
qu'il n'a pas voulu ſauuer auec vne
parole de foibleſſe? En cette occaſion les ſeruices de trois Conneſta-
bles, le merite du ſang de Montmo-
récy, la valeur du Chef de cette maiſon, de tout temps ſi chere, & ſi neceſſaire à la France, n'ont peu rien
gaigner ſur luy, que le regret de ne
pouuoir rien donner à de ſi puiſſan-
tes conſideratiós. Il a reſiſté aux larmes des Princeſſes, aux prieres de ſa
Cour, à ſa propre volonté ; comme
en d'autres rencontres, où la douc-
ceur de la vengeance ſembloit eſtre
legitime, & où il la pouuoit ſaouler
du ſang & du carnage de tout vn
Peuple, il a quitté encore pour l'a-
mour du Public ſes iuſtes reſſenti-
mens, & s'eſt relaſché par le meſme
motif qu'il s'eſtoit roidy : faiſát voir

en tout, qu'il ne va qu'à mesure que
la Raison le remuë, & que le Roy est
tellement separé de l'homme, & l'esprit a tellement destruit la matiere,
que les interests de son Estat luy
tiennent auiourd'huy lieu des passions de son ame.

De maniere qu'il n'a garde, à ce
conte-là, d'estendre plus qu'il ne faut
l'Autorité souueraine, puis qu'il se
resserre mesme dans la Iustice ciuile.
Il n'a garde de faire ce qui est defendu, puis qu'il s'abstient de ce qui est
permis. Il n'a garde d'estre indulgét
aux mauuais desirs, & d'accorder
tout à la Volupté, puis qu'il refuse
beaucoup de choses à la necessité &
à la nature. Il n'a garde en vn mot,
d'aimer les plaisirs, qui sont communs aux hommes auecques les bétes, puis qu'il n'en veut pas mesmes
qui luy soient communs auecques

les autres hommes, & ne connoist
que ces contentemens serieux, qui
naissent de la satisfaction d'vne bône conscience, qui viennent de la
gloire d'vne grande action, qui sont
tousiours frais, & tousiours nouueaux, & que les Loix ne tolerent
pas côme des remedes de l'infirmité humaine, mais que les Sages pro-
posent pour la recompense de la
Vertu heroïque.

ARGVMENT.

De la chasteté, vertu mesprisée dans les siecles cor-
rompus. Il faut du courage pour estre chaste. Pourquoy
il est plus aisé de resister à la douleur qu'à la volupté.
La continence est vn martyre non sanglant, & vne
persecution inuisible. Le Prince merite d'estre loüé de
sa pureté, puis qu'elle fait vne partie de sa valeur, &
qu'il la doit à la force de sa raison, & non pas à la foiblesse de ses passions. Les victorieux sont les plus satis-
faits de tous les hommes. Ils meurent plus heureusement que ne viuent les effeminés. Leuctres & Mantinée ont esté plus belles que Lays ny que Phryné La
vertu n'est pas mal-heureuse sur la roüe, que doit-elle

eftre en profperité? Les obiets que nous embraffons en ce
monde s'efcoulent entre nos mains. Ils font corrupti-
bles, & noftre paffion l'eft auffi. Le Prince met la
fienne en d'autres obiets plus nobles, qu'il peut toûjours aimer, & qui feront toufiours aimables. Il efle-
ue fes defirs iufqu'à la première beauté. Il eft plus capable de purifier la Cour, que la Cour n'eft capable de
le corrompre. La modeftie de fon vifage eftouffe les mauuaifes penfées iufques dans l'ame des hommes, & reforme toutce qui s'approche de luy. Vne fi difficile vertu eft vn don du ciel, mais c'eft auffi vn effet de fa penible façon de viure. Il n'a iamais eu loifir de faire
mal. Il ne donne au vice ny le moyen ny le temps de
l'attaquer. Ses diuertiffemens mefmes font auftere, &
fes delices viriles. Les autres Souuerains n'agiffent pas
auec tant de force qu'il en fait voir en fe relâfchant.
Leurs baffes & honteufes occupations. Leur repos inquiet, & leur miferable felicité. Les mal-heurs publics que produit leur mauaife vie. Leurs ordures com-
parées à fa pureté. Le defir de la gloire ne peut fouffrir
où il eft de moindres defirs. Dans le cœur du Prince cette ardente paffion confomme toutes les autres.

CHAPITRE XI.

I Eſçay bien qu'en cét endroit
i'eſtime vne qualité mépri-
fée du monde, & que la plufpart de ceux qui font profeffion de

la galanterie me reprocherôt, que ie
loue les hômes des vertus des femmes. Mais ie ne m'arreste pas aux
opinions d'vn Siecle si desbauché
que le nostre. Pour aller droit ie vais
contre le fil du torrent & de la corruption presente. Et puis que la parole eternelle dit qu'elle est la verité,
& ne dit pas qu'elle est la coustume,
i'aime mieux parler veritablement
que selon le sentiment de plusieurs,
& me tenir à la Raison abandonnée,
qu'à l'vsage qui est suiuy.

Il est certain que toutes les actiós
hardies ne se font pas à la guerre : Il
faut aussi de la resolution & du courage pour estre chaste, & les belles
choses sont souuent plus à craindre
que les mauuaises. La douleur attaque nostre ame par la partie la plus
forte, où elle rencontre le despit &
la colere qui se defendent ; mais la

Volupté bat l'édroit le plus descou-
uert, & le plus foible, où elle ne trouue que l'amour de nous mesmes, qui
se rend. Et partant cóme il n'est pas
si difficile de tenir bon dans des murailles, que de combattre sur vne
breche, il n'y a pas aussi tant de peine de resister à la douleur qu'à la
volupté.

En quoy la Religion est d'accord
auec la Philosophie; & pource qu'au
iugement du Fils de Dieu, arracher
sa cóuoitise n'est pas moins que s'arracher vn œil, ou se couper vne
main; & que Saint Paul parle d'ordinaire de la crucifier, & dit que nos
affections sont nos membres, on a
crû dans l'Eglise, que la continence
estoit vn martyre non sanglant, &
vne persecution veritablement inuisible, mais la plus lógue, la plus opi-
niastre, & la plus violéte de toutes.

Ie ne craindray dōc point de loüer
le Roy de sa pureté, puis qu'elle fait
vne partie de sa valeur; puis qu'il la
doit à la force de sa raison, non pas
à la foibleſſe de ses appetits; & que la
paix de sa conscience ne viét pas de
la langueur & de l'oisiueté de son naturel, mais du trauail & de la victoire de son esprit. Il ne luy est point
hōteux que l'on sçache qu'il est Roy
de soy-mesme, aussi bien que de ses
Peuples; qu'il est absolu au dedans
comme au dehors; qu'il surmonte
toutes sortes d'ennemis; qu'il n'y a
point de combat, soit contre les
Estrangers, soit contre ses Suiets,
soit contre ses passions, où il ne demeure le Maistre.

Or il est sans difficulté, que de
ces actes de valeur naissent des ioyes
si parfaictes, que hors du ciel il ne
s'en reçoit point de semblables, &

que les victorieux font les plus fatis-
faits de tous les hommes. Qu'on vâ-
te tant qu'on voudra les plus beaux
yeux qui ayent iamais éclairé le môde, & le merite de ces fuperbes creatures qui traifnét aprés elles les Princes captifs. En tout l'Empire de la
Volupté il n'eft point de fi douce
ioüyffance que celle d'vne ville prife, ou d'vne bataille gaignée. Leuctres & Mantinée ont donné plus de
plaifir à Epaminondas, que Laïs &
Phryné n'en donnerent à tous leurs
Amans : & bien qu'il perdift la vie
en la derniere de ces deux iournées,
& qu'il ne pûft poffeder fa gloire
qu'vne démie heure, & dâs les douleurs d'vne bleffure mortelle, il mourût pourtant plus heureufement que
ne viuent les effeminez, & n'euft pas
voulu donner vn inftât de ce téps-là
pour leur longue & inutile vieilleffe.

Mais si Epicure luy-mesme a eu le courage de dire que la vertu ne seroit pas mal-heureuse sur la roüe: Que le souuenir du passé l'obligeroit de confesser, qu'elle s'y trouue bien, & que la douleur qui fait fremir ses bourreaux, ne fait que la chatoüiller; douterons-nous qu'en vn estat plus tranquille, & dans vne pure prosperité, elle ne ressente des contentemens incomparables, mille fois plus vifs, plus subtils, & plus penetrans, que tous les effets de ces agreables artifices que l'esprit a inuentez pour flater le corps ?●

Nous embrassons en ce monde de certains obiets qui s'écoulent & fondent entre nos mains; qui sont perpetuellement menacez de fin, ou de changement; que nous sommes asseurez ou de haïr bien tost, ou de mépriser, ou de n'aimer plus. Leur

nature eſt ât de commencer à ſe corrompre immediatement apres leur
production; l'affection que nous leur
portons va auſſi de neceſſité en di-
minuant : Et à cauſe que l'infinité ne
luy appartient pas, il faut qu'elle pe-
riſſe par ſon propre accroiſſement;
que le deſir ſe termine par le dé-
gouſt, & le mouuement par la laſſitude. Et par conſequent admirons
noſtre ſage Prince, qui ſçait mettre
ſa paſſion en des obiets qu'il peut
touſiours aimer, & qui ſeront touſiours aimables : qui ne ſe ſalit point
de la bouë des choſes terreſtres : qui
eſleue ſes deſirs iuſqu'à la plus haute
& la premiere beauté, & les eſloi-
gne du corps & de la matiere, comme de la lie & de l'impureté des
creatures.

La Volupté auec toutes ſes inuentions, & tous ſes attraits, n'eſt pas
capable

capable d'emporter sur luy vn commencement de volonté, ny de luy plaire mesme en le surprenant. Il purifiera pluſtoſt la Cour par ſon exemple, que la Cour ne le corrompra par ſes delices. En toute ſa vie il n'eſt pas ſorty vn mot de ſa bouche qui puiſſe receuoir vn ſens deshonneſte ; & il ne luy ſeroit pas poſſible non plus de laiſſer acheuer vne parole ſale à quicôque oſeroit la proferer deuât luy. La pudeur de ſô viſage, & vn agreable meſlange de douceur & de ſeuerité, qui paroiſſent dans ſes yeux, étouffent les mauuaiſes penſées iuſques dans l'ame des hommes, & reformét d'abord tout ce qui s'approche de luy. Si bien qu'en ſa preſence les plus deſbauchez reſſemblent aux plus modeſtes, & ſon ſeul regard a le pouuoir, ou de changer, ou de ſuſpendre leur inclination.

I

Vne si rare & si difficile vertu est
à la verité vn present du ciel, & vn
priuilege de sa naissance ; mais c'est
aussi vn effet de sa penible façon de
viure, & le fruit de ses continuelles
occupations. Il ne donne point au
vice le moyen ny le temps de l'attaquer. Il n'a iamais eu encore loisir de
faire du mal, & son mauuais Ange
l'a tousiours trouué occupé ailleurs,
quand il a essayé de l'y porter. Que
s'il ne peut pas tousiours estre à la
guerre, ny dans le Conseil, Encores
les esbats & les diuertissemens qu'il
prend, sont austeres & laborieux, &
les delices qu'il gouste, viriles & militaires. La Volupté ne le sçauroit
gaigner par d'autres charmes, ny
l'attirer à elle que par le trauail. Tous
ses exercices seruent à sa principale
profession ; ont du rapport ou de la
ressemblance auec le mestier des ar-

mes, & font ou des images ou des
meditations de la guerre.

La pluspart des Princes que nous
connoiſſons, & dont nous auons ouy
parler, ne ſont pas de cette humeur.
Ils n'agiſſent pas meſmes auec tant
de force qu'il en fait voir en ſe relaſ-
chant: & le repos dans lequel ils lan-
guiſſent eſt ſi hôteux, qu'il vaudroit
mieux pour leur honneur que ce fût
vne pure lethargie. Les vns vieilliſ-
ſent à table, & paſſent les iours & les
nuits dans les plaiſirs de la bonne
chere. Les autres employent le tiers
de leur vie à ſe frizer les cheueux, &
à ſe regarder au miroir: & les plus
honneſtement occupez mettét tout
leur temps & tout leur eſprit, ou à
faire peindre vne gallerie, ou à tirer
des eſſences de jaſmin, ou à conduire vne fôtaine de quatre lieuës pour
embellir vn parterre, ou à calculer

I ij

le reuenu de leur trafic, ou à escouter
les propositions d'vn Alchimiste.

Ils sont cachez le plus souuent au
fonds d'vn Palais, où leur propre
felicité les ennuye : où ils se plaignét
de la misere de leur condition, parce qu'il n'y a plus de nouuelles voluptez à découurir : où au milieu de
leurs thresors & de leurs delices ils
deuiennent pauures & chagrins par
leurs desirs. Là dedás on les engraisse
cóme des victimes qui doiuent estre
immolées : On les parfume comme
des corps qu'on veut embaumer :
On leur allume des flambeaux dés
le midy, afin que la pompe de leur
vie soit le commencement de l'ap-
pareil de leurs funerailles, & que
quand on passe deuant leur porte, on
puisse dire auec raison : ICY GIST
LE PRINCE TEL.

Que si quelquefois le bruit des

victoires du Roy va réueiller leurs
lafches efprits, & fi vne fi viue lumiere perce l'épaiffeur. & l'obfcurité
de leurs prifons, peut eftre qu'ils re-
uiennét vn peu de ce profond affou-
piffement, & qu'ils fentent quelque
legere picqueure de gloire ; mais le
cœur n'en eft point entamé, & ces
bons mouuemés ne produifant que
de beaux fouhaits, au lieu d'imiter
la vertu d'vn fi braue Prince, ils fe
contentent de porter enuie à fa fortune. Si quelquefois encore ils ofent
fouffrir lé iour, & s'ils fe hazardent
de voir le Soleil, qui leur eft eftran-
ger & inconnu, ne vous imaginez
pas que ce foit pour entreprendre de
longs voyages, & pour affifter en
perfonne leurs Alliez, qu'ils quittent
les tenebres & la folitude. Ils ne for-
tent du logis que pour aller faire l'a-
mour à la ville, & pour forcer la cha-

steté qui resiste, ou corrompre celle
qui fléchit.

Et au partir de là, quand ils ont
saoulé leurs brutales passions, qu'ils
ont violé la sainteté du Mariage, &
deshonnoré les pauures familles, ils
appellent cela se joüer, & cherchent
de bôs mots pour farder de vilaines
,, actions. N'y en auoit-il pas vn der-
,, nierement qui se vantoit d'auoir
,, triomphé de la plus belle partie du
,, monde, parlant des Dames qu'il
,, auoit aimées? Et vn autre ne disoit-
,, il pas, que pour meriter à meilleur
,, titre le nom de Pere de son Peu-
,, ple, il faisoit le plus d'enfans qu'il
,, pouuoit aux femmes de ses Sujets?
En ces Cours sales & desbauchées
les plus saintes dignitez sont bien
souuent la recompense d'vne nuit
que le Prince aura passée agreablement. Rien ne se refuse dans les em-
I

braſſemens d'vne femme artificieu-
ſe, & qui ſe ſçait ſeruir de ſes charmes: Rien n'eſt impoſſible à ſes bai-
ſers. Les moindres de ſes affeteries
emportent les graces des criminels,
& la condamnation des innocens;
& ce qui n'a peu paſſer au Conſeil, ne
reçoit point de difficulté dans le lict.

Graces à Dieu nous ſommes à
couuert de ce mal-heur, & noſtre
Cour eſt pure de cette taſche. Le deſir de la vraye gloire ne peut ſouf-
frir où il eſt de plus petites affectiōs;
& dans le cœur du Roy cette ardente paſſion conſomme, à bien dire,
toutes les autres. Agiſſant ſans ceſſe,
côme il agit, quand pourroit-il ſon-
ger à la volupté: & eſtant, comme
il eſt, infiniment laborieux, pourquoy tomberoit-il dans le peché des
oiſifs? Quelques diuertiſſemens qu'ō
luy preſente, iamais il ne deſtourne

tout à fait fon efprit de deffus les affaires de fon eftat: Quelques regards
qu'il enuoye parfois fur d'autres objets, fa veue eft toufiours attachée
là. Quoy qu'il faffe, & à quoy qu'il
s'applique, il ne s'oublie iamais de
regner. Iamais il n'auilit fa Majefté
dans des occupations baffes & inde-
centes à fa condition : Toute fa vie
eft quafi également ferieufe.

ARGVMENT.

Il ne fuffit pas que les plaifirs du Prince ne foient
pas mauuais, il faut qu'ils foient releués. Il n'eftudie
point les petites chofes. Il referue toute l'attention de
fon efprit pour les grandes. Il n'apporte aux paffetéps
publics que fes yeux & fa préfence, & ne s'y trouue
que pour ne fembler pas les condamner & paroiftre de
mauuaife humeur. Il n'a point pourtant d'auerfion
pour les inuentions curieufes, ny n'eft ennemy de la
politeffe. Rufticité des Princes qui ont bayla Mufique,
& mefprisé la Peinture. Le noftre void dans les Arts
ce qu'il y a de plus delicat & de plus fubtil. Il a les
fens qui ont commencé auec l'efprit naturellement
tres-purs. Il a les yeux & les oreilles fçauantes. Il a

les mains adroites & ingenieuses. Mais il ne s'occupe
pas à toutes les choses qu'il connoist. Il iuge de la profession des autres, & s'acquite de la sienne. Qu'elle
doit estre la science & la Philosophie du Prince. Il
faut qu'elle soit pratique, & se reduise à l'action.
Sous cette science toutes les sciences se reposent, &
toute la societé humaine se maintient. C'estoit là
science des Lacedemoniens, qui pensoient qu'il n'y
auoit rien qui ne fust compris dans les Loix de Lycur-
gue. C'estoit celle des premiers Romains, qui ont crû
qu'il suffisoit de gouster de la Philosophie, mais qu'il
ne falloit pas s'en saouler. Ils ont bány à diuerses fois les
Mathematiciens, les Philosophes, les Rhetoriciens.
Arrest donné contre les derniers. Connoissances ab-
straites, dangereuses à la Republique, lors qu'on s'y
adonne auec excés. Les Escholes ont en partie ruiné le
commerce & l'agriculture. Sont cause de la foiblesse
de nostre Estat, & de la lascheté de nostre siecle. Dans
vn grand Royaume on ne leue que de petites armées,
parce qu'il y a vn grand peuple inutile qui ne se sert de
ses mains qu'à escrire, & consomme toute sa cholere
en procés. Dans vne ville prise les speculatifs ne voyent
le danger que quand le feu a gaigné leur cabinet. Ils
contemplent quand il faut agir.

CHAPITRE XII.

Ayez pas peur qu'il se ren-
ferme des iournées entie-
res pour ajuster les pieces

d'vne horologe , ou pour difputer
vne partie aux échets. Il ne fçauroit
s'employer à des vaines affaires , ny
eftudier les petites chofes. Il ne veut
point eftre induftrieux inutilement.
Il referue toute l'attention de fon efprit pour chercher les moyens de
paruenir à la grande fin qu'il s'eft
propofée. Les jeux de hazard ne luy
plaifent pas beaucoup dauantage:
foit qu'il luy fafche de s'émouuoir
en des occafions de peu d'importã-
ce,foit qu'il aime mieux donner que
perdre, ny que gaigner ; foit qu'il ne
defire pas que les moindres parties
de fa vie foient fuiettes à la Fortune.
Pour la lutte , la courfe, & l'efcrime,
que quelques nations ont fi fort pri-
fées , il tient bien que ce peuuent
eftre des plaifirs de Prince , mais il
ne croit pas que ç'en doiuent eftre
les actions, & auroit honte d'eftre

estimé d'vne chose que les Romains
ne vouloient pas faire apprendre à
leurs enfans, & faisoient apprendre
à leurs esclaues, & de receuoir des
loüanges qui luy fussent communes
auec les derniers de tout le peuple.

Il n'apporte donc à semblables
passe-temps que ses yeux & sa presence, & s'y trouue plustost pour ne
sembler pas les condamner, & paroistre de mauuaise humeur dans la
resiouïssance publique, que pour y
prendre du goust, & se laisser toucher à de si legeres voluptez. Ie ne
doute point qu'il n'ait leu auec beaucoup de dédain l'histoire du Roy
René, dernier Comte de Prouence,
qui fut trouué acheuant le crayon
d'vne perdrix par celuy qui luy apporta la nouuelle de la perte de son
Royaume de Sicile; Et ie m'asseure
que si Selim, Empereur des Turcs,

dans vn tableau qu'il fit, & qu'il pu-
blia, n'eust figuré vne bataille qu'il
auoit gaignée, il ne luy pardonne-
roit pas facilement d'auoir fait sçauoir au monde qu'il estoit Peintre.

Non pas pourtant qu'il ait de l'a-
uersion pour les choses curieuses, &
qu'il soit ennemy de la politesse, &
des inuentions innocentes, qui sou-
lagent & adoucissent les ennuis de
cette vie. Car au contraire il void
distinctemēt dans les Arts les beautez & les graces qui nous sont cachées. Il découure dans les ouurages
ce qu'il y a de plus delié & de plus
spirituel; ce qui est comme separé
du reste, & qui ne tient point à la
matiere; ce qui échappe aisément à
vne veuë qui n'est pas purgée par
vne subtile connoissance.

Et à la verité ce n'est pas sans raison qu'on s'est mocqué de la rudesse

de ces Princes, dont l'vn trouuoit le
hennissement de son cheual plus
agreable que la Musique, & l'autre
preferoit la senteur des aulx à tous
les artifices des Parfumeurs. Vn Seigneur de Saxe se promenant dás les
Galleries du Marché de Rome, s'ar-
resta à vne peinture qu'il voyoit admirer d'vn chacun, qui estoit repre-
senté vn grand homme sec, vsé de
vieillesse & de maladies, qui se soustenoit sur vn baston. Mais comme
le Marchand qui pensoit faire sa fortune par la vente de cette rare piece,
luy eust demandé combien il estimoit son Vieillard, il répondit innocemment, qu'il ne l'estimoit point,
& qu'il ne le voudroit pas tout en
vie, quand on le luy voudroit donner pour rien. Et de la memoire de
nos Peres, lors qu'on monstra au Pape Adrian sixiesme le Laocoon du

jardin de Belueder, & d'autres pré-
cieux restes de la magnificence Ro-
maine, il cómanda en cholere qu'on
ostast de deuant luy ces Idoles des
Payens, & fut sur le point d'en faire
faire de la chaux pour rebastir quelques endroits ruinez des murailles
de la ville.

En ces mépris inciuils & inu-
rieux à l'Antiquité, il y a ou vne
ignorance grossiere & brutale, ou
vne seuerité presomptueuse & farouche, & à moins que d'estre Scy-
the, on ne peut blasmer le Roy
d'auoir les sens qui ont le plus de
commerce auec l'esprit, naturellement tres-purs, & de s'en estre acquis la derniere perfectió par l'art &
la discipline. On ne le peut blasmer
de voir & d'ouïr auecque science;
d'auoir les mains adroites & ingenieuses, & de pouuoir figurer sur

vne toile vn combat , ou vn fiege
qu'il viendra de faire. Il importe
feulement que le monde fça-
che qu'il connoift quantité de chofes , aufquelles il ne s'occupe pas;
qu'il fçait iuger fainement de la profeffion des autres , & s'acquiter parfaitement de la fienne ; & qu'il ne
hait point les Mufes, & leurs exercices honneftes , mais que la guerre &
les affaires ne luy laiffent pas la liberté de s'y adonner.

Il eft certain que la principale fciē-
ce des Roys doit auoir pour obiet la
Royauté. Leur Philofophie doit
eftre practique, & quitter l'ombre
& les jardins, où l'on paffe vne vie
douce & obfcure, pour fe faire voir
dans la lice, & dans le grand Monde , toute couuerte de fueur & de
pouffiere. Elle ne doit point s'occuper à chercher ces inutiles Veritez,

qui ne rendét ceux qui les ont trou-
uees, ny meilleurs, ny plus heureux
qu'ils estoient. Il faut qu'elle trauaille à l'acquisition des vertus actiues,
& necessaires au môde : Il faut qu'elle opere la felicité de l'Estat, & non
pas le simple contentement de l'esprit : Il faut qu'elle fasse des experien-
ces d'vne chose, dont l'Eschole ne
sçait faire que des discours.

Lors que ie considere que l'Empereur Numerian voulut qu'on mit au
dessous de ses Statuës, A NVME-
RIAN LE MEILLEVR ORA-
TEVR DE SA COVR. Et que
cét autre ridicule Prince dépescha
des Courriers en tous les lieux de
son obeïssance, pour donner aduis
de la victoire qu'il auoit gaignée aux
jeux Olympiques, c'est à sçauoir sur
de mauuais Poëtes, & sur de mauuais
Musiciens; Ie ne puis assez m'estonner de

ner de leur petite ambition, & d'vne
vanité si mal fondée. Ce que sçait le
Roy vaut bien mieux que tout cela,
& son Art est bien plus noble, quoy
qu'il ne l'exerce pas auec tant de pô-
pe & d'ostentation. Il entend la sciêce, sous la protection de laquelle toutes les autres se reposent, & toute la
societé des hommes se maintient, la
science dis-ie de gouuerner. Il ne
veut point disputer de la gloire du
langage auec ses subiets, & les Autheurs de son temps; mais il peut debatre de celle de la Vaillance & de la
Iustice auec ses Ancestres, & toute
l'Antiquité.

Les premiers Lacedemoniens, qui
ont esté des demi-Dieux & non pas
des hommes, estoient encore moins
sçauans que luy. Ils n'alloient point
à Athenes acquerir des mots & de la
subtilité, ny ne desireroient confe-

K

rer auec les Egyptiens, pour s'éclaircir de leurs doutes, pource qu'ils
croyoient que les Loix de Licurgue
n'auoient rien oublié à dire, & que
les autres cōnoiſſances qui leur pour-
toient venir d'ailleurs, eſtoient ou
mauuaiſes, où inutiles. Il euſt eſté
difficile de remarquer diſtinctemét
en leurs diſcours les parties de l'orai-
ſon, & de ſeparer l'exorde, de la nar-
ration, & la confirmation, de l'epi-
logue. Ils ne s'expliquoiét quaſi que
par monoſyllabes; & s'ils euſſent pû
ſe faire entendre, ſans prendre la peine de parler, ils euſſent encore épargné le peu de paroles qu'ils em-
ployoient.

Pour les Romains, qui paroiſtront
ſi ſouuent en cét ouurage, & deuant
& apres leſquels il n'y a eu que des eſ-
ſais, ou des imitations de la ſageſſe
qu'ils ont monſtrée, Il eſt tres-vray

qu’ils ont fait toutes les grádes choses que nous admirons, sans sçauoir
faire de Dilemme, ny de Syllogis-
me. Mais si tost que cette vertu parfaite se relâcha, & qu’ils cultiuerent
auec moins de soin leurs bonnes inclinations naturelles, ils eurent de la
curiosité pour les raretez de dehors.
Ils commencerent à estudier, si tost
qu’ils commencerent à se corrompre, & la Grece a vaincu ses Maistres
par ses vices, & par ses sciences.

C’a tousiours esté pourtant vne
commune opinion parmy eux, qu’il
suffisoit de gouster de la Philosophie, mais qu’il ne falloit pas s’en
saouler ; qu’il leur estoit permis de
passer par l’Academie & par le Li-
cée, pourueu qu’ils n’y sejournassent
pas, & que selon les âges & les conditions il pouuoit y auoir de l’intemperance en la recherche des belles

choſes. C'eſt pourquoy quand le
vieux Caton ſe mit ſur la fin de ſes
iours à apprendre vne lãgue eſtrangere, on ſe mocqua de luy comme
d'vn homme qui ſe preparoit pour
faire des harangues en l'autre monde, & auoit peur que Minos, qui
eſtoit Grec, n'entendiſt pas le Latin.
Sans doute la vieilleſſe l auoit changé, & ſon iugement ſe reſſentoit de
l'infirmité de ſon aage, veu meſmes
qu'auparauant il faiſoit profeſſion
ouuerte de hayr les lettres Grecques:
qu'il tenoit Socrate pour vn ſeditieux, & vn charlatan, & auoit eſté
d'aduis, lors que tout le monde couroit apres le Philoſophe Carneadés,
qu'on l'enuoyaſt bien toſt à ſon Eſ-
chole diſputer auec les enfans des
Grecs, & qu'on laiſſaſt ceux des Romains obeïr aux Loix, & aux Magiſtrats de leur pays.

Ces sages & vertueux Magistrats
ont resisté tant qu'ils ont pû à cette
violente passion de la jeunesse. Ils
ont chassé à diuerses fois, non seule-
ment les Mathematiciens & les Phi-
losophes, mais aussi les Rhetoriciés,
& voicy sur ce suiet vn de leurs Ar-
rests, dans lequel on void encore res-
pirer la grandeur & la maiesté de la
Republique morte. IL NOVS A
ESTE' RAPPORTE' QVE
CERTAINS HOMMES QVI
SE DISENT LES RHETORI-
CIENS, VEVLENT INTRO-
DVIRE VNE NOVVELLE
SORTE DE DISCIPLINE, ET
QVE LES IEVNES GENS
FONT DES ASSEMBLEES
OV ILS S'AMVSENT TOVT
LE IOVR A LES ESCOVTER.
NOS PERES ONT ORDON-
NE' CE QV'ILS DESIROIENT

K iij

QVE LEVRS ENFANS AP-
PRISSENT. CES NOVVEAV-
TEZ CONTRAIRES A LEVRS
ORDONNANCES, ET A NOS
COVSTVMES, NE NOVS
SONT POINT AGREABLES,
ET NE NOVS SEMBLENT
PAS BONNES.

Aſſeurément il n'y a point de meilleur moyen d'amollir la vigueur des
courages, que d'occuper les eſprits
à des exercices paiſibles & ſedentai-
res, & l'oiſiueté ne peut entrer dans
les Eſtats bien policez par vne plus
ſubtile ny plus dangereuſe tromperie
rie que celle des lettres. Ce ſont ces
perſonnes oiſiues & pareſſeuſes, qui
en partie ont ruiné le commerce, &
l'agriculture ; qui ſont cauſe de la
foibleſſe de noſtre Eſtat, & de la
laſcheté de noſtre Siecle. Et ſi dans
vn grand Royaume on ne peut auiourd'huy leuer que de petites ar-

mées : fi la France n'enuoye plus côme autrefois , des cent mille com-
battans en la Terre Sainte ; ce n'eft
pas qu'elle foit moins peuplée qu'elle n'eftoit, ny que les femmes foient
deuenuës fteriles , ny qu'on meure
plus qu'on ne faifoit de ce temps là:
c'eft que la plufpart de ceux, dont on
compoferoit ces puiffantes & formidables armées , embraffent vne
profeffion contraire à celles des armes , & qu'il y a vn grand peuple
inutile, qui confôme toute fa cholere en procez &ne fe fert de fes mains
qu'à faire des Efcritures & des Liures.

Quand toute vne Nation eft malade de la Dialectique, ou de la Poë-
fie, & qu'en vn pays on trafique plus
de Spheres & d'Aftrolabes, que des
autres chofes neceffaires , c'eft vn fi-
gne tres affeuré de fa prochaine ruine : Quiconque l'entreprendra , en

viendra aisément à bout, & aura à
faire à des hommes, qui ne se réueil-
leront qu'à l'extremité de leurs pro-
fondes speculations ; qui dans vne
ville prise n'entendront ny le son des
trompettes, ny le bruit des armes,
& ne s'apperceurôt qu'il y a du danger, qu'apres que le feu aura gaigné
leur cabinet, & que leur chambre
sera bruslée.

ARGVMENT.

*Explication de la derniere proposition. Vsage de l'e-
stude, & de la science. Si la simple raison d'vn hôme est
à estimer, la sciêce l'est bien dauâtage, qui est la raison
cômune de plusieurs sages. Mais côme il y a de bonnes
lettres, il y en a de mauuaises. Plusieurs sortes de ridicules sçauans. Tant s'en faut que ces gens-là fussent
de bons Princes, ils ne seroient pas de tolerables subiets. La Morale & la Politique tres-dignes de la curiosité du Prince. On y peut adiouster l'Histoire, qui est
vne Philosophie populaire, & qui enseigne par les
exemples. Son vtilité & son merite. Par elle toute la
vertu des anciens est nostre, toute leur industrie, & tous*

leur esprit. Les conseils qu'elle donne ne peuuent estre
soupçonnés ny d'amour, ny de haine, ny d'interest.
Celuy qui la sçait ne trouue rien d'estrange ny de nou-
veau. Par les choses passées on apprend les choses à venir. Le Prince s'est tousiours plû à s'en faire entretenir.
On void bien par ses actions qu'il ne prend pas ses exē-
ple parmy nous. Il est si reglé en sa vie domestique, &
si adroit en sa conduite publique, que s'il n'a estudié la
Morale & la Politique, elles luy ont esté reuelées. Les
autres estudes sont steriles, & de nul vsage. Peuuent
estre vtilement negligées par vn homme de sa condition. Le Gouuernement demande les hommes tous entiers. Il n'y a pas assez du iour & de la nuit pour les
affaires; il faudroit vn troisiesme temps. La mort surprend tousiours les grands Princes. Ce sont des Artisans qui n'acheuent gueres leur besongne en ce monde.
Le nostre qui veut venir à bout de celle qu'il a entreprise, ne s'amuse point ailleurs. La vie est courte d'elle-
mesme, mais il l'allonge par sa diligence.

CHAPITRE XIII.

C E n'est pas pourtant mon
dessein d'abrutir le monde,
& d'esteindre vne des lu-
mieres de la vie. Ie ne veux point
faire reuenir cette nuit obscure, qui
couuroit la face de la Terre, lors que

les Princes de Valois, & ceux de Medicis furent diuinement enuoyez
pour chaſſer la Barbarie du Siecle
paſſé. Ie ſçay que comme la Nature
iette les ſemences du bien en noſtre
ame ; qu'auſſi ſa maturité depend de
l'eſtude & de l'exercice ; que comme
elle fait quelquefois plus de la moitié des choſes, qu'il faut auſſi que
l'Art les acheue, & que la diſcipline
dreſſe & mette en ordre les vertus
mal-adroites & mal-arrangées. Cette diſcipline ſert pour le moins de
clef, pour ouurir de meilleure heure
l'eſprit : elle le rend capable d'affaires, ſans attédre le ſuccez ennuyeux,
& les longueurs de l'experience, &
luy épargne le grand temps qui luy
ſeroit neceſſaire pour paruenir de
ſoy meſme à la Sageſſe. Et à la verité
ſi le bon ſens, & la ſimple raiſon d'vn
homme ſont extrememét à eſtimer,

ie ne voy pas pourquoy on méprise-
ra la science, qui est comme le sens
recueilly d'vne infinité de testes, &
la raison cómune de plusieurs Sages.

Mais icy aussi bien qu'ailleurs, il
est besoin de distinguer, & de faire
difference de science. Ie n'ay garde
de blâmer les bonnes lettres : Ie sou-
stiens seulement qu'il y en a de mauuaises, qui ne sont que de vains amu-
semens de l'esprit ; des songes & des
visions de gens qui veillent ; des trauaux qui n'aboutissét à rien, & n'apportent ny force, ny embellissemét
à la Patrie. Ie me mocque des sçauãs,
qui sont sçauans aux choses qui ne
viennent point en vsage, & n'ignorent rien de ce qui est inutile ; qui
courent iour & nuit apres la quadra-
ture du Cercle, & le mouuement
perpetuel ; sans pouuoir attraper ny
l'vn ny l'autre. Ie n'approuue point

les Docteurs, qui n'vsent pas plus
de leur doctrine, que les auares de
leurs richesses; qui s'empliſſent touſiours, & ne produiſent iamais; qui
conſomment leur vie à la recherche
de quelques mots, & à l'intelligence d'vne langue; qui prennent les
moyens pour la fin; & les chemins
pour les villes. Ces gens-là ſont fort
mal propres à la vie ciuile. Tant s'en
faut qu'ils fuſſent de bons Princes,
qu'ils ne ſeroient pas ſeulement de
tolerables Subiets. Ce ſõt des membres à retrancher de la commune
Societé: ce ſont des ſuperfluitez de
la Republique; & pour vſer des termes d'vn ancien Grec, ils ne valent
rien qu'à peupler les deſerts & les
ſolitudes.

Nous ne rejettons donc pas abſolument la ſcience; mais nous rejettons la leur. Nous ne condamnõs

pas ces Orateurs, qui perſuadent la
verité, & font naiſtre l'amour de la
vertu dans le cœur des hommes (&
peut-eſtre qu'on croira vn iour que
nous auons quelque intereſt à les defendre.) Mais nous condamnons
ces Importuns, dont les diſcours ne
ſont que des bruits & des ſons qui
frappét l'air, & ne paſſent pas l'ouye;
qui veulent debiter pour eloquence
vne facilité de mal parler; qui diſent
des ſottiſes ſagement, & prononcēt
bien les mauuaiſes choſes. Nous ne
chaſſons pas de l'Eſtat l'eſtude de la
Sageſſe; mais nous receuons principalement dans le Palais deux de ſes
parties, dont l'vne regle l'homme
entant qu'il eſt animal doüé de raiſon, l'autre le conduit entant qu'il eſt
né à la ſocieté; l'vne a pour fin la vertu & le bien d'vn ſeul; l'autre la felicité & le bien public.

A quoy il me semble que les Roys peuuent encore adjouster la lecture de l'Histoire, qui est vne Philosophie plus populaire, & plus agreable que celle qui se recueille dans la secheresse des preceptes, parmy les espines & les aiguillons de la dispute. Par elle toute la vertu des Anciés est nostre, & ils n'ont vescu, à bien dire, que pour nous instruire, ny fait de bonnes actiós que pour nous laisser de bons exemples. Elle donne au Prince l'industrie de ceux qui l'ont precedé, pour la mettre auec la sienne. Elle luy presente des conseils sinceres, qui ne sont point suspects de flaterie, qui ne viennent point de passion, dans lesquels il n'entre point d'interest particulier. Elle luy monstre les issuës par où les Sages sont sortis des passages difficiles, & la voye qu'ils se sont faite, lors qu'ils n'en ont pas treuué.

Celuy qui ne ſçait rien de cela, &
qui de tous les temps ne connoiſt
que le preſent, eſt ſurpris par la nouueauté d'vn accident qu'il n'a point
preueu ; ſe laiſſe abbatre au premier
ſouffle de vent contraire , & s'imaginant que le mal doit durer toûjours, n'a iamais le courage de bien
eſperer. Celuy au contraire qui ſemble eſtre de tous les pays, auoir veſcu en tous les aages , & aſſiſté à tous
les conſeils, & à toutes les aſſemblées
publiques, tire de là de puiſſans ſecours pour reſiſter à l'aduerſité. Pour
le moins il ne trouue rien d'eſtrange
ny de nouueau. Il attend la bonne
fortune apres la mauuaiſe, & iuge à
peu pres d'vne action par vne autre.
Car en effet ce n'eſt ny de l'aſpect des
côſtellations , ny du vol & du chant
des oyſeaux, ny du cœur & des en-
trailles des beſtes mortes que ce iu-

gement se forme, mais c'est ordinairement des choses passées qu'on apprend les choses auenir. Et combien
que les affaires du monde changent
quelquefois de cours, prenant vn
autre chemin que le leur accoustu-
mé, & que cela seulement soit vray-
semblable, ainsi que disoit Agathô,
que beaucoup de choses arriuent côtre la vray-semblance; Toutesfois
communément parlant, semblables
entreprises produisent semblables
euenemens; & quoy que ce soient
differés Acteurs qui paroissent, c'est
tousiours le mesme theatre sur lequel on represente, & les mesmes
pieces qui se rejoüent.

Il n'y a point de doute qu'vne si
vtile connoissance ne soit digne de
la curiosité des Grands & qu'elle ne
leur puisse seruir en diuerses occasions. Aussi le Roy s'est plû de tout
temps

temps à s'en faire entretenir : Il a
toufiours écouté auec plaifir ceux
qui luy ont rendu conte des chofes
paffées ; & fans chercher de plus par-
ticulières preuues de ce que ie dis, les
merueilles que nous auons veuës de
luy, nous font affez voir qu'il ne préd
pas fes exemples parmy nous, & que
ce ne fönt pas les hommes de noftre
temps qui luy donnent de la jaloufie.
Dauantage, fa vie domeftique eft fi
exempte de blafme, voire mefme de
foupçon ; fa conduite publique eft fi
pleine d'adreffe & de legitimes artifices ; toutes fes actions font fi con-
formes aux regles, que les Maiftres
des mœurs, & les Docteurs de l'Eftat
nous ont laiffées, que s'il n'auoit appris la Morale & la Politique, il faudroit qu'elles luy fuffent naturelles,
& qu'il euft receu de Dieu vne ame
toute inftincte & toute fçauante.

L

Pour les autres estudes steriles, &
de nul vsage, qui exigét vne violente attention, & vne assiduité serui-
le; qui ont besoin de tout le loisir
d'vn particulier, & de toutes les mi-
nutes des heures, & elles peuuent
estre, à mon aduis, vtilement negligées par vn homme de sa condition,
& ne sont gueres compatibles auec
les fonctions de la Royauté, qui de-
máde aussi les hommes tous entiers;
& de telle sorte, qu'en matiere de
Gouuernement il n'y a souuent pas
assez du iour & de la nuit pour le trauail necessaire, & il faudroit pour
se délasser vn temps qui ne se treuue point.

Les affaires sont en plus grand
nombre que les momens : La mort
la plus tardiue surprend tousiours les
Princes, & laisse leurs ouurages imparfaits : Peu de ces Artisans ache-

uent leur befongne en ce monde. Le
Roy donc, qui veut venir à bout de
celle qu'il a entreprife, ne s'amufe
point ailleurs. Il ne fonge qu'à fa
charge & à fon deuoir; & l'ordre qui
a efté eftably dés le commencement
en la côftitution des chofes, ne pouuant pas eftre reformé, il allonge par
artifice vne vie qui d'elle-mefme eft
fort courte : Il épargne toutes les
heures qu'ont couftume d'emporter
les occupations mauuaifes, & les fu-
perfluës, & prend de fa diligence ce
qu'il ne peut obtenir de la liberalité
de la Nature.

ARGVMENT.

Vigilance & actiuité du Prince. Les Roys & les
Royaumes ne peuuent iouyr d'vn mefme repos. Le no-
ftre trauaille toufiours, fe baZarde fouuent, expofe fa
perfonne à toutes les iniures des faifons, fait fesGaleries
de Paris en Guienne, & en Languedoc. Son corps ne
pefe point à fon efprit, n'a point de peine à fuiure les

mouuemens de son courage. Il ne traisne point apres luy
vn long equipage de deslauche, comme les Princes
Asiatiques. Il ne s'arriste point a tous les obiets agrea-
bles, comme Marc Antoine. Il est extraordinairemēt
diligent. Il mesnage le temps auec vne grande œcono-
mie. Tous les momens luy sont pretieux. Sans cela il
n'auroit que commencé les miracles qu'il a faits, & qui
sont icy plustost marquez que descris. Il ne seroit pas ce
Prince par excellence, qui nous fournit sa vie pour l'in-
struction des autres, & nous dispense d. tous nos pre-
ceptes. Reformation du passé. Anciennes fautes corri-
gées. Mauuaises maximes changées. Renouuellement
de l'estat.

CHAPITRE XIV.

L y a dix ans qu'il veille quasi tousiours ; qu'il est quasi tousiours à cheual ; qu'il court par tout où l'appelle la necessite publique: Et d'autant qu'il sçait bien que les Roys & les Royaumes ne peuuent iouïr d'vn mesme repos, il est content que les peines & les dangers soient pour luy, & la paix & la seureté soient à la France. Ses cheueux blancs luy sont venus

des nobles & glorieuses inquietudes, qui ont produit la tranquilité
de ses Peuples. Il pleut, & il neige
tous les Hyuers sur la premiere teste
du Monde. Dans les plus violentes
chaleurs de l'Esté, lors que nous em-
ployons tous les moyens imagina-
bles pour chercher le frais, & auoir
de l'ombre, son visage se hasle au Soleil de Languedoc, & c'est d'ordinaire en pleine compagnie, & à dix
iournées du Louure qu'il reçoit les
iniures de l'air & les incommoditez
des saisons. Quelques-vns de ses
Predecesseurs auoient plus de peine
à se remuer, & à passer de leur chambre à leur cabinet, qu'il n'en a d'aller
d'vne extremité du Royaume à l'autre. Il fait ses galleries & ses pourme-
noirs de Paris en Guyenne, ou en
Dauphiné, & il n'y a point de partie
affligée en son Estat, pour esloignée

qu'elle foit, qui luy ayant découuert
fes playes , & donné connoiffance
de fon mal, ne fente incontinent le
foulagement qu'apporte fa prefence
en quelque lieu qu'il fe monftre.

Pour cét effet la Nature luy a dõ-
né vn corps qui ne pefe point à fon
efprit , & qui eftant extrememement
fouple & vigoureux, n'a pas beaucoup de difficulté à fuiure les mouuemens de fon courage. La continuelle agitation, dans laquelle il fe
nourrit, ne laiffe pas mettre enfemble ce grand amas d'humeur, & cét
excés de chair fuperfluë, qui fe forme par l'oifiueté, & qui bien fouuét
eft à charge à l'ame; Outre qu'il n'eft
pas embarraffé de ce long equipage
de débauche , que traifnent apres
eux les voluptueux, & qu'il ne fait
pas la guerre à la mode des Princes
Afiatiques. On ne voit point des

troupes de femmes & d'Eunuques,
& vne autre armée de persónes inutiles à la suite de la sienne. Il ne luy
faut point vn nombre incroyable de
chariots, pour porter des luths, des
violons, des miroirs, & des parfums,
comme il en falloit à Marc Antoine, quand il marchoit auec Cleopa-
tre. Le premier obiet agreable qu'il
rencontre en son chemin ne l'oblige
point de s'y arrester, & il ne campe
pas au bord des belles riuieres, au
lieu de les trauerser, ny ne fait dresser
des tentes dans les vallons delicieux,
quand il faut passer les montagnes.
Il est libre de ces empeschemens que
se font, ou que trouuent les effeminez, & qui sont cause d'vne notable
perte de téps, qui doit estre au Prince la plus precieuse de toutes les choses, & de laquelle il peut estre auare
sans perdre le tiltre de Liberal.

Si le Roy n'en ſçauoit vſer auec beaucoup d'œconomie, & s'il n'eſtoit excellét diſpenſateur d'vn bien ſi fragile, & de ſi mauuaiſe garde, il n'auroit pas, cóme il a fait en moins de ſix ans, commencé, pourſuiuy, & terminé vn trauail, qui apparemment deuoit exercer ſes Succeſſeurs, & durer iuſqu'à la poſterité. Il ne ſe feroit pas rendu Maiſtre chez ſoy, & Iuge chez ſes voiſins, & n'auroit pas eſteint, comme il a fait, la rebellion, deſarmé l'erreur, ſouſtenu la foibleſſe, abbaiſſé la tyrannie. Vn Prince mediocrement diligét feroit encore à my-chemin d'vne ſi penible courſe, & ſous vn autre Roy que le noſtre, nous ferions encore des vœux pour arriuer au port, dans lequel aujourd'huy nous les rendons.

Ne parlons point laſchement de la proſperité de nos affaires. Ne con-

tredifons point à la voix publique.
N'affoiblifsons point la verité par
des exceptions malicieufes, & par
des loüanges conditionées. Auoüós
à tout le moins les obligations que
nous auons au Roy, fi nous ne pouuons les reconnoiftre. On ne vit iamais vne fi grande difpofition à la
felicité, que les Politiques cherchét.
Iamais les promeffes de l'auenir ne
furent fi belles. Nous ne craignons
plus la ruine de noftre Eftat, nous en
efperós l'Eternité. Toutes les pieces
de cette fuperbe Maffe, qui a branflé
fi long temps, font maintenant raf-
fermies. Tout eft compaffé auec vne
admirable iufteffe. Pas vne pierre ne
pouffe hors de fon allignemét. Rien
n'offenfe les yeux delicats. Voicy la
premiere fois que la Medifance fera
muette. Il n'y a plus de deffaux à découurir; il n'y a prefque pas de fouhaits à faire.

Ie tiens certes mes yeux pour fuf-
pects, & ay de la peine à me croire
moy mefme, quand ie confidere le
prefent, & qu'il me fouuient du paffé. Ce n'eſt plus la France de dernie-
rement, fi déchirée, fi malade, fi ca-
duque. Ce ne font plus les François,
fi ennemis de leur patrie, fi languiſ-
fans au feruice de leur Prince, fi dé-
criez parmy les Natiôs eſtrangeres.
Sous les mefmes vifages ie remarque
d'autres hommes, & dans le mefme
Royaume vn autre Eſtat. L'ancienne apparence reſte, mais l'interieur
eſt renouuellé. Il s'eſt fait vne reuolution morale, vn changement de
l'efprit, vn paffage doux & agreable
du mal au bien. Le Roy a remis fes
Subiets en reputation; a communi-
qué fa force & fa vigueur à la Republique; a corrigé les fautes du Siecle
paffé; a chaffé tout enfemble la mol-

lesse & la temerité de l'administra-
tion des affaires.

C'est le Sage non moins que le
Iuste, & il ne trompe ny soy, ny les
autres. Il ne se sent point de la corru-
ptió presente, & quasi point de l'infirmité humaine. Il est capable d'arrester vn Estat sur la pête de sa cheu-
té; de reparer les ruines que la longueur du temps y a faites; de raccó-
moder les choses gastées. Il est capable, pour le dire ainsi, de rajeunir
l'Vniuers; & si ce parfait Gouuernement, dont on n'a veu encore que la
peinture, doit en fin s'éclore & paroistre au iour, il sortira sans doute
de son incomparable Sagesse.

*Preuue des choses mises en auant. Quels estoient les
maux ausquels le Prince a remedié. Quelles les fautes
qu'il a corrigees. Description morale de la France, &*

du gouuernement paßé, pour monstrer qu'on ne dit rien
au hazart, & que les Monstres dont on parle, ne sont
pas des fantosmes. La fortune a presque tousiours gouuerné en France. Deplorable estat des choses apres la
prison du Roy Iean, & du Roy François ; durant les
guerres des Anglois, & les troubles de la Ligue. Quād
le Souuerain la signa, il signa l'arrest de sa mort ou celuy de sa deposition s'il y eust eu de la prudence en ce
temps là, il n'y eust eu ny Ligue, ny Huguenots Si
on eust agy de bonne façon, ce qui a esté le chef d'œuure
de nostre Prince, n'eust esté que le iouet de ses predecesseurs. La foiblesse des maistres fut cause de l'audace
des seruiteurs. L'Estat se ressentit des vices du Cabinet.
La peine & la recompense inconnuës en ce Royaume, ou
pour le moins, leur vsage peruerty. Les rebelles ont profité de toutes leurs fautes. Ils n'auoient garde de croire
que la reuolte fust vne chose mauuaise, puis qu'on la
payoit si bien. En ce temps-là on fardoit le malade, à
present on le purge & on le guerit. On se contentoit
de viure, & d'aller vn iour à vn autre ; à present on
veut vaincre & triompher. La bonté du Souuerain estoit
vne rente aux factieux. Il achetoit tous les iours leur
fidelité, laquelle il n'acqueroit iamais. Traitez infames faits auec eux. Adueu de la Rebellion. Partage
de l'Estat accordé, & pour l'éuiter, violement de la foy
publique. Beaucoup d'Estats sont peri à moins que cela:
En la conseruation du nostre la prouidence de Dieu a
combatu perpetuellement contre l'impudence des hommes ; a beny toutes nos folies ; a rendu heureuses toutes
nos cheutes ; nous a conduits iusques icy par miracle,
pour nous laisser enfin entre les mains d'vn Prince qui

...se baignera auecque raison, il falloit venir par beaucoup de degrez à l'eau le plus, demander plus d'une fois au Ciel un si necessaire reformateur: Representation en petis de ses actions & de ses vertus, qui finit par la prise de la Rochelle, dans laquelle l'auteur est interessé, & qui luy a donné suiet d'escrire.

CHAPITRE XV.

Ovs, auons beau nous flatter, & corrompre la fidelité de nostre Histoire, iusques icy nous deuons nostre conseruation plustost à toute autre chose qu'à nous-mesmes; & si depuis la naissance de l'Estat, on excepte seulement la vie de deux Princes, & quelques années de celles des autres, il se peut dire, que la Fortune a gouuerné parmy nous souuerainement, & qu'en la conduite de nos affaires elle n'a laissé que fort peu de part au sens & à la raison. On a mis en prouerbe nostre legereté, nostre inconstance, nostre folie. On a dit que la France

eſtoit vn vaiſſeau , à qui la tempeſte
ſeruoit de pilote. Nos peres ont conduit leurs guerres ſans diſcipline, &
leurs negotiations ſans ſecret. Leur
façon d'agir eſtoit auſſi peu reglée,
que s'ils euſſent eu deſſein de perdre
en tous les Traictez ; & leur vaillance auſſi eſtourdie, que s'ils ſe fuſſent
bandé les yeux pour combatre. Ils
nous ont pourtāt laiſſé ce qu'ils gouuernoient ſi mal, & leur eſtat eſt venu iuſques à nous dans cette confuſion , & dans ce deſordre. Toutes les
Maximes receuës vniuerſellement
pour veritables , ſe ſont trouuées
fauſſes en ce qui nous regarde : Tous
les ſignes d'vne mort certaine ont
eſté vains quand ils ont paru ſur
nous : Toute la Sageſſe eſtrangere
s'eſt trompée au iugement qu'elle a
fait de la durée de noſtre monarchie.
Apres la priſon de Iean & de Fran-

çois, qui furent l'vne & l'autre des
fruits de leur imprudence, il y auoit
toutes les apparences du monde que
ce Royaume changeroit de Maiſtre,
& ne ſeroit plus qu'vne Prouince de
nos ennemis : Toutesfois le voicy
encore ſous la puiſſance de l'heritier
legitime de ces braues priſonniers.
Les Roys d'Angleterre, qui ont re-
gné, & qui ont eſté couronnez à Paris, n'y auoient hier qu'vn Ambaſ-
ſadeur, & n'y ont plus auiourd'huy
perſonne. Il ne leur reſte de toutes
les cõqueſtes qu'ils ont faites, qu'vn
nom inutile que nous leur laiſſons,
pour embellir leurs tiltres, & pour ſe
conſoler de leurs pertes : Et apres tãt
de batailles gaignées, ie ne ſçay
quoy les a fait fuir, & les a chaſſez
d'vn païs où ils croyoient eſtre chez
eux, & où il n'y auoit pl° que trois ou
quatre villes qui fuſſent Françoiſes.

L'Eſpagne ayant quaſi eu les meſmes auantages, s'eſt veuë trompée
par le meſme euenement. Nous luy
auions ouuert toutes nos portes:
Nous auiõs receu ſes Garniſons dãs
nos villes, & ſes Miniſtres dãs noſtre
Conſeil. La pluſpart de nos gens, s'ils
euſsent eſté nez à Madrid, ou à Tolede, ne pouuoiét pas eſtre meilleurs
Eſpagnols qu'ils eſtoient, & tout le
monde couroit en foule & les yeux
fermez à la ſcruitude. Neantmoins
cette diſpoſition au changement, &
ces auances de la victoire, n'ont de
rien ſeruy à Philippe, ny à ſon In-
fante. Nous n'auons pû perdre ce
que nous auions donné : Nous n'a-
uons pû tomber ſous vne domination eſtrangere, quoy que noſtre
cheute fuſt noſtre deſsein. Les chaiſnes que nous demandions nous ont
eſté refuſées, & noſtre Patrie nous a
demeuré,

demeuré, apres la auir liurée à nostre
enemy.

Ailleurs il ne faut qu'vne guerre ciuile pour mettre vn Estat en pieces,
& abolir le gouuernement Monar-
chique. Mais qu'auons nous veu autre chose que des guerres ciuiles depuis la mort de Henry second? Et
n'ont elles pas esté si frequentes, qu'ō
a pû long temps conter les annees
par les Traitez de paix qu'il falloit
faire. Nos Roys signerent l'Arrest
de leur mort, ou au moins de leur
deposition, quand ils signerent la
Ligue, & que des deux factions qui
deschiroient leur Royaume, ils donnerent à celle-cy leurs armes, & leur
autorité, afin de demeurer desarmez
& descouuerts contre les entreprises
de l'vne & de l'autre. S'ils se fussent
gouuernez par la raison, ils n'eussent
jamais fait vne telle faute, & s'ils y

M

euſt eu de la prudence en ce temps-
là, il n'y euſt eu ny Ligue , ny Huguenots. Ce dernier Party , qu'il falloit étouffer au berceau , lors qu'il
n'eſtoit qu'à demy formé , & que les
plus debiles mains le pouuoient défaire , a crû auſſi par l'indulgence du
Souuerain; a pris ſa premiere vigueur
du mépris qu'on faiſoit de ſa foibleſſe , & eſt monté enfin à vne ſi prodi-
gieuſe grandeur, qu'il a ſouuent ba-
lancé les forces Royales , & qu'il a
fallu que ſa ruïne ait eſté le Chef-
d'œuure de LOVYS LE IVSTE.

Mais auant que ce genereux Prince fuſt venu au monde pour accom-
plir noſtre ſalut, & arreſter les choſes au poinct où elles doiuét demeurer , combien de fois ces deux puiſ-
ſantes factions ont-elles failly leur
coup? A combien peu a-t'il tenu que
nous n'ayons veu vne Republique

de Languedoc? qu'il n'y ait eu des
Eſtats de Guyéne? qu'il ne ſe ſoit fait
des Ducs de Bourgongne, & des Cô-
tes de Prouence? Et qui pouuoit ré-
pondre à nos Peres, que la Rebelliõ
attédiſt à faire ſes derniers & ſes ex-
tremes efforts, cõtre celuy qui ſeul
eſtoit capable de la deſtruire? Nous
auons touſiours eſté des ouuriers &
les artiſans de nos mal heurs. Nos
enhemis ont eſleué leurs Remparts,
& baſty leurs Forts à l'ombre de nos
Paix & de nos Traitez. Ils ſe ſont
agrandis & maintenus ſous noſtre
protection. Ils ſe ſont échauffez &
nourris en noſtre ſein. La foibleſſe,
& la timidité des Maiſtres a eſté cauſe de l'audace & des entrepriſes des
ſeruiteurs. Tout l'Eſtat s'eſt reſſenty
des victoires & de la laſcheté du Cabinet. Du mépris que le Prince faiſoit de ſa charge, eſt venu celuy qu'õ

a fait de son autorité. Il eust esté
obey, s'il eust sceu regner.

Parmy nous la Peine ny la Récó-
pense n'ont presque iamais esté con-
nuës. Les Gráds ont tousiours offensé impunément les petits: Les foibles
ont tousiours esté la proye des plus
forts : On a tousiours marché sur
ceux qui se sont humiliez : On a
tousiours méprisé les gens de bien,
pource qu'on n'a point de peine à les
conseruer, ny de crainte de les perdre Aristophon se glorifioit à Athenes, d'auoir esté accusé soixante &
quinze fois, & d'auoir autant de fois
corrompu ses Iuges. Icy les méchans
ont bien plus heureusement reüssi.
Ils n'ont pas seulement ioüy de l'impunité, on leur a donné des recom-
penses. Ils ont esté recherchez auec
beaucoup de soin , & traitez auec
toute sorte de faueur. Ils ont gaigné
perpetuellemét en l'exercice du mal:

ils ont profité de toutes leurs fautes.
Celles qui meritoient le plus seuere
chastiment, ont esté le plus cherement payées; & nous auons veu vn
vieux pecheur, qui monstroit trois
maisons qu'il auoit acquises de l'argent que le Roy luy auoit donné,
pour auoir esté de trois coniuratiõs
contre son seruice. Tellement que
luy & ses compagnons n'auoient
garde de se repentir d'vn si bon crime, ny de trouuer que la Rebellion
fust vne chose mauuaise; puis qu'ils
en tiroient de si notables commodi-
tez, & qu'elle estoit si liberalement
recompensée.

Ce n'estoit pas regner; Ce n'e-
stoit pas vaincre; Ce n'estoit pas
triompher, ce qu'on faisoit en ce
temps là. C'estoit viure seulement,
& aller d'vn iour à vn autre? L'Estat
des affaires n'estoit ny paix, ny guer-

re, ny tréue: c'eſtoit vn repos d'aſſoupiſſement, qu'on procuroit au Peuple par artifice ; & le ſomme des criminels & des obſedez n'eſt pas plus
agité, ny plus inquiet que cette tró-
peuſe tranquillité. On ne ſçauoit
point guerir, on ſçauoit ſeulement
farder les malades, & leur faire le
viſage bon. Ceux qui gouuernoient,
vouloient appriuoiſer la Rebellion
en la careſſant ; Ils la ſaouloient de
biens-faits & de gratifications. Mais
par là ils la rendoient plus puiſſante,
& nõ pas meilleure; Ils augmentoiét
ſa force, & ne diminuoient point ſa
malice. Aucunefois ils luy oſtoient
quelques hommes, qui eſtoient à
vendre, & des auantages qui ne luy
ſeruoient de rien;& ne voyoient pas
que c'eſtoit cultiuer le deſordre, que
de toucher ainſi legerement à ſes
branches & à ſes rejettõs,& ne point

mettre le fer à son tróc & à sa racine,

Toutes les hautes entreprises les épouuentoient. Toutes les grandes choses leur paroissoient monstrueuses. Tout ce qui n'estoit pas aisé, ils l'appelloient impossible. Et la peur leur grossissât les objets, & leur multipliant presque à l'infiny châque indiuidu, quand trois mal contens se retiroient de la Cour auecque leur train, ils se figuroient vne armée de Rebelles à la campagne, qui entraisnoit les Villes & les Communautez apres elle, sans trouuer de resistance. En suite dequoy ils ne se mettoient point en deuoir de les chastier, mais ils taschoient de les adoucir, & au lieu de les aller visiter auec des canós & des soldats, ils leur enuoyoiét des gens de robe longue, chargez d'offres & de conditions, & leur promettoient beaucoup plus qu'ils ne pouuoient esperer de la victoire.

Ainsi la bonté du Prince estoit vne
rente & vn reuenu certain aux méchás. Il épuisoit ses coffres pour sou-
doyer les Armées desses ennemis, &
payoit tous les iours vne chose qu'il
n'acqueroit iamais. A la moindre
rumeur il descendoit de son Trosne,
pour traiter auecque ses Sujets. D'vn
Souuerain il se faisoit vne personne
priuée, & d'vn Legislateur, vn Aduocat. Par cette bréche l'entre-deux
qui le separe du Peuple, estoit rompu, & la puissance changée en égali-
té. Les coupables montoient sur le
Tribunal, & deliberoient de leur
propre fait auecque leur Iuge : Ils
nommoient le lieu de la conference,
& on l'acceptoit ; ils choisissoient
pour côferer les personnes en qui ils
auoient plus de confiance, & on leur
donnoit ces personnes agreables. Et

là il ne fe parloit ny de grace ny de
pardon. Ces termes euffent efté trop
rudes , & leur euffent fait mal aux
oreilles. Mais le Maiftre offenfé de-
claroit folennellemét, que tout auoit
efté fait pour le bien de fon feruice,
& fçauoit bon gré à fes feruiteurs
infidelles des affrons qu'il auoit receus d'eux.

Finalement le deffein du Cabinet
n'eftant que de feparer les Alliez, &
de deftourner l'orage prefent. On
leur accordoit plus qu'ils ne déman-
doient. On eftoit prodigue de la foy
publique. On ne ménageoit point
le nom du Roy. Et de cette forte il fe
trouuoit fur le bord de deux extremitez également dangereufes : car
foit qu'il vouluft tenir fa parole, en
ruinant fes affaires, foit qu'il les re-
mift en la violant, il eftoit touſiours
reduit à vne deplorable élection, ou

de hazarder son Estat, pour estre fidele, ou de manquer à son honneur, pour demeurer Roy.

Ces desordres, & autres semblables, ne deuoient-ils pas perdre la France? & beaucoup d'Estats n'ont-ils pas pery à moins que cela? Elle a pourtât fait mentir tous les Deuins: elle a refuté tous les Politiques : elle a mis des exceptions à toutes les regles generales ; & il n'y auroit pas tant dequoy s'étonner, qu'vn corps, dont le temperament fust mauuais, & la constitution déreglée, fust paruenu à vne extreme vieillesse par des blessures, par des excez, & par des débauches, que de considerer douze cens ans que cet Estat a duré contre toutes les apparéces humaines. C'est vn vieux desbauché, qui a fait ce qu'il a pû pour mourir, & qui vit en dépit des Medecins : c'est nostre for-

eune, qui a corrigé tous les defaux
de nostre conduite : c'est le hazard
qui nous a sauuez, ou pour nommer
nostre bon heur plus Chrestiennement, & quitter les termes de l'vsage corrompu, qui sentent encor le
Paganisme, c'est Dieu, qui a pris vn
soin particulier de la France abandonnée, & a voulu estre son curateur
dans la confusion de ses affaires : c'est
sa Prouidence qui a perpetuellemét
combatu contre l'imprudence des
hommes : c'est le ciel qui a fait autât
de miracles qu'ils faisoiét de fautes.

Il ne faut pas neantmoins aimer
le peril, ny perseuerer dans le mal,
sur l'esperance d'vn secours miracu-
leux. Ce n'est pas à dire que Dieu se
soit obligé par serment de rendre
heureuses toutes nos cheutes, ny
qu'il veüille benir toutes nos folies,
ny qu'il ne s'ennuye point de don-

ner de bons euenemens à tous nos
mauuais conseils. Il permet à la fin
que les effets suiuent leurs causes, &
que ce qui a troublé long temps l'ordre du monde, & violé la Loy generale, rentre dans le cours ordinaire dont il est sorty, & obeïsse à la
commune necessité qu'il a imposée
aux actions de ses creatures.

Mais en l'estat où nous sommes
auiourd'huy, à la bonne heure nous
prendra l'orage : Nous pouuons passer de cette assistance extraordinaire, que nous ne pouuions pas tous-
jours nous promettre. Nous ne ten-
terons plus Dieu par vne temeraire
confiance, ny ne dormirons dans le
danger, en nous attendât aux coups
du ciel quand il n'y auroit plus d'impunité pour nos fautes, nous n'auons
rien à craindre, estant asseurez de ne
plus faillir. Encore n'a-t'il pas esté

inconuenient que les chofes n'arri-
uaffent pas tout d'vn coup à la plus
haute éleuatió où elles pouuoient iamais m'óter. Il falloit venir par beaucoup de degrez à LOVYS LE
IVSTE. A ce Prince qui poffedât
la raifon en vn degré fouuerainemēt
excellent, deuroit regner de droiĉt
naturel, felon l'opinion d'Ariftote,
quand il ne regneroit pas de droiĉt
diuin, felon les principes de noftre
Foy. Il eftoit raifonnable de demander plus d'vne fois au ciel vn fi ne-
ceffaire Reformateur, qui par vne
adreffe pleine de force a détourné les
affaires du mauuais cours qu'elles a-
uoient pris, & vaincu la longue ac-
couftumance que nous auions au defordre; qui a porté l'autorité Royale
iufques où elle peut aller fans tyrannie; qui a puny & recompenfé auec
le choix & la difcretió requife, pour

ne tomber ny dans la cruauté, ny
dans la foiblesse ; qui a apporté la
discipline à la guerre, & le secret au
conseil ; qui a remis nostre Foy en
bône odeur parmy les Natiôs eltrâ-
geres, & fait que ceux qui resiste-
roient à nos forces, se rendent souuent à sa preud'hommie ; qui a changé les petites finesses dôt nous nous
seruiôs pour attraper des inferieurs
& des Subiets, en ses grandes & cou-
rageuses maximes, qui donnent la
Loy aux Roys, & aux Republiques ;
qui finalement (ce que mon interest
particulier me rend plus considera-
ble que tout le reste) vient d'acheuer
sur le bord de l'Ocean vn ouurage
dont la seule figure, & la seule proposition nous faisoit peur ; & a sceu
prendre ses mesures si iustes, & le
temps si propre au dessein qu'il me-
ditoit, que plûtost ou plus tard l'execution n'en eust pas esté possible.

ARGVMENT.

Prudence du Prince. Elle paroist principalement à sçauoir bien choisir le temps & prendre le poinct de l'occasion. De quelle consequence est l'opportunité dans la Politique. Quand elle est venuë, le Prince trauaille sans relasche, & ne fait point de fautes par trop de raison. Le iugement est la plus oisiue partie de l'homme, si le courage ne l'accompagne. Il ne produit que des doutes & de l'irresolution, & ne fait rien pour vouloir tout faire seurement. Le Prince delibere, mais il ne vieillit pas en ses deliberations. Il entre au Conseil, mais il en sort. Il ne s'amuse pas à se combatre soy-mesme, lors qu'il faut aller contre l'ennemy. Dans la violence de la seure il ne se plaint point de la douleur. Il se plaint seulement des iours & des occasions qu'il perd, & est plus tourmenté par son courage que par son mal. il va s'acheuer de guerir à la guerre, & employe les restes de sa maladie au salut de son Estat. Les mesmes occasions n'arriuent gueres deux fois aux mesmes personnes. Il faut se haster dans la conduite des choses humaines, parce qu'elles sont soudaines & passageres. Pourquoy Dauid a dit, qu'il tuoit les méchans dés le matin.

CHAPITRE XVI.

LA lumiere de son esprit a paru là principalemét. Pour faire des choses extraordinaires il ne suffit pas de sçauoir bien

employer le temps, il eſt encores
beſoin de le ſçauoir bien choiſir. La
prudence ciuile non moins que l'A-
ſtrologie iudiciaire, reconnoiſt de
bônes & de mauuaiſes heures, ſelon
leſquelles elle ſe repoſe, ou elle trauaille. Toutes les actions des hommes ont leur ſaiſon, voire meſmes
les plus vertueuſes, qui peuuent eſtre
faites mal à propos. Et d'autant que
ce qui n'eſt qu'accident aux choſes
naturelles, eſt eſſéce aux choſes morales, il ne faut qu'vne legere circon-
ſtance du temps, ou du lieu, pour
gaſter vne affaire qui en ſoy ſeroit
tres-vtile, & tres raiſonnable. Il
importe d'ailleurs pour l'accompliſ-
ſement de noſtre deſſein, que l'iniu-
ſtice de nos ennemis ſoit à ſon comble; que la mauuaiſe influence qui
dominoit, commençât à s'affoiblir,
il n'y ait plus de reſiſtance de la part
du

du Ciel, & que le moment soit venu, auquel il plaise à Dieu de laisser faire les hommes. Et côme les voyageurs qui se leuét au rais de la Lune, pésant qu'il soit iour, sont côtraints de se recoucher, ou courent fortune de s'égarer s'ils se mettét en chemin: De mesme ceux qui suiuent la simple lueur de l'apparence, & qui entreprennent hors de saison, sont en dáger de ne rien gaigner, ou de se perdre en leurs entreprises. Or si iamais homme a sceu prendre le poinct de l'occasion, qui n'est gueres moins difficile à rencontrer que ce iuste degré de chaleur, que les Chymiques cherchent en l'operation de leur secret: Si iamais homme a sceu connoistre l'heure de l'executió des choses, & se preualoir de l'opportunité, on me doit auoüer que c'est le Prince de qui ie parle.

N

Si toſt que cette opportunité, ſi neceſſaire en la Politique, commence à paroiſtre, & qu'il ſent que les affaires ſont meures, il n'en laiſſe point corrompre le fruit. Il fait valoir les moindres inſtans ; Il donne chaleur à la beſongne par ſa preſence ; il anime les ouuriers par ſa mine, par ſa voix, & par ſes careſſes. Vous voyez de quel courage & de quelle force il agit luy meſme ; auec quelle gayeté il ſe porte dans le peril ; de quelle aſſeurance il conſidere la mort, & ſe prepare à tous les euenemens ; de quelle ſeuerité de viſage il reiette les conſeils timides, & la Sageſſe tremblante & mal aſſeurée.

Il eſt certain que dans la conduite des affaires, le courage n'eſt pas moins neceſſaire au iugement pour le pouſſer, que le iugement eſt neceſſaire à l'eſprit pour le retenir ; & de

mefme que l'efprit tout feul fait
beaucoup de fautes , & veut remuer
temerairemét le ciel & la terre, auffi
le iugement tout feul n'a point d'a-
ction, & eft la plus oifiue & la plus
fterile partie de l'homme. Il empef-
che de tomber, mais c'eft en confeil-
lant de ne marcher pas : Il fait éuiter
le mauuais temps, mais c'eft en faifant garder la chambre : Il employe
à mediter les iours & les nuits, & de
ce raifonnement continuel il ne fort
que des foupçons & des doutes , &
vne miferable irrefolution, qui eft
caufe qu'il n'entreprend iamais rien,
pource qu'il ne veut rien entreprendre auec hazard. Or eft-il qu'il fe
trouue du hazard par tout , & qu'il
n'eft point d'affaire fi feure , fur qui
la Fortune n'ait quelque droit, & qui
ne foit fujette pour le moins à vn inconuenient.

,, Celuy qui regarde touſiours au
,, vent, & qui obſerue touſiours les
,, nuées, ne ſeme, ny ne moiſſonne.
,, Le pareſſeux pour ne point mar-
,, cher, dit que le Lyon eſt dans la
,, voye, & que la Lyonne n'eſt pas
loing de là. Le Roy au côtraire apres
auoir formé ſon deſſein, ne ſe trauaille plus l'eſprit par vn raiſonnement importun, ny ne r'entre en des
conſiderations qui n'ont point de
fin. Il ceſſe de deliberer, quand la
ſaiſon de faire eſt venuë. Il ne réuer-
ſe point ſes premieres opinions par
les ſecondes, ny celles là par d'autres
nouuelles. Il ne s'amuſe point à ſe cô-
batre ſoy-meſme, quand il faut aller contre l'ennemy. Lorſqu'il a entrepris quelque voyage, on ne gaigne rien de s'y oppoſer : Il eſt auſſi
ferme en ſes reſolutions ordinaires,
que les hommes le ſont en leurs plus

anciennes habitudes. Les obstacles
qui se presentent ne l'arrestêt point,
pourueu que la puissance humaine
les puisse vaincre. Ceux-là mesmes
qui viennêt d'vne cause plus haute,
& de l'absolue necessité, ont bien de
la peine à le retenir ; & s'il est forcé
qu'il cede quelquesfois à la violence
de la douleur , & qu'il se ressente de
l'infirmité de nostre condition, en
cet estat là il est beaucoup plus tour-
mété par só courage que par só mal.

Dans l'ardeur de la fiévre qui le
brusle il ne se plaint que des iours &
des occasions qu'il perd : Il n'est in-
quieté que du reculement de ses affaires: Il veut partir à tous les bós in-
terualles qui luy viênêt. Au lieu d'attendre en repos l'effet des remedes,
& le recouurement de sa santé, il employe les restes de sa maladie à se rédre en son armée: Il va s'acheuer de

guerir à la guerre, & auec vn corps
qui n'a que la moitié de ses forces, il
donne le commencement à la plus
difficile entreprise de nostre Siecle.

Sçachant bien que les mesmes
auantages se presentent rarement
deux fois aux mesmes personnes, il
ne remet point les affaires au lendemain : il ne perd point les bons succez en les differant : il ne dit iamais,
il y en a assez de fait pour vn coup,
& nous acheuerons bien tousiours
le reste. Ce procedé n'est bon que
pour Dieu, qui est patient de la forte, pource que d'ailleurs il est Eternel, & qui laisse quelquefois durer
les méchans, pource qu'il a vn autre
môde que celuy-cy pour les chastier.
Mais on ne peut proposer aux hommes vn exemple qu'ils ne peuuent
suiure. Ils ne font pas les occasions,
ils les reçoiuent ; ils ne commandent

pas au téps, ils n'en possedent qu'vne
petite partie, ie veux dire le present,
qui est vn poinct presque imperce-
ptible, opposé à cette vaste estenduë
de l'auenir, laquelle n'a point de bornes. Pour arriuer à leur but il est necessaire qu'ils aillent viste , & qu'ils
partent de bonne heure ; Ils doiuent
se haster parmy les choses soudaines
& passageres : Et ce sage Prince, qui
outre les connoissances qu'il tiroit
de son experience , & de sa raison,
estoit encore éclairé de Dieu , a dit
parlant de soy-mesme, qu'il tuoit les
méchans dés le matin : d'autant, à
mon aduis , qu'il ne s'asseuroit pas
de l'apresdinée, & qu'il ne sçauoit si
sa bóne fortune dureroit iusques-là.

<hr>

ARGVMENT.

Maximes de prudence & de courage pratiquées
par le Prince en diuerses occasions. Il chastie vn Estran-

N iiij

ger qui auoit vsurpé son authorité. Par vn coup celebre
il separe ses interests d'auec ceux de l'vsurpateur, &
esclaircit le monde de la verité de son seruice. Ces
exemples sont rares en son Histoire, & il n'y a
point de si mauuais sang qu'il ne soit bien aisé de
mesnager. Il ne donne gueres de loisir aux factieux de
se rendre tout à fait coupables. Lors qu'ils deliberent
par où ils se ietteront dans le danger, il a pourueu à leur
seureté Il aime mieux vser de la douceur des preseruatifs que de l'extremité des remedes. Excellent temperament entre la peine & l'impunité. Il y a des fautes
qu'on ne peut pas punir quand elles sont faites. Il n'est
pas temps d'agir contre les coupables, quand ils sont
deuenus maistres de leurs luges. Iusques où peut aller
le soupçon & la defiance du Prince. S'il est possible,
qu'elle n'aille iamais iusques au sang. La detention
d'vne personne suspecte à l'Estat n'est pas vne action de
cruauté. C'est quelquefois empescher les innocens de
faillir, & quelquefois conseruer des gens qui se veulent
perdre. Inconueniens qui naissent de la Iustice scrupuleuse. Elle attend que les rebelles ayent ruiné l'Estat,
afin de proceder contre eux par les formes. Il est besoin
que les vertus viennent au secours les vnes des autres,
& que la prudence soulage la Iustice de beaucoup de
choses. La Prudence regarde l'interest general, pouruoit au bien de la Posterité, se sert de moyens qui ne seroient pas entierement bons, si elle ne les rapportoit à
vne bonne fin. Le Prince voit auec douleur la misere
de son peuple, mais il n'a pû s'empescher de l'amaigrir
en le guerissant. il employe le sien, & n'espargne pas
sa propre personne. Il est bien iuste que nous souffrions

tonioinctement auec luy, & qu'il n'y ait rien de paref-
seux ny de lasche en son Estat, pendant qu'il trauaille, & qu'il se hazarde. Nostre consolation est que ce
ne sont point ses plaisirs qui consomment nostre substance. On n'employe point à faire des festes & à iouër des
comedies l'argët qui se leue pour equiper des vaisseaux,
& pour entretenir des armées. Si les despenses ont esté
grandes, elles ont esté necessaires. Si le peuple a payé
beaucoup, ç'a esté sa rançon qu'il a payé. La liberté de
nostre Patrie, & le repos de nostre posterité nous deuoient bien couster quelque chose.

CHAPITRE XVII.

CE sont des maximes necessaires au fort de l'orage, &
dans les grandes extremi-
tez. Mais on s'en peut mesmes seruir
lors qu'on void paroistre quelque signe de changement de temps, & le
moindre presage de broüillerie. Le
Roy aussi ne les reiette pas absolument en ces sortes de rencontres,
bien que durant le calme, & en pleine paix il en ait de plus douces, & de
plus humaines. Quelquefois il a opposé la force toute preste à la vio-

lence qui se preparoit. Il a fair de petites guerres pour en éuiter de grandes. Il a peut-estre diminué la France
de deux ou trois testes, dont le repos
public auoit besoin pour son affer-
missement; & sa Clemence n'a pas
tousiours vaincu sa Iustice.

Nous nous souuenons de ce qui
se passa sur le Pont du Louure, & de
cette fatale saison, où n'y ayant quasi
pour luy que luy-mesme, il fut contraint de rappeller à soy la puissance
de condamner, que les Princes ont
commise à autruy, & de reprendre
cette fascheuse partie de l'autorité
Royale, de laquelle ils se sont des-
chargez sur leur Parlement. Vn miserable estranger auoit tellement
confondu les choses, & meslé ses interests dans ceux de l'Estat, qu'il n'y
auoit que le Roy seul qui les pût separer,& éclaircir le monde de la ve-

rité de son seruice. Il se resolut donc
de se declarer, & de purger la Cour
de la honteuse dominatiō qui s'esta-
blissoit sur les ruines de la Royauté,
& qu'il sembloit approuuer par sa
patience. Il conceut ce iour-là le dessein du salut de son Estat, & par la
mort des deux serpens, nous fit esperer la deffaite de l'Hydre que nous
venons de voir aux abbois. Que si celuy qui s'est nommé le plus doux &
le plus debonnaire de tous les hommes; Si le diuin Moyse, estant enco-
rd personne priuée, & à ce conte-là
n'ayāt point encore d'autorité, mais
voyant seulement l'affliction de ses
freres, crût estre obligé de les secourir, & de commencer la deliurance
du peuple, par le meurtre d'vn Egyp-
tien, qui frappoit vn Israëlite: Auec
combien plus de raison le Roy, à qui
Dieu a donné le glaiue, & qui seul a

droit de vie & de mort, s'eſt-il ſeruy de ce droit pour punir vn Tyran
qui opprimoit ſes vrais & legitimes
ſubiets, qui eſtoit alteré du ſang de
ſes Princes, qui tenoit captiue toute
ſa Cour, qui deuoroit en eſperance
tout ſon Royaume?

Toutesfois la poſterité verra fort
peu de ces exemples dans ſon hiſtoire. Il n'a vſé de l'autorité ſouueraine
que côtre ceux qui la vouloiét vſur-
per; ny laiſſé tomber la foudre que
ſur ceux qui là luy vouloiét arracher
des mains. Il n'a conſenty au ſuppli-
ce des criminels que quand il n'a re-
ſté que cette voye de finir leurs crimes. Il ne tuë, ny ne prend plaiſir de
voir tuer, non pas meſme les ennemis publics: Mais il taſche tant qu'il
peut d'en faire de bons citoyens, &
de bós ſubiets. Il fait à tout le moins
que les méchans ne ſont point dan-

gereux au public, & fans leur ofter
la vie il leur ofte la force & le venin.
Sa puiffance eft auiourd'huy telle,
que fi trois mutins s'affemblent côtre l'Eftat, il a quatre moyens de les
diffiper; mais fa prudence eft telle de
l'autre cofté, qu'il n'en vient là que
fort rarement, & ne leur donne gueres le loifir de fe rendre tout à fait
coupables. Il les furprend entre la
penfée du crime & l'execution. Ils
croyent auoir negotié fort fecrette-
ment, & il fçait autant de leurs nouuelles que s'il auoit prefidé à leur cô-
feil : ils deliberent encore par où ils
fe ietteront dans le danger , & il a
defia pourueu à leur feureté. Ils veulent leuer la main pour frapper leur
coup, & ils la treuuent faifie : ils s'i-
maginent de partager bien toft le
Royaume, & ils fe voyent reduits à
vne chambre de la Baftille.

Le Roy qui se porte difficilement
à la violence des remedes, s'est seruy
aucunefois de la douceur de ces preseruatifs. Il a trouué cét excellent
temperament entre la peine & l'impunité : Il a pris ce milieu entre la rigueur & l'indulgence. Et sans mentir, il me semble qu'il est fort raisonnable d'aller au deuant de certaines
fautes, qui ne peuuent pas estre punies quád elles sont faites, & de n'attendre pas à corriger le mal, lors que
les criminels sont deuenus maistres
de leurs Iuges. Il est bié vray que par
vne sorte pitié on fauorise tousiours
les particuliers, qui entreprennent
contre les Princes ; d'autant qu'en
toutes sortes de causes le plus puissát
est estimé le plus outrageux, & qu'on
presume que l'iniure vient plustost
de la force que de la foiblesse. Le
peuple ne veut pas croire qu'on a

coniuré contre les Roys, que quand
il voit la coniuration executée, ny
leur adjouster foy que quand ils font
morts. Ie ne leur conseille pas neantmoins de se laisser tuer, pour iustifier leur deffiance, ny de tomber
dans les pieges qu'on leur prepare,
pour monstrer qu'ils ne craignent
pas à faux. Ils peuuent preuenir le dáger, voire par la mort de ceux qui
leur sont suspects : & c'est vne excu-
sable seuerité : Mais c'est vne bonté
qui ne peut estre assez loüée, & qui
n'est propre qu'au Roy, de faire la
mesme chose, & de ne faire mourir
personne.

Sur vn simple soupçon, sur vne
legere deffiance, sur vn songe qu'aura fait le Prince, pourquoy ne luy se-
ra-t'il pas permis de s'asseurer de ses
subjects factieux, & de se soulager
l'esprit, en leur donnant pour peine

leur propre repos ? Pourquoy mefmes vn fidele feruiteur ne fouffrira-
t'il auec quelque ioye fa detention,
qui donnant lieu à la preuue d'vne
chofe contestée, fera voir plus nettement fa fidelité, conuaincra la ca-
lomnie de fes ennemis, & appaifera
les inquietudes de fon Maistre?

Ne vaut-il pas bien mieux empefcher les innocens de faillir, qu'e-
stre reduit à cette triste neceffité de
condamner des coupables ? En vfer
de la forte n'est ce pas exercer des
actions de clemence ? N'est-ce pas
la plufpart du temps conferuer des
gens qui fe veulent perdre ? Si on fe
fust toufiours feruy d'vn moyen fi
aifé de deftourner des Estats les mal-
heurs qui les menaçoient, la liberté
d'vn particulier n'eust pas fouuent
esté la ruïne de tout vn Royaume.
Si on fe fust faifi à propos des autheurs

theurs de nos defordres, outre que
par là on les euft fauuez les premiers,
on euft épargné vn nombre infiny
d'autres vies, & tout le fang qui s'eft
verfé durant des guerres ciuiles: Si les
mauuais vêts euflent efté enfermez,
la Mer n'euft point efté agitée : Si les
Roys auoient aflez de prudence, ils
n'auroient que faire de Iuftice.

Ie parle de cette punctuelle & fcru-
puleufe Iuftice, qui ne veut point re-
medier aux crimes qui fe forment,
parce que ce ne font pas des crimes
formez; qui veut attendre que les
Rebelles ayent ruïné l'Eftat, afin d'a-
gir contre eux legitimement ; qui
veut que pour obferuer les termes
d'vne Loy on laiffe perir toutes les
Loix. Ce fouuerain droit eft vne fou-
ueraine iniuftice, & ce feroit pecher
contre la raifon de ne pas pecher en
cecy contre les formes. Si les vertus

O

ne se prestoient aide, & ne venoient
au secours les vnes des autres, elles
seroient imparfaites & defectueu-
ses. Il faut que la Prudence soulage
la Iustice de beaucoup de choses;
qu'elle coure où celle-cy, qui va
trop lentement, n'arriueroit iamais;
qu'elle empesche les maux dont la
punition seroit ou impossible, ou
dangereuse. La Iustice s'exerce seulement sur les actions des hommes;
mais la Prudence a droit sur leurs
pensées, & sur leur secret. Elle s'e-
stend bien auant dans l'auenir; elle
regarde l'interest general, elle pouruoit au bien de la posterité; Et pour
cét effet elle est contrainte icy & ailleurs d'employer des moyens que les
Loix n'ordonnent pas, mais que la
necessité iustifie, & qui ne seroient
pas entierement bons, s'ils n'estoiét
rapportez à vne bonne fin.

L'vtilité publique se fait souuent du dommage des particuliers. Le vent de Nort purge l'air en déracinant des arbres , & en abatant des maisons. On rachete la vie par l'abstinence, par la douleur, par la perte mesme de quelque partie, qu'on dône volontiers pour sauuer le tout. Bien que le Roy ait conserué la dignité & la reputation de la Couronne en des conjonctures où d'autres eussent crû beaucoup faire de ne pas perdre l'Estat; Bien qu'en l'extremité mesme du mal il voudroit , s'il luy estoit possible, ne se seruir d'vn seul remede qui ne fust agreable; Bien qu'en vn mot il soit infiniment sensible à la misere, & aux plaintes de sô peuple, il n'a pû neantmoins s'empescher de l'amaigrir en le guerissant, ny de tirer de ses veines & de sa substance dequoy luy procurer sô

falut. Mais on doit fouffrir de bon
cœur les courtes peines qui produi-
fent les longues profperitez. Nous
ne pouuons defirer auec honneur
d'eftre déchargez d'vn faix que nous
portons conjointement auec noftre
Maiftre, & en des occafions où le
Prince employe tout le fien, & n'é-
pargne pas fa propre perfonne, il eft
bien iufte que les fuiets faffent quelque effort de leur cofté, & qu'il n'y
ait rien de pareffeux ny de lafche en
fon Eftat pendant qu'il trauaille, &
qu'il fe hazarde.

Les Dames Romaines ietterent
autrefois toutes leurs pierreries dans
vn abifme, qui s'ouurit au milieu de
la ville, s'imaginant le fermer par
là; & celles de Carthage en vne pref-
fante neceffité fe couperent elles-
mefmes les cheueux, & les donnerent au public pour faire des corda-

ges à des machines de guerre. Et si
cela est, ne sommes nous pas bien
delicats de nous plaindre, & bien
iniustes de murmurer? Les François
doiuent-ils auoir plus de passió pour
leur argent, que les Romaines & les
Carthaginoises n'ont eu de soin de
leurs ornemens & de leur beauté? Et
craindrons-nous de deuenir pauures pour sauuer nostre païs, puis
que des femmes ont voulu estre lai-
des pour le mesme effet?

Nous auons pour le moins certe
consolation, que ce ne sont point les
desbauches de nostre Prince qui có-
somment nos peines & nos sueurs,
& que l'entretenemét de ses plaisirs
ne couste rien à personne. L'argent
qui se tire de son Royaume pour
equiper des vaisseaux, & pour nourrir des armées, n'est point diuerty
ailleurs, ny employé à celebrer des

Nôpces, & à repreſenter des Comedies. Il ne fait pas comme les Gouerneurs d'Athenes, qui ſelon le calcul d'vn ancien Auteur, ont plus dépenſé à faire joüer la Medée & l'Antigone, les Bacchantes, & les Phoeniſſes, qu'à faire la guerre aux Perſes, & à deffendre la Souueraineté de la Grece. Depuis quelques années les dépenſes ont eſté grandes à la verité, mais elles ont eſté neceſſaires; le peuple a payé beaucoup, mais ça eſté ſa rançon qu'il a payé; & nous ne pouuions acheter trop cherement la deliurance de noſtre patrie, que nous voyons libre, ny le repos de noſtre poſterité, à qui nous ne laiſſerons point de faſcheuſe occupation. Le Roy a bien leué des millions en peu de temps; Mais auſſi en peu de temps il a bien fait des guerres, il a bien défait des partis; il a bien pris des villes, il a bien nettoyé des Prouinces.

ARGVMENT.

Seconde partie de cet ouurage. Où le Prince est consideré hors de son Estat & chez ses voisins. Agissant contre la tyrannie, comme il a agy contre la rebellion. Il presse viuement la Fortune, & ne laisse point languir sa prosperité. A peine est-il reuenu de la Rochelle, qu'il sort de Paris pour aller deliurer l'Italie. Il force le Pas de Suze au cœur de l'Hyuer; fait leuer le siege de deuant Cazal; effraye Milan, Naples, &c. du bruit de ses armes. Il ne veut pas estre heureux pour soy, n'estant armé que pour ses amis. Sa vaillance n'est ny auare, ny ambitieuse. Il n'a passé les Alpes, que pour faire Iustice, & ne trauaille que pour la gloire. Procedé des Romains bien different de celuy du Prince. Ils trafiquoient de leurs courtoisies & de leurs bienfaits. En assistant les plus foibles contre les plus forts ils se rendoient Maistres des vns & des autres. Le Prince ne cherche autre recompense de ce qu'il fait que l'esclat qui rejaillit de son action; embrasse l'esloigné comme le proche, exerce vne puissance qui comparit auec toutes les formes de gouuernement. Estre protecteur des foibles, & liberateur des opprimez, c'est estre veritablement Prince; c'est tenir la place de Dieu sur la terre. Le Soleil est bien plus beau que les Cometes. Les haures sont bien plus desirables que les escüeils. Les bons Princes sont bien plus à estimer que les conquerans. Les peuples ont autrefois consacré la memoire de leurs bien-facteurs, & adoré la vaillance qui leur a esté vtile. Pour estre

O iiij

Heros il suffisoit d'auoir combatu vn Monstre. Il n'y
en eust iamais vn pareil à la tyrannie dont il s'agit.
Que sera donc celuy qui la combatra?

CHAPITRE XVIII.

ET icy, ie me retrouue sans y
penser au mesme lieu d'où
ie suis party : ie suis retom-
bé dans mon premier discours, ie ne
sçay comment. Il faut admirer encore vne fois la diligence du Roy,
qui à la grandeur des choses qu'il a
faites a presque tousiours adiousté la
grace de les faire promptement. En
cela certes il paroist quelque chose
de plus qu'humain. Il vse de la façon
d'operer la plus releuée, & la plus excellente de toutes : il semble qu'il
agisse en vn instant, & qu'il tienne
desia quelque chose des corps glorieux, à qui l'agilité n'est pas moins
propre que la lumiere. La vitesse de
ses actions trouble la veuë & l'ima-

gination des spectateurs qui le considerent. L'issuë d'vn dessein luy est l'acheminement à vn autre: le changement de trauail luy sert de repos: ce qu'on pense qui doiue estre sa fin, n'est qu'vn de ses moyens pour y arriuer.

Qui ne croyoit qu'il voulust se délasser apres vn siege de quinze mois, & que son esprit deust estre satisfait de la déroute de l'armée Angloise, & de la prise de la Rochelle? N'auoit il pas dequoy s'entretenir fort long temps de la memoire de deux si fameuses actions; se nourrir des fruits qu'il venoit de cueillir, & posseder à son aise la reputation qu'il s'estoit acquise ? Neantmoins il a mieux aimé vser de la victoire que d'en iouïr, & se priuer de la recompense d'auoir bien fait, que perdre vne seule occasion de bien faire. Le

voila, qui n'est pas à demy essuyé de
la sueur de la guerre ; qui est encore
couuert de la poussiere d'Aunix ; qui
n'a pas acheué de rendre ses complimens aux Reynes ; le voila, dis-ie,
qui à bien dire n'est pas tout à fait
reuenu de la Rochelle, qu'il sort de
Paris pour aller mettre l'Italie en liberté. Le voila qui presse la Fortune
sans luy donner de relasche : qui ne
laisse point languir sa prosperité; qui
poursuit viuement les faueurs du
Ciel, & force les affaires par son courage, qu'auparauant il auoit lassées
par sa patience.

　Sans doute les bons succez ne fi-
nissent pas auec l'action qui les a pro-
duits : ils durent encore apres qu'ils
sont arriuez, & laissent dans le cœur
des Princes vn aiguillon qui les agi-
te incessamment, & les pousse hors
de leur Trosne, si tost qu'ils preten-

dent de s'y asseoir. Les desseins qui
ont bien reüssi leur font naistre de
nouuelles pensées, pour entreprédre
de nouuelles choses, & leur donnent
des desirs d'vne seconde reputation,
comme si la premiere estoit desia
toute vsée. Et tout ainsi que la pluspart des amoureux ne regardér plus
leurs maistresses quand elles sont de-
uenües leurs femmes ; ceux cy de
mesme méprisent leur anciéne gloire lors qu'ils n'ont plus de peine à la
rechercher. Cette passion dans l'ame
du Roy n'est autre chose qu'vne
emulation de soy mesme ; vne jalousie de son propre merite; vne ob-
stination de se vouloir tousiours
vaincre, l'esperance de l'auenir com-
batant perpetuellement auecque l'e-
stime du passé, & l'enuie de ce qu'il
veut entreprendre auec ce qu'il a desia entrepris.

Il descend donc des Alpes au cœur,
de l'Hyuer , & par vn combat me-
morable , dont ie reserue les particularitez à vn autre lieu , s'asseurant
du passage, qu'on luy vouloit disputer , & arrachant les clefs d'entre les
mains des portiers , il ouure les pri-
sons à toute vne Nation captiue, &
fait sçauoir à ceux qui se plaignent
des Tyrans , que leur Liberateur est
venu. Au bruit d'vne si grande nouuelle les Espagnols retirét leurs troupes du Montferrat , abandonnent le
trauail de plusieurs mois , & perdent la gloire de cette constance,
que leurs flatteurs opposent si souuent à nostre legereté. C'est en vain
que tant de preparatifs se font faits,
& qu'il s'est remué tant de terre. La
dépense d'vn long siege demeure
inutile : Ils craignent plus pour Milan, qu'ils n'ont d'esperance pour Ca-

zal. Et comme il n'y a rien de si contagieux, ny qui coure si viste, que la
frayeur, l'imagination troublée se
figurant d'abord les derniers maux,
& l'extremité des choses; On tremble desia iusques dans les Chasteaux
de Naples, & la Garnison de Paler-
me ne trouue pas assez large le de-
stroit de Mer qui separe la Sicile de
l'Italie.

Le Roy cependant se contente de
releuer les courages abbatus, & d'apprendre l'humilité aux superbes. Il
ne veut point estre heureux pour
soy, n'ayant combattu que pour ses
amis, ny profiter de leur guerre, ses
armes n'estans point mercenaires. Il
laisse mesmes pour vn temps repo-
ser ses pretentions, & les droicts de
sa Couronne, qu'il ne mesle point
auec leurs affaires, afin que l'assistance qu'il leur rend soit purement gra-

tuite, & qu'il ne semble pas qu'il ait
en cecy vn plus proche & plus particulier intereſt que celuy de leur ſalut, ny qu'il veüille faire ſeruir vne
moindre entrepriſe à vne pl⁹ grãde.

Les Romains n'aſſiſtoiét pas leurs
Alliez auec vne ſemblable franchi-
ſe, ny n'embraſſoient comme luy les
choſes honneſtes, pour le ſimple reſpect de l'honneſteté. Les particuliers
eſtoient vertueux, mais la Republique eſtoit iniuſte. L'vtilité qu'ils mé-
priſoiét au logis, eſtoit la fin de leurs
deliberatiõs au Senat: & quoy qu'ils
dõnaſſent de beaux noms à leurs entrepriſes, & les coloraſſent d'vne ge-
neroſité apparente, elles eſtoient
pourtant toutes remplies d'intereſt,
& alloient, ou tout droit, ou par
quelque route détournée à l'accroiſſement de leur Empire. Dans la cauſe du peuple qui les appelloit, ils

auoient toufiours leur deffein à part:
Prefque toutes leurs vfurpatiós ont
commencé par la deffenfe du bien
d'autruy, & en fecourant les foibles
côtre les pl⁹ forts, ils ont gaigné vne
moitié de la terre, & vaincu l'autre.

Le Roy ne trafique pas ainfi de fes
courtoifies & de fes bienfaits, & fa
vaillance n'eft ny auare, ny ambi-
tieufe. Apres le feruice de Dieu, & le
bien general de la Chreftienté, qui
font fes premiers obiets, il ne trauaille que pour la reputation, & pour la
gloire. Il ne cherche autre recompé-
fe de ce qu'il fait que l'éclat qui rejal-
lit de fon action, & la bonne odeur
qui en demeure. Il n'a efté attiré chés
fes voifins que par la feule confide-
ration de leur befoin, & de fon honneur; & n'a porté fes armes hors de
fon Royaume, que pour fe mettre
en eftat de connoiftre des differens

des Princes auecque fruit ; de receuoir auec autorité les plaintes des affligez ; de conseruer le bon droict à
ceux qui l'ont , & de faire iustice à
tout le monde.

Cela certes s'appelle estre Roy &
tenir la place de Dieu sur la terre.
C'est exercer vne puissance salutaire
à tous les peuples , & qui compatit
auec toutes les formes de gouuernement: c'est embrasser d'vne commune protection ce qui est éloigné, cóme ce qui est proche : c'est donner
en intention de ne point prendre. Et
ne plus ne moins que l'Aigle des Fables porta Ganimede dans le Ciel,
sans égratigner sa peau , ny déchirer
ses habillemens; c'est de mesme faire
sentir aux estrangers le bon heur de
son Empire, sans offenser pour cela
leur liberté , ny toucher aux choses
qui leur sont cheres.

Les

Les Princes qui viuent de cette
forte, font bien dauantage à estimer
que les Conquerans, & ceux qui aspi-
rent à la Monarchie. Les Havres qui
reçoiuent dans leur sein les vaisseaux
battus de la tempeste, font bien de
plus riches ornemens des Costes, &
de plus belles pieces de l'Vniuers,
que ces infames écueils, que les Ma-
riniers ne regardent qu'en tremblât,
& qui n'auroient point de nom, s'il
ne se faisoit point de naufrage. Il y a
bien plus de plaisir de voir leuer-le
Soleil, tout couronné de rayons, qui
nous apporte la joye auec la lumiere,
que de voir paroistre les Cometes,
auec leur cheuelure sanglante, qui
nous monacent de mille maux : & si
les autres corps superieurs auoient
vne volonté, & agissoient raisonnablement, ce seroit, sans doute, de leurs aspects fauorables que
les hommes les loüeroient, & non

P

pas de leurs influences malignes.

La gloire qui s'acquiert en obli-
geant le public, est la seule gloire
qui n'est disputée de personne; parce que chacun y participe, & que
l'honneur d'vn homme seul est la felicité de tout le môde. Aussi les Peuples touchez d'vn si legitime ressen-
timent ont mis autresfois leurs bien-
facteurs au nombre des Dieux, &
ont adoré la Vaillance, qui leur a esté
vtile. Ceux qui auoient écrazé vn
Serpent d'vne grandeur extraordinaire; ou assommé vn Sanglier qui
faisoit le dégast autour de leur ville,
receuoient des deuoirs religieux de
la reconnoissance de leurs Citoyens,
& pour estre Heros il suffisoit d'a-
uoir nettoyé le pays de quelque Mô-
stre. Or ie vous prie, y en eut-il iamais vn plus cruel, & plus redoutable que la tyrannie, qui veut aujour-

d'huy engloutir toute la Republique Chrestienne , & qui n'est pas
saoule, depuis cent cinquante ans,
ou enuiron, qu'elle deuore les Estats,
& les Souuerains ?

ARGVMENT.

Sincere protestation que fait l'Auteur de la reuerence qu'il porte aux Princes de la maison d'Austriche, Leur éloge veritable. Le mal qu'il apprehende
pour sa Patrie vient de leur fortune, & non pas de
leur personne. Dessein de la Monarchie vniuerselle conceu sous Ferdinand , esclos sous Charles, nourry depuis
& entretenu par le Conseil d'Espagne. On blasme les
dangereuses maximes de ce Conseil, & non pas les
droites intentions des Princes. Il exerce en quelque façon vne Souueraineté separée de la leur, & combat
perpetuellement leur bon naturel. Description morale
du Monstre qui menace toute la Republique Chrestiéne.
Le degast qu'il a fait en Italie & en Allemagne.
Quelles sont ses caresses & ses faueurs. Sa bonne voloté
est vn amour d'adultere. Il ne recherche que pour iouir,
& n'offre que pour corrompre. Il donne & emprunte.
Il a des pensionnaires & des creanciers à mesme fin. Il
opprime presque tous les Princes , ou de son amitié, ou
de sa haine. Image de sa cruauté, & de son orgueil.

P ij

CHAPITRE XIX.

N'Accuſons point en cecy le
ſang d'Auſtriche , ny les
actions particulieres d'au-
cun de ſes Princes. Ils ſont tous extremement bien nez : ils apportent
tous au monde de grandes ſemences
de vertu , qu'ils cultiuent auec de
grands ſoins La Bonté, le Courage,
& la Sageſſe ſont les vrayes marques
de cette Race , & plus belles incom-
parablement , que la figure d'vne eſ-
pée au bras droit , ou l'impreſſion
d'vne lance ſur la cuiſſe. Il n'y eut iamais d'ames plus nobles , ny plus
Royales ; Il ne ſe peut voir de meilleures , ny de plus douces inclinations que les leurs, & le mal que i'apprehende eſt de leur Fortune, & non
pas de leur Perſonne.

Outre que ie fais profeſſion de re-

uerer en general les Puiſſances ſou-
ueraines , ie ſçay le reſpect qui eſt
deu au merite & à la dignité d'vne
Maiſon, dont l'Empereur n'eſt que
le Cadet, & l'Eſpagne n'eſt qu'vne
portion. Ie n'ignore pas la ſainᶜteré
de nos Alliances : ie voy bien d'où
nous eſt venuë noſtre bonne Reyne.
Mais ie veux croire qu'elle ne treu-
uera pas mauuais ce que la neceſſité
de mon diſcours exige de moy , &
ce que ie ſuis contraint de dire de
l'ambition d'vn Peuple qui ne luy
eſt plus rien. Elle n'a point tant de
paſſion pour le Royaume où elle eſt
née , que pour celuy où elle commande : Et s'il eſt vray , ſelon la ma-
xime des Iuriſconſultes, qu'en quelque façon les femmes ſont la fin des
maiſons d'où elles ſortent & le commencement de celles où elles entrét,
le nom que porte cette ſage & gene-

reuſe Princeſſe, quoy que tres-au-
guſte, & tres-glorieux, mais qui ne
ſçauroit paſſer d'elle à vn autre, ne
luy peut eſtre de beaucoup ſi cher,
que l'eſperance de la belle poſterité,
qu'elle promet à cette Couróne. Les
intereſts qu'elle a quittez il y a long
temps ne peuuent diuiſer auiour-
d'huy ſes affections, ny mettre du
trouble dans ſon eſprit; & ce qu'elle
a receu d'Eſpagne ne luy eſt point,
ie m'aſſeure, en telle conſideration,
que ce qu'elle doit donner à la Fráce.

Nous honorons ſerieuſement, &
d'vne particuliere deuotion les perſonnes qui luy appartiennent : elles
nous ſont doublement ſacrées, &
par leur caractere, & par ſa proximité. Mais veritablement le deſſein de
la Monarchie vniuerſelle, qui a eſté
conceu ſous le Roy Ferdinand, qui
s'eſt éclos ſous l'Empereur Charles,

& que le Conseil d'Espagne a toûjours nourry depuis ce temps là , ne
peut estre consideré sans horreur &
sans indignation par vn homme qui
ayme sa Patrie.

Ie ne pretens de blasmer que ce
Conseil, duquel ils ont coustume de
dire, que leurs Princes sont mortels,
mais que leur conduite est eternelle.
Ce Conseil, que les Roys trouuent, &
qu'ils ne font pas ; qu'ils reçoiuent de
pere en fils, auquel ils n'osêt toucher,
non plus qu'aux fondemens de l E-
stat ; & qui exerce en quelque sorte
vne Souueraineté separée de la leur,
laquelle ils souffrent par la seule reuerence de la coustume. Ie blasme
donc ce Conseil, qui suit de dangereuses maximes, & non pas eux, qui
n'ont que de droites intentions. l'accuse ce Conseil, qui combat contre
le bon naturel du Prince ; qui veut

commander à son propre Maiſtre,
& c'eſt le Monſtre de qui ie parle.

Voyez, s'il vous plaiſt, auec quelle
ardeur il ſe iette ſur ſa proye, & comme il s'efforce de mettre en pieces
les plus nobles parties de l'Europe?
L'Italie ſeigne en diuers lieux des
atteintes qu'elle en a receuës : Elle
n'eſt à couuert de ſes coups qu'en vn
petit coin de terre ferme, & encòres
ce qu'elle a de ſain de ce coſté-là, eſt
ſi peſant de vieilleſſe, qu'à peine ſe
peut-il remuer pour deffendre le de-
meurant. Il ne reſte rien d'entier ny
de reconnoiſſable en Allemagne,
que la mer & les montagnes ; parce
qu'il n'a pû changer la face de la Nature. Ce n'eſt plus cette Prouince ſi
libre, & ſi puiſſante autresfois : il la
fait gemir ſous les fers & ſous les far-
deaux dont il la charge, il a caſſé tous
ſes priuileges ; il a violé toutes ſes

franchises; il l'a abbatuë par ses propres forces; ce ne sont plus ses membres qu'il tourmente maintenant, ce
ne sont que ses blessures.

S'il flate quelque Republique, parmy le grand nombre de celles qu'il
menace, & qu'il persecute, la bonne
volonté qu'il luy monstre est vn
amour d'adultere; il ne la recherche
que pour en iouir, & ne luy fait des
offres & des promesses que pour luy
oster finalement l'honneur, & la dis-
position de soy-mesme. Ses confede-
rations sont semblables à celles de
Naaz Ammonite, qui répondit aux
hommes de Iabés en Galaad, qui luy
demandoient d'entrer en alliance
auec luy, I'y consens, pourueu que "
i'arrache à chacun de vous l'œil "
droit, & que ie vous mette en op- "
probre deuant tout Israël. "

Si ses caresses ne tuënt pas tous-

jours, elles debilitent & corrom-
pent. S'il n'étouffe en embraffant,
il falit & gafte le corps qu'il touche. Les endroits qu'il ne ronge
pas de fes morfures, il les infecte de
fon haleine ; Et bien qu'il épargne
en apparence les Genois, & ceux de
Luques, ils ne fçauroient dire pourtant qu'il leur laiffe leur liberté pure
& nette, & fans aucune tache de feruitude.

Il donne à ceux-cy, il emprunte
de ceux là, afin que les vns & les autres dépendent de luy ; Afin que des
péfiōnaires & des creaciers luy gar-
dent vn païs où il n'a point de fuiets:
afin qu'il regne par des familles inte-
reffées, ne pouuant le faire par des
Colonies & des Garnifons. Cette
Toyfon, qu'on eftime tant, eft vn
joug qu'il impofe aux petits Princes, qui ne s'apperçoiuent pas qu'il

les dompte par là, en les honorant,
& qu'vne telle societé leur donne vn
Maiftre, & non pas vn compagnon.
Il veut en fin ou tout détruire, ou
tout poffeder, & tant delà les Alpes,
que delà le Rhin, il opprime quafi
tous les Souuerains, ou de fon amitié, ou de fa haine.

On ne voit autour de luy que des
Sceptres brifez, que des Couronnes
rompuës, que des Tribunaux abbatus, que des Enfeignes de Seigneurie
& de Iurifdiction déchirées, que des
teftes de Roys morts, que des dé-
poüilles de ceux qui viuent encore.
On n'entend autour de luy que des
plaintes & des gemiffemens d'affligez, que des commandemens fuperbes & outrageux, que des braua-
des adjouftées à la cruauté, que des
reproches faits à la mifere, que des
voix qui font retétir de tous coftez,

MALHEVR ET DESESPOIR AVX VAINCVS.

ARGVMENT.

Le Monstre se veut fonder en raison, & cherche des titres de sa tyrannie. Ce qu'il faict dire à l'Empereur Charles sur le suiet du Roy François Les nõs qu'il donne à Philippe II. dans vne inscription qui se voit en Lombardie. Il ne fait la paix que pour tromper ceux qu'il n'a pû vaincre. Desquex sont pleines les boutiques qu'il ouvre, quand il a fermé ses Arsenacs. Partie de ce qu'il a faict, & de ce qu'il a voulu faire. Il ne traite pas mieux les siens que les estrangers. Tesmoin Dom Charles. Dom Iean d'Austriche, les Princes de Parme, toute la maison d'Arragon. Il prend le pretexte de la Religion, & veut passer pour protecteur de l'Eglise. Toutesfois il devient son persecuteur à la premiere occasion qu'il n'en a pas tout le contentement qu'il en desire. Il a favorisé les commencemens de Luther, & receu entre ses bras l'heresie naissante. Il est cause du schisme d'Angleterre, & de la perte de Hẽry VIII. Il embarqua l'Eglise dãs vne affaire douteuse, & puis l'abandonna au besoin, s'alliant auecque l'excommunié. Au mesme temps qu'il ordonne des Processions à Madrit pour l'exaltation du Saint Siege, il entre dans Rome auec vne armée Lutherienne. Il prend prisonnier le Pape, & donne en proye aux profanes les choses sacrées. Maximes de tyrannie dont il faict leçon.

CHAPITRE XX.

A Fin d'oster à sa Tyrannie l'amertume de la nouueauté il ressuscite des anciens Oracles qu'il interprete à son auantage : Il allegue pour droit & pour tiltre de son ambition, Que le Sei-" gneur de tout le Monde doit sortir" d'Espagne, & qu'il y a plus de " quinze cens ans que la promesse" luy en est faite : en vertu dequoy " il voulut faire accroire par Ferdinád Cortez à Motesume Roy de Méxique, Que l'Empereur estoit son " naturel Seigneur, celuy qu'il de-" uoit attendre & reconnoistre com-" me Souuerain Monarque de l'V-" niuers, son Aisné, & le legitime" heritier de ses Predecesseurs en " toutes les Indes.   "

A la persuasion de ce Monstre, le mesme Empereur, si sage d'ailleurs,

& si vertueux, se vantoit ordinairement parmy ses familiers, de rendre
le Roy François, le plus pauvre Gentil-homme de son Royaume. Il les
rebroüilloit le mesme iour qu'ils s'e-
stoient raccommodez. Les plus mo-
destes paroles qu'il faisoit proferer
à Charles en ce temps là estoient
,, celles-cy ; Il n'y a point d'autre
,, moyé de mettre fin aux calamitez
,, publiques, sinon que François soit
,, outre ce qu'il est, Empereur, &
,, Roy des Espagnes en ma place, ou
,, moy en la sienne, Roy de France,
,, outre ce que ie suis.

　　Il a gravé cette orgueilleuse in-
scription sur le frontispice d'vn Pa-
lais qui se void en Lombardie. A
PHILIPPE II. ROY DES
ROYS, ESPAGNOL, AFRI-
QVAIN, INDIEN, BELGIQVE,
MAISTRE DEBONNAIRE

DE TOVTES NATIONS,
ESLEV DE DIEV POVR REV-
NIR TOVS LES EMPIRES
SEPAREZ. Et apres cela, douterons-nous encore de ses intentions?
Il me semble que nous n'en sçauriós
demander de plus expresse , ny de
plus authentique declaration: Nous
n'auons que faire d'interroger des
espions, ny de dechiffrer des lettres
qui nous éclaircissent de só dessein,
puis que les pierres parlent , & qu'il
est imprimé dans le marbre.

Il ne fait point la guerre pour l'hó-
neur de la victoire , & pour recouurer les choses perduës : Ce n'est que
pour acquerir iniustement, & pour
l'esperáce du butin. Il ne la termine
pas non plus pour donner du repos
aux Prouinces trauaillées : Ce n'est
que pour desarmer ses ennemis , &
pour tróper ceux qu'il n'a peu vain-

cre. Et de fait, si tost qu'il a retiré ses
forces, & fermé les magazins de ses
armes, il se sert de la ruse, & ouure
des boutiques toutes pleines de
mauuaises & cruelles inuentions, de
pernicieux & funestes artifices.

Là dedans sont en reserue les paroles à double sens, les promesses
captieuses, les sermens qu'on veut
violer, les fausses paix, & les amitiez
infideles. Toutes les pommes de dis-
corde se prennét là. Il y a des artisans
qui trauaillét iour & nuit à faire des
hameçons & des pieges: il s'y trouue
des filets si deliez, que les plus habiles s'y peuuent prendre. De là viennent les billets & les caracteres qui
ensorcellent le peuple, qui eueruent
le courage, & peruertissent la fidelité des grands Capitaines. De là sont
sortis les couteaux qui ont commis
les Parricides; le poison qui a esté
meslé

meſlé parmy les maladies des fils de
France; l'or qu'on a ietté dans noſtre
Conſeil, l'aliment dont la Ligue s'eſt
entretenuë; le remede qui donne encore vn peu de mouuement, & ra-
maſſe quelques reſtes de vie dans le
languiſſant & miſerable Corps de la
faction Huguenotte.

Faire pendre ſix mille hommes
en vnu apreſdinée contre le droit de
la guerre, & dire que c'eſt chaſtier
cinq ou ſix ſeditieux; Bannir tout vn
peuple du pays de ſa naiſſance; en
ſuffoquer vn autre ſous la terre; charger vn vaiſſeau de chaines pour les
Anglois qui ſe fuſſent ſauuez de l'eſ-
pée, ſi l'armement de mer qui partit
de Liſbonne l'an mil cinq cens qua-
tre-vingts huict, euſt eu le ſuccez
qu'on ſe figuroit; entreprēdre d'emporter d'vn ſeul coup toute la Maiſon d'Angleterre, & d'enueloper

Q

dans vne commune ruine les Catholiques & les Protestans, c'est vne
partie des actions & des pensées de
ce Monstre, c'est ce qu'il a fait, & ce
qu'il a voulu faire.

Mais ne pensez pas qu'il en veüille
seulement aux estrangers, & qu'il
traite mieux les Domestiques. Il
n'est pas plus doux chez soy qu'ailleurs, & ne s'appriuoise auecque personne. Ne s'est-il pas défait par diuers moyens de tout le sang d'Arragon? N'a-il pas immolé vn fils vnique aux soupçons & à la deffiance de
son Pere? N'a-il pas bien reconnu les
seruices & la fidelité d'Alexãdre Far-
neze, Duc de Parme? N'a t'il pas
crû le recompenser, s'il le traitoit vn
peu plus doucement qu'il ne fist son
Ayeul Pierre Louys, qui fût assassiné
à Blaisance? Dom Iean d'Austriche
a t'il esté impunément vertueux?
Ne fust-ce pas vn crime à ce pauure

Prince, d'auoir bien fait, & d'auoir
pû faire mal ? Dequoy le iugea-t'il
coupable, que de sa grande reputation ? Ne croit-on pas qu'il l'empes-
cha de vieillir, parce qu'il appre-
henda le progrez d'vn si beau commencement ; parce qu'il s'imagina
qu'il auoit des qualitez trop dignes
de commander pour les employer
tousiours à l'obeissance ?

Il proteste neantmoins, quoy qu'il
fasse, qu'il ne fait rien qu'à la plus
grande gloire de Dieu, & veut qu'on
treuue bonnes ses cruautez, comme
s'il les auoit entreprises par inspiration diuine, & pour le bien general
du monde. A l'ouyr parler, s'il ne retenoit la Religion icy bas, elle s'en
seroit reuolée au Ciel ; s'il ne soustenoit l'Eglise, elle seroit tombée il y
a long temps, & Iesus-Christ ne regne que par l'assistance qu'il luy pre-

fle. Toutesfois il est certain, que si la Religion ne luy estoit vtile, elle luy seroit moins qu'indifferēte; qu'il est persecuteur de l'Eglise, quand elle refuse d'estre ministre de ses passions, & qu'il a tousiours seruy Iesus-Christ infidellement.

2 Personne ne peut ignorer les supercheries & les trahisons qu'il luy a faites, outre les actes visibles d'hostilité, qu'il a exercez iusques dans le siege de son Empire, iusques dans le Sanctuaire. Oseroit-il nier qu'il n'ait esté cause par sa negligence malicieuse de la reuolte du Septentrion, & qu'il ne soit coupable des premieres fautes de Luther? C'est luy qui donna courage à ce petit moyne, qui ne se fust jamais hazardé de choquer le Pape, s'il eust crû qu'il eust esté en bonne intelligēce auec l'Empereur. C'est luy qui receut entre ses bras l'heresie naissante, & qui favorisa ses

commencemens, afin de diuiser les
forces spirituelles du Saint Siege, &
les forces temporelles d'Allemagne,
& qu'apres les auoir affoiblies toutes deux, il eust moins de peine à les
vsurper.

On a desesperé Henry huictief-
me à son occasion, & par les pour-
suites & les importunitez de ses
Agens. Pour le contenter, la rigueur
de l'Eglise alla aussi viste que la passion d'Espagne. Elle employa les derniers remedes dans l'apprehension
d'vne maladie, & coupa ce qui n'e-
stoit pas encore gasté. Et au partir
de là le temps s'estant changé, & sa
vengeance estant satisfaite, sans se
soucier de l'interest de l'Eglise, qui
auoit épousé le sien, ny du danger
où il la laissoit, dans lequel il l'auoit
precipitée, il ne fit point de difficulté de contracter vne tres-estroite alliance auec ce Roy, qu'il venoit de

rendre Schifmatique, & qui fumoit
encore, s'il faut ainfi parler, de l'Ana-
theme qu'on auoit ietté fur luy.

Mais ce qui eft au delà de toute
creance, & qui m'oblige d'auoir cô-
paffion des pauures hommes, qui
n'ofent s'imaginer que le mal foit
mal, de peur de faire des iugemens
temeraires, c'eft qu'au mefme téps
qu'il ordonnoit des Proceffions en
Efpagne pour l'exaltation de cette
fainte Eglife, il entroit dans Rome
auec vne armée Lutherienne; il pre-
noit prifonnier le Pape Clement, &
expofoit à l'auarice & à la rifée des
Heretiques la pompe & la magnificence de l'Efpoufe du Fils de Dieu,
les prefens des Roys & des Nations,
les Reliques des bien-heureux Martyrs, les corps de Saint Pierre & de
Saint Paul, & generalement toutes
les chofes que nous reuerõs, & pour

qui les demôs mesmes ont quelque
sorte, ou de respect, ou de crainte.

Deuant le monde il se couure tout
de pretextes specieux, & ses habillemens sont tous semez de noms de
Iesus, & de Croix peintes : Mais ce
n'est qu'vn personnage qu'il represente. Dans les assemblées il fait sonner haut le salut de l'ame, & l'vtilité
publique : Mais il s'en mocque en
particulier, & dit à l'oreille de ses Fauoris; Qu'il faut tout rapporter à "
soy-mesme; que pour s'esleuer il "
est permis de marcher sur le corps "
de son propre pere; que le vray n'est "
pas meilleur de soy que le faux , & "
que nous deuons mesurer la valeur "
de l'vn & de l'autre, par l'vtilité qui "
nous en reuient; qu'vne bône con- "
science est extremement incom- "
mode à vn homme qui a de grâds "
desseins; que les auâtages de la Re- "

,, ligion sont pour les Princes, & les
,, scrupules pour leurs Subiets ; que
,, la Vertu peut quelquefois estre
,, dommageable, mais que l'appa-
,, rence en est tousiours necessaire;
,, que l'iniustice porte veritablemét
,, vn nom odieux, mais que les in-
,, iustes s'en trouuent bien; qu'au có-
,, traire la probité se contente d'estre
,, loüée, & de profiter à ceux qui ne
,, l'ont pas, estant inutile à celuy qui
,, la possede.

ARGVMENT.

obligation qu'a la Chrestienté au Prince, de s'oppo-
ser à la tyrannie qui la menace; de la guarantir des
entreprises du Monstre ; de s'offrir pour luy faire
raison de toutes les iniures qu'elle a receuës. Il est l'attendu des Nations, & le conseruateur de la liberté
publique Il fait de nouueaux destins aux mal-heureux. Il defend les bonnes causes abandonnées. L'Antiquité eust adoré vn semblable Prince. Que ne dirions-
nous de celuy qui eust empesché les Conquestes d'Alexandre, ou renfermé les Romains en Italie ? Il en fal-

[...] arrestent la religion des Vandales [...] [...] vengeance entre les Princes iustes. & des [...] [...] les imprimes [...] alphent [...] leur [...] & [...] la memoire de la posterité, les autres sont en execration à tous les siecles. La haine publique ne pouuant plus rien sur leur personne, s'exerce sur leur apparition, s'ils sont en mort de Dieu, c'est pour estre les bourreaux de sa Iustice. Il les hait si fort, qu'il ne les maudit pas seulement, mais ceux aussi qui ont communication auec eux. Les Antechrist sera enuoyé de la mesme sorte. Ce sera le plus illustre de tous les usurpateurs. Au prix de luy, Cesar n'estoit qu'vn petit Laron. Mais c'est vne fort mauuaise gloire : que de se glorifier du mal qu'on fait. Les rats, les grenouilles, & les hanetons ont desolé les Empires aussi bien que les Espagnols. Les choses mortes mesmes, & inanimées ont la force de destruire, exemples remarquables de cela. Il est beaucoup plus difficile de profiter que de nuire, d'entretenir la durée des corps perissables, que d'auancer leur ruine. Dieu en conseruant le monde continue en quelque façon de le creer. Et le Prince, appuyant les Estats esbranlez, & maintenant leurs anciennes loix, fait la mesme chose que s'il estoit leur fondateur, & qu'il les establist de nouueau.

CHAPITRE XXI.

Elles & semblables maximes sortant d'vne bouche si impure, & ce prodige

eſtant encore plus laid, & plus épou-
uétable que ie ne le ſçaurois figurer,
il faut auoüer que la Chreſtienté eſt
infinimēt obligée au Roy, des ſoins
continuels qu'il ſe donne, pour la
guarantir de ſes embuſches, & pour
rompre autant d'entrepriſes qu'il en
peut faire au preiudice de la commune liberté. Elle a dequoy ſe conſoler de la mort du feu Roy, en la
perſonne d'vn ſi digne Succeſſeur,
& dequoy ne ſe ſouuenir plus de ſes
pertes, en la poſſeſſion d'vn ſi grand
bien. Elle a le Prince qu'elle reclame
dans ſa douleur depuis tant d'années, & qu'il luy falloit lors qu'on
vſurpoit la Nauarre, lors qu'on
rauiſſoit le Portugal, lors qu'on re-
duiſoit les Royaumes en Prouinces.

Il a deſia eſſuyé les larmes de la
Republique deſolée, & fermé quel-
ques-vnes de ſes playes : mais pour

peu qu'elle se vueille aider, & apporter de correspondance au dessein
qu'il a , il luy fera bien tost raison de
toutes les iniures qu'elle a receuës. Il
l'a mise en estat de ne rien craindre,
& si elle ne manque à soy-mesme,
de tout esperer. Il ne tiendra pas à
luy qu'il ne luy redonne sa premiere
beauté, apres luy auoir rendu sa premiere forme; qu'il ne distingue ses
differentes parties, dont on veut faire vn amas confus & monstrueux, &
qu'il ne remette en leur iuste place
les limites de ses Estats , qui ont esté
démarquées durant les desordres de
la France. Quelque violent que soit
le mal qui l'attaque, elle ne manque-
ra plus de remede : en quelque lieu
qu'il s'esleue des Monstres, elle est asseurée d'vn Liberateur , & quelque
puissance qui la menace , elle en a
vne autre qui la defendra.

Et pour nous, qui auôs veu leuer sur
noſtre teſte vne ſi belle lumiere; qui
l'auons adorée dés le poinct de ſon
apparition, & qui touchons de plus
pres à ce braue Prince que les eſtrangers, ayant l'honneur d'auoir vne cômune Patrie auecque luy; Nous deuons, certes, eſtre bien glorieux de
ce qu'vn François eſt auiourd'huy
neceſſaire à toute l'Europe; de ce
qu'il eſt l'attendu & le deſiré de tous
les Peuples; de ce qu'il fait de nouueaux deſtins aux Innocés mal heureux; de ce qu'il entreprend auec
ſuccez les bonnes cauſes abandonnées; de ce qu'il eſt loüé de tous ceux
qui ont l'vſage de la parole; de ce
qu'il eſt autant admiré des Sages, que
les autres Princes le ſôt du vulgaire.

Si du temps que les Grecs, ou que
les Romains rauageoient le monde,
& que les Royaumes entiers pleu-

roïent leurs victoires , & portoient
le deüil de leurs conqueftes , il fe fuft
trouué quelqu'vn de cette humeur-
là , qui euft arrefté l'impetuofité de
leur ambition, & euft eu affez de force & de courage , pour venger les
Nations offenfées : Combien à voftre aduis luy euft-on prefenté de fa-
crifices ? En quelle partie de la terre
ne luy euft-on efleué des Autels?
Quel rang n'euft il eu entre les demy-Dieux de chaque païs ? & encore maintenant que noftre Religion
ne nous permet pas vne fi liberale
reconnoiffance , quelles loüanges
neantmoins ne donnerions nous à
celuy-là qui auroit chaffé Alexandre
dans fa Macedoine, ou repouffé les
Romains iufques fur le riuage de
leur Tybre ?

Lors que les Gots, les Vandales,
les Gepides , les Alains , les Huns, les

Quades, les Herules , & ces autres
ennemis du genre humain , quitte-
rent leur miserable Patrie , & couru-
rent diuerses contrées de l'Vniuers,
pour chercher de plus heureuses de-
meures , & vn Ciel moins fascheux
que celuy de leur naissance. Lors
qu'auec des visages extraordinaires,
vne parole non articulée , & des
peaux de bestes sauuages , qui les
cachoient iusques aux yeux , ils por-
terent de tous costez la mort & la
seruitude, & qu'il se fist vn changement presque vniuersel de Loix, de
Coustumes , de Gouuernement , &
de Langage : Si Dieu eust suscité vn
Prince comme le nostre , qui eust
pû fermer à ces gens du Nort l'entrée des Gaules & de l'Italie, & les
eust renuoyez habiter leurs fo-
rests, & souffrir les rigueurs de leur
Hyuer eternel ; S'il y eust eu vn

Louys le Iuste , pour oppofer aux
Genferics , & aux Alarics, pour cha-
ftier Attila & Totila, & femblables
vfurpateurs, qu'on ne fçauroit nommer fans fe faire mal à la bouche , &
bleffer les oreilles Françoifes ; la vertu de ce genereux defenfeur de la Liberté feroit auiourd'huy en veneration par tout où il s'affemble des hômes, & où l'on obferue quelque forme de Police. Il ne nous refteroit rié
de luy , que la pieté publique ne con-
facraft , & ne mift au nombre des
chofes Saintes. Son triomphe dureroit encores, & fe continuëroit par
l'equitable pofterité dans la fuccef-
fion de tous les âges.

Au contraire la haine qu'on porte aux Tyrans ne finit iamais: Apres
les auoir accompagnez durant leur
vie, elle les pourfuit dás la fepulture,
& ne les laiffe pas iouyr en feureté de

ce commun Asyle des miserables.
Leur prosperité, qui n'a esté bastie
que de sag, de morts, & de ruines, est
vn obiet funeste & mal encontreux
à toute la generation des hommes
Nous leur voulons mal dans les Histoires. Nous sommes de toutes les
côiurations qu'elles nous racontent
auoir esté faites cõtre leur personne, & lisant le progrez de leur bon-
heur, nous nous hastons tant qu'il
est possible de venir à leur fin, pour
les voir perir auecque plaisir. Bref, il
n'y a gueres de damnez plus tour-
mentez qu'eux; car les peines qu'ils
souffrent en l'autre vie, sont au-
gmentées en quelque façon par les
maledictions qu'ils reçoiuent en
ce monde; & tandis que leur ame
brusle dans les abysmes, le phantos-
me qui en est demeuré icy, n'est pas
exempt de supplice, & nous exerços
pour

pour le moins nostre vengeance sur leur reputation, & sur leur memoire.

Qu'ils accusent tant qu'ils voudront le ciel, pour tascher de se iustifier. Qu'ils disent tant qu'il leur plaira, pour autoriser leur puissance, qu'elle vient d'enhaut ; qu'ils sont establis de la main de l'Eternel, & assistez particulierement de sa grace. Dieu s'en peut seruir à la verité: mais il ne les aime pas. S'il nous les enuoye, il nous les enuoye en son courroux, & au iour de sa fureur. Ce sont les maux, dont ses Propheres nous ont menacez : ce sont les effets de sa Prouidence irritée : ce sont les bourreaux de sa Iustice.

Le glaiue du Tout-puissant est entre les mains de ses ennemis, au Pseaume dix septiesme. Il fut predit à Esaü, que Saint Paul nous baille pour l'idée & l'exemple des reprou-

R

uez, qu'il viuroit par son espée. Ma-
» lediction sur Assur, s'écrie le Sei-
» gneur par Esaye : Il est la verge, de
» ma fureur : Il est mon baston: Mon
» indignation est en sa main. Male-
» diction sur ceux qui descendent,
» en Egypte, pour auoir aide. L'E-
» gyptien est homme, & non pas
» Dieu, & leurs cheuaux sont chair,
» & non pas esprit. Où nous pouuons voir en passant, que non seulement il deteste les Tyrans, mais
encore les Peuples, qui ont commu-
nicatiõ auec eux, & qui se rangent à
leur party : non seulement il condáne,
la violence, mais aussi la lascheté.

　L'Antechrist, qui est appellé l'hõme de peché, & le fils de perdition
sera bien enuoyé de la mesme sorte
que ces iniustes Victorieux. Il iuëra,
il vsurpera, il enuahira encore plus,
qu'ils n'ont faict. Les Conquerans

dont on parle, n'ont esté que de
petits larrons, & des criminels ordinaires à l'égard de luy. Il doit
s'enrichir de la dépoüille de l'Vni-
vers, & recueillir la succession de
tous les siecles. S'il y a de nouvel-
les Mines à découvrir, elles luy sont
reservées. L'Ocean n'aura d'ambre,
ny de perles que pour luy. Tous les
Souuerains seront ses subjets, & de
tous les Estats il n'en fera qu'vn. Ce
sera cette Beste, que Saint Iean vid
monter de la Mer, Qui auoit sept ʺ
testes, & dix cornes, & sur ses cor-ʺ
nes dix diademes, & sur ses testes ʺ
des noms de blaspheme. Le Dra-ʺ
gon qui traisnoit de sa queuë la ʺ
troisiéme partie des estoilles, & ʺ
qui les ietta en bas, luy resignera ʺ
son pouuoir, & contraindra toutes ʺ
les Creatures de se prosterner de-ʺ
uant elle. Il luy sera donné de faire ʺ

„ la guerre contre les Saints, & de les
„ vaincre. Il luy sera donné puissan-
„ ce sur toute Lignée, sur toute Lan-
„ gue, & sur toute Nation.

Mais afin que les Ambitieux, qui
renoncent bien aux esperances du
Paradis pour de moindres interests,
& vendent leur ame à beaucoup
meilleur marché, ne tirent point a-
uantage de ceste comparaison, qui
flattera peut-estre leur vanité, & ne
se glorifient pas des miseres & des
calamitez, dont ils peuuent estre
cause; Ils doiuent sçauoir que les plus
sales & les plus imparfaits des ani-
maux ont chassé autresfois des peuples hors de leur païs, ont rendu de-
sertes des Isles extremement fertiles,
& que les grenoüilles, les rats, & les
hannetons ont esté employez, aussi
bien qu'eux, à desoler les Empires,
& à persecuter tantost les coupables,
& tantost les innocens.

Les choses mortes mesmes, & inanimées ne manquent point de force,
quád il n'est questió que de destruire, & de ruiner. Les vents, les pluyes,
les secheresses sont bié plus redoutables que les Espagnols. Il ne faut que
huict iours de maladie pour faire
d'vn grand Royaume, vne grande
solitude. Vne mauuaise exhalaison,
qui s'épádra d'Oriét en Occidét, est
capable d'affamer le monde par vne
generale sterilité: & Spinola auec
toute sa sciéce, & toutes les forces de
sõ maistre aura bié de la peine à mett-
tre la cherté dans vne place assiegée.

L'an de grace 170, quelqu'vn ayát
ouuert par mégarde vne casserre
d'or qui estoit au Temple d'Apolló
en Babylone, il en sortit vne haleine
pestilente, qui le suffoqua à l'heure
mesme, infecta la Ville & la Prouince, & courut en suitte vne si longue

estenduë de païs, que prés de la moitié du genre humain en mourut, &
la plus belle portion de l'Vniuers en
fut dépeuplée. De telle sorte que la
guerre des Marcomans suruenãt en
ce temps-là, tout l'Empire Romain
ne pût fournir assez de gens pour faire le corps d'vne iuste armée, & il fallut enrooller les Esclaues, les Gladia-
teurs, & les autres criminels, à faute
de legitimes soldats. Sous le regne
de l'Empereur Tybere, vn tremblement de terre engloutit dix-sept villes d'Asie en moins de vingt-quatre
heures; & d'autres accidens ont emporté d'autres fameuses Citez qui ne
se trouuent plus que dans l'ancienne
Geographie.

 I'ay veu des pointes de clochers
au fond des eaux; I'ay veu flotter des
nauires sur des villes de Zelande; I'ay
eu pitié de la grãdeur des choses hu-

maines à l'aspect de ce triste & miserable spectacle. Et en effet, qui est
l'homme si enchanté de la Cour, &
si esbahy du bruit & du tumulte que
fait la Fortune des Roys, qui ne mé-
prise la foiblesse des plus puissans, &
ne se mocque des trois ans & demy,
qui furent employez à conquerir vn
morceau de sable, & à prendre le
lieu où auoit esté Ostende, s'il se
donne le loisir de considerer qu'vn
trou mal bouché de la leuée peut
noyer en vne nuit les Pays-bas.

Il est sans mentir bien plus difficile de profiter que de nuire; de sauuer les hommes, que de les perdre;
d'entretenir la durée des corps perissables, & qui peuuent finir à tous les
momens, que d'auancer de quelques
heures leur destruction. Et s'il est certain, comme la Theologie nous l'enseigne, que la Sagesse eternelle en

conſeruant le monde, continuë en
quelque ſorte de le créer ; par vne
ſemblable raiſon le Roy qui a reſolu d'appuyer les Eſtats esbranlez,
d'y remettre les Seigneurs legitimes, & d'en maintenir les anciennes Loix, ne fera pas moins qu'ont
fait les Legiſlateurs, qui ont aſſem-
blé premierement les hommes er-
rans ; qui ont tracé le plan des Communautez, & ietté les fondemens
de la Police.

ARGUMENT.

Il ne tient qu'au Prince qu'il ne conquere, & qu'il
n'aſſeure ſes conqueſtes. Il a toutes les qualitez neceſſaires pour cela. Sa reputation n'a point de bornes. Son
Royaume ne peut s'eſpuiſer d'hommes ny d'argent. Il
eſt hardy. Il eſt patient. Il eſt ieune. Eſtranges effets de
ſa hardieſſe ; qui neantmoins n'euſt rien fait ſans ſa
patience. Celle-cy eſt abſolument neceſſaire pour venir à
bout des grandes choſes. Ses diuers effets & proprietez.
C'eſt vne vertu qui nous eſt nouuelle ; qui eſtoit incon-
nuë à nos peres ; dont les ſeptentrionaux ne ſont pas-

capables ; que le Prince a pratiquées tres-vtilement :
qu'il accorde auec la promptitude ; par laquelle il acheue
tout ce qu'il commence. Cesben fut vaincu, pour n'a-
uoir pas eu la patience de vaincre. Considerations sur
les circonstances de sa mort. Il y en a qui sçauent perir,
mais qui ne sçauent pas endurer, qui ne peuuent laisser arriuer les euenemens ; qui preferent vne condition
mauuaise à vne condition incertaine. Dauid dit de soy,
qu'il a patiemment attendu l'Eternel. Il douta neantmoins, bien qu'il fust asseuré du dessein de Dieu par
vne connoissance infaillible, & s'est escrié, Seigneur,
as-tu oublié ta promesse ? Quel est donc celuy, qui apporte vne fermeté & vne perseuerance inuincible en
des entreprises, dont l'Oracle ne garantit point le succez ; que Dieu approuue seulement, sans promettre de
les faire reüssir. Quelle affaire ne termineroit vn Prince,
qui n'a iamais senty ny de langueur, ny de dégoust, ny
d'impatience ?

CHAPITRE XXII.

Il ne voyoit rien au delà de
cette vie, & s'il n'y auoit
point de Iuge là haut, deuant lequel il deust vn iour compa-
roistre, il pourroit aussi bien que les
autres s'agrandir des miseres de la
Chrestienté, & auec le temps il ne

luy feroit pas impoſſible de paruenir
à la Monarchie. Il pourroit ſe preualoir des occaſions qui luy rient, de
quelque coſté qu'il ſe tourne, cultiuer les ſemences de diuiſion, qui ſont
nées chez nos Voiſins; ecouter les
Peuples qui le ſollicitent, & receuoir
ceux qui ſe voudroient donner. Les
qualitez neceſſaires pour conquerir,
& pour aſſeurer ſes conqueſtes, ne
luy manquent point. Il eſt dans la
force d'vne belle & fleuriſſante ieu-
neſſe: Il s'eſt acquis vne reputation
incroyable: Il a vne hardieſſe, qui
ne s'eſtonne de rien; vne patience,
qui acheue tout; vn Royaume, qui
ne peut s'appauurir, ny ſe dépeu-
pler.

Ie n'ay point icy reſolu de loüer
la France, cette riche & agreable
partie de la Terre, que le Ciel fauori-
ſe de ſes plus doux & plus amoureux

regards, & fur laquelle il épand les
meilleures influences de fes Aftres. Ie
ne veux rien dire de particulier de la
reputation du Roy. On fçait affez
que par elle fon Royaume n'a point
de Frontiere ; que par elle il regne
dans l'efprit des Subjets des autres, &
que l'eftime que les eftrangers font
de luy, eft caufe qu'ils meprifet leurs
Princes. Ie ne parleray point no plus
de fa hardieffe, qui l'a fouuent obligé d'attaquer fes ennemis, quoy
qu'ils fuffent les plus forts en nobre,
& qu'ils euffent l'auantage du lieu
pour combatre; qui l'a porté a commencer de groffes guerres auec fon
fimple Regiment des Gardes ; qui
luy a fait entreprendre vne affaire
que le Roy fon Pere auoit apprehen-
dée, & ou fes Predeceffeurs ayant
employé tous leurs efforts, n'auoient
monftré que leur impuiffance.

Que si en la vie de Saint Epipha-
ne, Euesque de Pauie, écrite par son
successeur en la mesme dignité, il est
fait mêtion comme d'vn demy-mi-
racle, de ce qu'il osa passer les Alpes
au mois de Mars, pour aller trouuer
à Lyon le Roy des Bourguignôs, de
la part du Roy des Gots, & si l'Autheur appelle cela, mépriser la mort,
combatre la violence du temps, &
ne point craindre les iniures du Ciel,
irrité : Qu'est ce que le Roy vient
presentement de faire auec vne armée? N'a-t'il pas vaincu au mois de
Feurier, dans des precipices, & sur
de la glace? N'a-t'il pas pris vne Ville, que l'Hyuer, les montagnes, &
les hommes deffendoient?

Pour le trauail qu'il a basty dans
la Mer, & au milieu des vagues é-
meuës, ie n'ay garde d'y toucher. La
modestie du stile oratoire ne côuiét

pas à vne actiõ si estrange, si inouïe,
& si peu croyable. Les seuls Poetes
ont droit sur cette matiere. Elle appartient à leur langage artificiel, &
comme ils le nomment, Heroïque;
elle est digne de leur entousiasme, &
de leurs descriptions pompeuses &
figurées. Ce seroit entrer dans leur
profession, & passer les barrieres qui
nous separent, que de vouloir reciter la captiuité de l'Ocean, la puissance de flots retenuë, la place des
Elemens remuée, l'Empire des Vents
& de la Fortune qui a changé de
Maistre, & ne reconnoist plus que
LOVYS LE IVSTE. Iamais verité ne ressembla mieux au mensonge que celle-cy: & nous doutons encore si ç'a esté ou vn songe, ou vn en-
chantement, ou vne histoire.

Tant y a que nous deuons auoüer
que le Roy est hardy, iusqu'à entre-

prendre des choses qui sont sans
exemple, qui rauiffent en admiration ceux qui les ont veuës, & paroiffent aux autres de fi dure & de fi
difficile creance, qu'ils ont bien de
la peine à ne les eftimer pas fabuleu-
fes. Mais nous deuons auoüer par
mefme moyẽ, que fa hardieffe n'euft
rien fait fans fa patience, & que celle cy, qui n'eft point contraire à la
promptitude, de laquelle nous parlions tantoft, a recompenfé fes peines, & couronné fon ouurage, a mis
les affaires en leur derniere perfectiõ,
a fondé vne eternelle paix fur vne
entiere victoire.

On euft peu voir autrement de
grands commencemens, des preparatifs formidables, force guerres de-
clarées, quantité d'Edicts de feu &
de fang. Mais ces commencemens
n'euffent efté que des dépences per-

duës; Ces preparatifs n'euſſent pas
fait plus de mal que des machines de Theatre, que des Dragons,
& des Cerberes de toile peinte; Ces
Edicts eulſét eſté reuoquez par d'autres Edicts contraires; Ces guerres
euſſent finy par vn accommode-
ment honteux. Le premier ſuccez
qui ne fuſt pas arriué à noſtre ſou-
hait, nous euſt fait maudire toute la
beſongne. A la moindre difficulté
qui ſe fuſt preſentée contre noſtre
attente, nous euſſions tourné la teſte
du coſté de Paris, & regretté le
Cours, & les Tuilleries. Vn bon Cô-
ſeil euſt eſté blaſmé, non pour eſtre
ſuiuy d'vn mauuais euenemét, mais
pour ne produire pas vn effet aſſez
ſoudain; & ſi la victoire ne fuſt ve-
nué iuſtement au poinct que nous
la voulions, nous euſſions laiſſé là
les affaires auancées, & deſeſperé

d'vne chose demy-faite.

La patience est donc absolument
necessaire, pour executer les hautes
& importantes entreprises; pour s'a-
uācer tout droit vers le but, sans s'arrester de costé ny d'autre par les chemins; pour faire ce qui a esté resolu,
& se mocquer des bruits que l'õ fait
courir; pour preferer la gloire durable, & la solidité des effets à vne
courte reputation, & à la vanité de
l'apparence; pour ne s'esmouuoir ny
des murmures des siens, ny des bra-
uades de l'Ennemy; pour venir à
bout de son opiniastreté, apres auoir
consumé sa force; pour vaincre finalement ce qui se veut & se sçait
deffendre.

Mais que sert-il de le dissimuler?
Cette vertu, que le Roy met aujour-
d'huy en vsage, nous est aussi nouuelle, qu'elle estoit incognuë à nos
Peres.

Peres. La Voix publique nous repro-
che le vice contraire, & toute l'Antiquité les en a blasmez. Car bien
que tantost ils jurassent solennelle-
ment de ne desceindre jamais leurs
baudriers, qu'ils n'eussent monté au
Capitole, & que tantost ils pro-
missent à leur Dieu, de luy consa-
sacrer les armes des Romains, & de
luy presenter vn Carcan fait de leur
butin. Bien qu'encore depuis viuans
soubs les loix Chrestiennes, ils s'obli-
geassent par serment de prendre des
Villes, & qu'ils fissent vœu de ne se
deshabiller point, & de ne boire ny
de ne manger, qu'elles ne fussent à
eux, ce qu'ils appelloient, IVRER
ET VOVER VN SIEGE:
Neantmoins le plus souuét ils rom-
poient leur vœu, & violoient leur
serment. Et si quelquefois ils ont
S

emporté les places qu'ils affiegeoiét,
ç'a pluftoft efté par impetuofité que
par raifon ; pluftoft en perdant des
hommes qu'en mefnageant le téps,
& plus à caufe que la fcience de les
fortifier eftoit ignorée, que pource
qu'ils les fçeuffent bien attaquer.

Quant à moy ie ne fçaurois loüer
cette valeur fortuite, & defordon-
née. Il n'eft pas difficile d'eftre courageux pour vn temps, mais il eft
difficile de l'eftre toufiours ; & l'éga-
lité a efté eftimée à tel poinct par
certains Sages, qu'ils ont crû mefmes, que c'eftoit quelque chofe de
plus excellent, de perfeuerer dans le
mal, que de n'eftre pas affeuré en la
Vertu. Il y a vne infinité de gens qui
feroient de bonnes actions, pourueu
qu'elles ne duraffét qu'vn iour, mais
il n'y en a gueres qui foient capables
de conduire vn long deffein ; Il n'y

en a gueres de si ardens dont l'émotion ne passe, & qui ayent des fougues côtinuës, Il n'y en a quasi point qui n'ayment mieux entreprendre plusieurs affaires, & changer souuét d'occupation, que de s'attacher à vn objet, & de continuer le mesme trauail.

La pluspart des Septentrionaux agissent ainsi, & n'ont que des transports, & des mouuemens soudains. Ils n'vsent point de leur discours, ny ne se seruét de leur raisõ à la guerre, mais recueillans toute leur vigueur ensemble, & jettans dehors toute leur bile, ils font d'abord vn extreme effort, apres lequel trouuant plus de resistance qu'ils n'en attendoiét, & le propre de la violence estant de durer fort peu, si la raison & le discours n'y sont pour la maintenir, cõme ils ont esté plus qu'hommes au

comencemét, ils deuiennent moins
que femmes dans la suite de leur
action & comme s'ils sortoiét d'vn
accez de fieure, ils languissent apres
auoir esté agitez. Ils fuïent d'ordinaire, s'ils ne font fuïr, & se rendent,
s'ils ne prennent. Au moins veulent-
ils hazarder leur fortune ; & leurs esperances tout à la fois, & demandét
vn assaut general, ou vne bataille,
pour n'auoir rien à faire lé lédemain:
Ils ne songent point à vaincre: Ils ne
songent qu'à finir la guerre, & à sortir des incommoditez presentes,
voire par leur desfaite, voire par leur
mort.

Ce braue Gaulois le reconnoist
bien dans les Commentaires de son
Ennemy, où respondant aux obje-
ctions de ses Accusateurs, il auoüe
qu'il n'a voulu laisser la charge de
l'armée à personne, de peur que ce-

luy à qui il l'euſt laiſſée , preſſé de
l'importunité de la multitude, n'euſt
eſté contraint de combattre; à quoy
il voyoit que tous enclinoient, pour
n'auoir pas aſſez de courage , & pour
ne pouuoir endurer les fatigues de la
guerre. Et en vn autre endroit des
meſmes Eſcrits , on peut voir que
c'eſt ſouuent laſcheté , & non hardieſſe , de vouloir tout remettre à la
deciſion d'vne bataille , & qu'il ſe
trouue beaucoup plus de gens qui ſe
preſentent de leur bon gré à la mort,
que de ceux qui ſouffrent virilement
la douleur.

L'Empereur Othon fût vaincu,
parce qu'il n'eut pas la patience de
vaincre. Il ſe tua par delicateſſe , &
aima mieux promptement perir,
que de ſe donner de la peine quelque
temps. Sans monſtrer de peur , ny ſe
mettre en fuitte , il ne laiſſa pas d'e-

ftre deferteur de fon Party, & fugitif
de fon Armée. Il ne manquoit ny de
confeil, ny de forces : Il auoit les
plus belles troupes, & les plus defi-
reufes de bien faire qu'ó euft iamais
veuë; Et neantmoins pour vne jour-
née qui ne leur fut pas heureufe, il
abandonna la victoire à vn Ennemy, qui en toutes chofes luy eftoit
inferieur, & quitta la partie, à caufe qu'il ne gaigna pas du premier
coup. Il renonça à l'Empire, à l'honneur, & à la vie, pour ne pouuoir
plus fupporter la doute & l'incertitude de l'auenir, & le foin de penfer
tous les jours à fes affaires luy fem-
bla fi fafcheux, que pour eftre de loifir en quelque façon, il refolut de
s'ofter du Monde.

Nous voyons par là que la mol-
leffe, auffi bien que la neceffité, porte les hommes à defirer les chofes ex-

tremes, & que non seulement les
Vaillans & les Desesperés méprisent
la mort, mais aussi les dégoustez &
ceux qui s'ennuyent. Le soupçon du
mal touche les esprits infirmes plus
violemment, que le mal mesme. Ils
croyent faire beaucoup de se garantir de l'agitation par la cheute, &
preferent vne condition mauuaise à
vne condition incertaine. Il leur est
impossible de laisser arriuer les éuenemens, & d'attendre la maturité
des choses. Ils voudroient haster le
cours de la Prouidence, & auancer ses
effets. Ils voudroient conduire à leur
plaisir ses mouuemens & ses perio-
des. Ils voudroient la mener, & non
pas la suiure : & que ce fust leur Prouidence, & non pas celle de Dieu.

Les Sages font autrement, & Dauid se rend ce tesmoignage à soy-
mesme, Qu'il a patiemment at-"

„ vendu l'Eternel, lequel ne l'a point
„ trompé. Et neantmoins cette impatience eſt ſi naturelle à l'homme,
& ſi mal aiſée à ſurmonter, qu'il ſe
faſſe que les ſuccez qu'on luy auoit
fait eſperer, ont laſſé pluſieurs fois
ſes eſperances, que ſon eſprit s'eſt
égaré dans la conſideration de l'adi-
uenir, & ſa foy affoiblie par la longueur d'vn téps qui ne venoit point,
que ſouuent il luy eſt échappé des
murmures, iuſques à douter de la
verité de ſon Onction, & de la pa-
„ role de Samuel, en diſant, Tout
„ homme eſt méteur, Iuſques à dire
„ à Dieu meſme, Dors tu Seigneur?
„ As-tu oublié ta promeſſe? Veux-tu
„ fauſſer ton Serment?

Or puis qu'vn Prince, qui eſtoit
aſſeuré du deſſein de Dieu par des re-
uelations expreſſes, & par vne co-
gnoiſſance infaillible, voyant que

les effets des choses promises alloiét
vn peu plus lentement qu'il n'eust
desiré, s'est ennuyé d'esperer, & a eu
des doutes, & vn commencement
d'impatience, Quelles loüanges dô-
nerons-nous au Roy, qui ne sçachât
point si les actions qu'il entreprend
doiuent estre heureuses, mais sçachant seulement qu'elles sont iustes;
ne sçachant point si Dieu les recom-
pensera en ce Monde, mais sçachant
seulement qu'il les approuue, y apporte vne fermeté & vne perseuera-
ce inuincible, n'en peut estre de-
stourné, ny par la lôgueur du temps,
ny par la grandeur de la despence,
ny par le nombre des Aduersaires
qui croissent, ny par le deffaut des
amis qui manquent, ny par la dureté
de la matiere qu'il rencontre, ny par
la repugnance des Ouuriers qu'il
met en besongne.

ARGVMENT.

Le Prince est en l'âge des grandes pensées, & des grandes actions. La jeunesse est le temps d'entreprendre & de conquerir. La prudence vient d'une plus noble cause que du dessant de la chaleur naturelle. Les vieillards sont moins favorisez de Dieu que les jeunes gens. Selon la Theologie des Iuifs, ceux-là font des songes, ceux cy ont des visions. Le Prince est guidé par une autre lumiere que celle de la raison ordinaire. Il ne discourt pas à nostre mode, & sembie plus agir par inspiration, que par conseil. Sa jeunesse ne manque pas mesme des auantages qui s'acquierent en vieillissant. La fortune l'a enseigné par abregé, & luy a donné une experience racourcie. Son regne est l'image de plusieurs siecles. Il a crû parmy les resistances & les contraditions. Son enfance a esté attaquée par tous les endroits, s'est guarantie des espions, des traistres, & des ennemis declarez. Par la il a appris de meilleure heure à estre secret, à estre habile, à estre vaillant. Il a desja fait tout ce qu'il faut faire pour conquerir. Et quand ce ne seroit qu'il va à la guerre, & que les Conquerans de ce siecle n'y vont pas, il seroit bien estrange, que la presence d'un grand Prince ne fist plus d'effet, que celle d'un simple Lieutenant.

CHAPITRE XXIII.

Rien n'est impossible à un Prince qui sçait attendre & perseuerer de cette fa-

çon : Mais particulierement quand
il eſt jeune , & que non ſeulement il
a deuant luy vn grand temps à employer, mais qu'auſſi il peut changer de vertu , ſelon la diuerſité des
occaſions, & ſe ſeruir de la promptitude , où la patience ne ſeroit pas
bonne. L'âge , où eſt aujourd'huy
le Roy , eſt l'âge de bien entreprendre, & de bien faire , eſt la plenitu-
de & la perfection de l'homme , la
vigueur & la ſolidité de la vie. Les
Enfans ne ſont pas encore venus , &
les vieillards ſont paſſez ; Les vns
ſont des fleurs, & les autres des écor-
ces ; Ceux là ne ſçauent pas les choſes du Monde ; ceux-cy les ont ou-
bliées. On ne vieillit point impunément, & ſans vne notable dimi-
nution de ſoy meſme : Il en couſte
d'ordinaire toute la force , & vne
partie de la Raiſon. Vn homme ne

peut pas eſtre deux fois, & nous auős
tort de nommer meur, ce qui eſt
pourry, & de croire que les bons
cōſeils ne puiſſent venir que du deffaut de la chaleur naturelle. Ce ſeroit donner à la Prudence vne origine bien honteuſe, que de la faire naiſtre de l'infirmité. Ce ſeroit eſtre in-
grat enuers Dieu, de rapporter au
temps, & aux autres cauſes inferieu-
res, la grace que nous ne tenons que
de luy.

Auſſi le plus ancien & le mieux
inſtruit des Philoſophes, ayant pro-
poſé comme vne creance generale,
,,Que le bon ſens eſt la poſſeſſion
,,des Anciens, & que la multitude
,,des années enſeigne la Sageſſe. Il
conclud qu'il a eſté autrefois de cette opinion, mais que depuis il a re-
,,connu, Que les Anciens n'enten-
,,dent pas touſiours le jugement, &

que les Vieillards ne sont pas tous-
jours les Sages. Que c'est l'inspiration du Tout-puissant, qui donne
l'intelligence, & que l'Esprit est de
l'homme, & non pas de l'aage. Et
vn Rabin, qui n'est pas de petite autorité parmy les Iuifs, expliquant ce
texte de l'Escriture Sainte, Vos jeunes gens auront des visions, & vos
Vieillards feront des Songes, infe-
re de ces paroles, que les Ieunes sont
admis plus prés de Dieu que les
Vieux, & qu'ils ont vne plus particuliere communication de ses secrets, d'autant que la connoissance
qui se tire de la vision est plus nette
& plus distincte, que n'est celle qui
procede du Songe.

S'il en faut croire ceux qui ont
l'honneur d'approcher du Roy, &
de considerer l'interieur de sa vie, &
la source de ses actions, il est si heu-

reux en ce qu'il conçoit, & iuge ſi
certainement des choſes les moins
certaines, qu'il paroiſt bien qu'il ne
les void pas à noſtre mode, & qu'il
eſt guidé par vne plus pure lumiere,
que celle de la raiſon ordinaire. La
pluſpart des grandes reſolutiós qu'il
a priſes luy ont eſté enuoyées du
Ciel. La pluſpart de ſes conſeils partent d'vne Prudence ſuperieure , &
ſont pluſtoſt des inſpirations venuës
immediatement de Dieu , que des
propoſitions faites par les hommes.
Il trouue ſouuent la verité ſans prendre la peine de la chercher, & le plus
ſubit mouuement de ſa penſee eſt
d'ordinaire ſi raiſonnable & ſi con-
cluant, que le diſcours qui vient
apres, ne fait qu'approuuer ce premier acte , ſans y rien adiouſter de
nouueau.

Ie ſçay bien qu'il y a vne miſera-

ble Science, que les hommes appre-
nent par leurs fautes, & par leurs
mal-heurs, & qu'on peut deuenir
Medecin à force d'estre malade.
Mais encore cet auantage du Naufrage, qui ne se gaigne que par la perte de la plus chere & de la plus precieuse partie de la vie, ne manque
point à la ieunesse du Roy, & la Fortune luy a assemblé tant d'euenemens
diuers, & luy a fait voir en foule vn
si grand nombre d'affaires, que vous
diriez qu'elle a vn dessein de luy dó-
ner vne experience raccourcie, & de
l'enseigner par abbregé. Iamais elle
ne fut plus empressée, ny ne rendit
dauantage, que sous son regne. Elle
ne luy a rien caché de tout ce qu'elle
peut produire d'estrange. Elle a mis
au iour iusqu'à la derniere de ses ma-
lices. Elle ne s'est pas reseruée vn
seul coup, qu'elle n'ait frappé. Elle
n'a

luy a monstré en moins de dix neuf
ans l'Image de plusieurs Siecles.

Il s'est passé autrefois des saisons
entieres, où il semble que le monde
n'ait fait que dormir, & qu'il y ait eu
comme vne suspension generale de
toutes les fonctions de la vie actiue.
C'est vn espace vuide dás la memoire des choses. La Renômée n'en rend
qu'vn fort foible témoignage : Les
Liures ne nous en apprênét point de
nouuelles. Il n'y a point d'Histoire
de ce téps là, ou pour le plus elle n'est
occupée qu'à décrire les festins & les
danses du Carnaual, qu'à representer
l'ordre d'vne Ceremonie, ou la magnificence d'vn Tournois, qu'à reciter l'entrée de quelque Roy en sa
ville Capitale, ou les solemnitez
de son mariage.

Nous ne sommes pas nais en ces
saisons molles & oysiues ; Le Regne
du

du Roy n'est pas de ceux-là. Il est remarquable tant par ses propres orages, que par les changemens & les
reuolutiõs, qui sont arriuées en toute l'Europe. Ce n'a esté que brouille-
rie, & que tumulte, que diuisions ciuiles & domestiques ; que reuolte,
ou que meditation de reuolte. On
n'a iamais desarmé tout de bon, ny
fait d'accord qui n'ait esté rompu
dés le lendemain. Le Bien public &
la reformation de l'Estat, ont failly
à ruiner le Public & l'Estat trois ou
quatre fois. La Royauté a esté attaquée de tous les costez, & par
toutes sortes de machines. Il a fallu
la venger des outrages de ceux qui
la mesprisoient, & la tirer d'entre les
mains de ceux qui abusoient d'elle:
Il a fallu punir ses Amans, & ses Ennemis, la deffendre au dedans contre les mauuais Conseillers, & au de-

T

hors contre les Rebelles, acheter les auares, honorer les ambitieux, & vaincre en fin les vns & les autres.

Le Roy a esté nourry dans ce beau calme: Il a crû parmy ces resistâces, & ces contradictions. Ce sont les esbats de son enfance, & les diuertissemens qu'on luy a donnez depuis la mort du feu Roy son Pere Ce sont les fleurs qu'il a trouuées dãs le chemin qu'il a fait; les ombrages & les reposoirs qui luy ont esté dressez sur le passage. Toutesfois auoüons la verité, vn si rude & si fascheux exercice ne luy a point esté inutile. Là tempeste luy a enseigné l'Art de nauiger: L'aduersité luy a fait des leçons, qui luy seruiront toute sa vie. Il n'a point perdu son temps dans vne si triste échole. Les peines sont bien plus instructiues, que les plaisirs: Il vaut bien mieux que des Aduersai-

tes ayent exercé sa vertu, que si des
Flateurs l'auoient corrompuë. Il a
bien tiré plus de profit de cette grande varieté de mal-heurs, qu'il n'eust
eu de contentement en vne longue
paix, dont les jours sont tous semblables.

Au moins en a-t'il appris de meilleure heure à estre secret, ayant eu
d'abord à combattre contre vne infinité de Traistres, & d'Espiós, & à se
guarantir de tous les artifices d'vn
mauuais temps. Il a acquis en perfection cette qualité, qui fait que l'hó-
me est le vray possesseur de soy-mesme, & qu'il ne se met point en la
puissance d'autruy par vne liberté
inconsideree; qu'il tient son esprit
fermé aux embusches, & aux entreprises des meschans; qu'il ne le dispense que par mesure, & discrette-
ment, & ne laisse voir aucune mar-

que exterieure de ses intentions à
ceux qui les doiuent ignorer. Il a
pratiqué encore auant la raison, &
dans l'innocence de ses premieres
années, les autres vertus de la vieillesse, & en vn aage où l'on ne commence que de remarquer les bonnes
inclinations, nous auons admiré de
parfaites habitudes.

Nous auons veu vn Enfant sage,
vn Enfant judicieux, vn Enfant également bien instruit des affaires de
la paix & de la guerre. Nous auons
veu vn Enfant jaloux de son autorité, vn Enfant riual & émulateur de
la gloire d'vn grand Roy son Pere,
vn Enfant Pere luy-mesme de la Patrie. Nous auons veu des conjuratiós
esteintes, des Tyrans exterminez,
des Villes forcées, des Armées rom-
pues par vn Enfant. Que diray-je d'a-
uantage ? Il a fait de fort bonne heu-

re tout ce qu'il faut faire pour conquerir ; & si on changeoit de Théa-
tre à ses actions, il auroit conquis les
Prouinces qu'il a conseruées. Il a esté
victorieux en ce Royaume, & le fera ailleurs quand il luy plaira. Il ne
peut rien trouuer difficile, ayant mis
les François à la raison.

Et certes quand ce ne seroit qu'on
le void à la teste de ses Armées, qu'il
range luy mesme ses Soldats en bataille, qu'il ordonne des logemens;
qu'il se fait apporter les Cartes pour
voir les lieux qu'il est expedient de
prendre, ou d'abandonner : Quand
ce ne seroit que c'est luy qui baille
quasi tous les ordres, qui faict les
principaux commandemens ; qui
prend connoissance des moindres
fonctions de chaque charge : il faudroit que les choses se destournast
du cours ordinaire, & n'allassent pas

par où elles doiuent aller, s'il ne reüſ-
ſiſſoit mieux que les Princes qui re-
gnent à leur aiſe entre les bras d'vne
Femme, ou d'vne Maiſtreſſe, & qui
ne voyant leurs affaires que dans les
dépeſches de leurs Lieutenans, attendent ordinairement les ſuccez à
trois cens lieuës de la guerre.

ARGVMENT.

*Le Prince peut tout, mais il ne veut que ce qu'il
doit. Il ne permet rien à ſon courage contre le ſentiment
de ſa conſcience. Il meſpriſe les hommes, mais il craint
Dieu. Combien cette crainte eſt à eſtimer. Elle peut
tomber dans l'eſprit d'vn homme parfaitement courageux: c'eſt la crainte des ſages, & des vaillans. Le
Prince en fait profeſſion; n'accepteroit pas la Monarchie vniuerſelle auec vn peché mortel; aymeroit mieux
tout perdre que ſa probité.*

CHAPITRE XXIV.

TOut cela neantmoins ne
doit faire peur à qui que ce
ſoit. Toute cette foule de

vertus ne veut opprimer personne.
Il a la conscience si delicate, qu'elle
ne peut rien souffrir qui luy pese, &
qui s'eloigne tant soit peu de la parfaite equité : Il faut qu'elle soit premierement satisfaite, auant qu'il
contente son courage, & qu'elle approuue le dessein qu'il a, auant qu'il
forme de resolution. Il ne dit point
aux Casuistes, trouuez moy des raisons pour faillir, & persuadez-moy
que ie suis innocent, quoy que ie me
sente coupable. Le repos de son ame
ne s'establit pas par de si faciles
moyens, ny ne dépend de la subtilité
d'vn Docteur. Il est Iuge des œuures
d'autruy, mais il est Tyran, pour le
dire ainsi, des siennes propres, & ne
se fait iamais la grace, qu'on peut
quelquefois receuoir de luy. En l'affaire la plus auantageuse qui luy sçauroit estre proposée, s'il estoit asseuré

du bon heur de l'euenement, & qu'il
ne fuſt pas certain de la bonté de la
cauſe, il s'arreſteroit tout court ſur
cette difficulté, & refuſeroit coura-
geuſement les Sceptres & les Couronnes, ſi on les luy preſentoit, ie
ne dis pas auec vn peché mortel,
qu'il fuſt obligé de commettre, mais
auec vne action douteuſe, & qui euſt
beſoin d'explication, qu'il luy falluſt
entreprendre.

Il ne craint point les oppoſitions
des Princes, les Ligues des Republiques, les forces de pluſieurs Royaumes, aſſemblées contre la juſtice de
ſes Armes. Il ne craint point les iniures des ſaiſons, les difficultez des
lieux, & vne infinité de differens
dangers qui menacent ſa perſonne à
la guerre : Mais veritablement il
craint Dieu, & quand il y auroit autant de Mondes en effet, que quel-

ques Philosophes en ront basty en
leur fantasie, pour les auoir tous il ne
voudroit pas l'auoir offensé vne seule fois.

Cette crainte ne tient rien de la
lascheté, & de la mollesse : Elle peut
tomber dans l'esprit d'vn homme
parfaitement courageux ; Elle n'est
point contraire à la vraye vaillance.
Ce n'est point foiblesse de cœur,
c'est force d'entendement ; Ce n'est
point vne passion, c'est vne vertu,
de laquelle les Peres ont parlé, lors
qu'ils ont dit, qu'en l'ame du Chrestien la crainte doit estre la gardienne de l'Innocence ; & l'Apostre deuant eux, quand il a exhorté les Phi-
lippiës, à s'employer à leur salut auec
crainte & tremblement. Dé cette
crainte ont esté saisis les Saints Pa-
triarches, ces hommes hardis & magnanimes, ces hommes qui luttoiēt

auecque les Anges ; qui ſçauoient
qu'ils deuoient eſtre les Anceſtres
du Sauueur du monde ; qui eſtoient
les amis , les hoſtes , & les familiers
de Dieu. Et neantmoins la priuauté
qu'ils auoient auecque luy , ne leur
oſtoit pas la peur , & cet eſtroit commerce ne les empeſchoit pas de redouter ſa Souueraine Iuſtice.

　I'ay ſouuent admiré dans les Liures de Moyſe ces eſtrãges façõs de
„ parler, Le Dieu d'Abrahã, le Dieu
„ d'Iſaac, & la frayeur de Iacob. Et
„ Iacob iura par la frayeur d'Iſaac ſõ
Pere, c'eſt à dire , par le Dieu de ſon
Pere. Le lieu meſmes, où Dieu s'ap-
parut à l'vn d'eux, a le nom d'Eſpou-
„ uentable. Pour vray , l'Eternel eſt
„ en ce lieu ! Il eut crainte , & s'écria,
„ Ce lieu eſt Eſpouuétable. Ailleurs,
„ Celuy qui eſt terrible , qui oſte le
„ cœur aux Princes, & qui eſt eſpou-

uentable aux Roys de la Terre, "
c'est Dieu, en vn mot. Et Saint Paul
dit de Moyse, qu'il fut espouuen- "
té, & qu'il trembla, tant estoit ter- "
rible ce qui luy apparoissoit. Tel- "
lement qu'il est parlé de Peur presque par tout où il est parlé de Diuinité: Et ces admirables Personnages
qui se presentoient auec vne mine
asseurée à la fureur des Peuples é-
meus, qui brauoient l'orgueil des
Roys, & mesprisoient la puissance
des Demons, apprehendoient si fort
de déplaire à Dieu, que Dieu est simplement nommé leur Frayeur.

Le Roy est donc timide de cette
sorte: Il a la crainte des Sages & des
Courageux: Il tremble en la presence du Seigneur. Ses Maximes n'offensent iamais les deuoirs de la Charité; Sa prudence Politique n'est
point contraire à la simplicité des

Chrestiens: Il a mis la probité dans
le Trosne ; & se ressouuenant qu'il
est compagnon de ses Subjets au seruice d'vn plus grand Maistre, & que
le soin de son salut est la plus impor-
tante de ses affaires, il void bien que
de droit de Seruiteur le plus obligé
doit estre le plus fidele, & que celuy
seroit vn miserable auātage de pouuoir pecher Souuerainement, de n'o-
beyr ny aux Loix, ny à la Raison,
pour faire paroistre son indepen-
dance, de remplir de ses conquestes
les Annales, & les Histoires, & d'e-
stre effacé du Liure de Vie.

ARGVMENT.

*Discours de la probité. Excuse de l'Auteur, de ce
qu'il est tousiours contraint de toucher aux playes &
aux maladies de son pays; de ce qu'en suiuant son Heros victorieux, il s'amuse aux Monstres qu'il a vaincus, ou qu'il luy restent à vaincre. Ce sont des accidens
de sa matiere, & non pas des choix de son esprit. Ce*

n'est pas d'auoir esté prodigieuse, mais c'est auoir
rencontré un en ce temps. Toutesfois il n'y en eut
iamais de fort bon pour le suiect dont il s'agit. A Spar-
te un tel estoit estimé. Ciceron se plaindroit icy que ne
... La bonne de'sion ... dont il est ...
La sagesse & la vaillance sans la probité ne sont
... vertus, & mieux dire ce ne sont poins des
... deuoit estre appellés, brutales, qui improprement. Definition de la finesse. Nostre Prince
n'est pas de la race des Othomans. il est petit fils de saint
... par des maximes Chrestiennes, il ne
... poins de prudence, qui ne soit accompagnée de
probité. Confirmation de son opinion par la parole de
Dieu, par le tesmoignage de mesme le dit Payen. La raison s'estend plus loin dans la Politique que dans la Morale, mais cet espace ne doit pas estre infini. La loyauté
est le fondement de tout le commerce. Ceux qui sont se-
... les gages de la Religion,
s'unissent par la bonne foy. On peut plus aisément traiter auec les muets, qu'auec les menteurs. La confiance
estant perdue, on ne peut plus auoir ni profiter à personne: Et partant il faut estre bon par interest, quand
on ne le seroit pas par inclination. Dans les anciennes
comedies les maistres protestent qu'ils haïssent la fraude
plus que la mort. Il n'y a que les valets qui se meslent
de fourbes & des intrigues. Tite Liue repris par Seneque, pour auoir loué l'esprit d'un meschant. Euripide appelle en iugement la cause d'un vers qui semble
favoriser le pariure.

CHAPITRE XXV.

IE ne puis cacher en ce lieu ma iuste douleur. Il est bien fascheux de crier sans cesse contre le Temps & contre les mœurs, de rencontrer tousiours en son chemin le Vice ennemy de la Vertu, que l'on cherche, & de ne pouuoir loüer le Roy qu'en blasmât les autres hômes. Mais quel moyen de parler d'Hercule, si on ne parle des Monstres? de considerer vn victorieux sans ennemis? de traiter de la guerison & du renouellement des choses, sans dire quelles sont, & quelles ont esté leurs maladies? Il m'est insupportable de voir que cette probité que j'estime tant, n'a jomais esté assez estimée, & que l'iniustice hardie, ou ingenieuse, a tousiours eu de l'approbatió & des Par-

ñfans. La Republique du Monde la
moins corrompue autorifoit le mal,
pourueu qu'il fe fift auec vn peu de
fubtilité. En Lacedemone on
ne puniffoit pas ceux qui déro-
boient, mais ceux qui ne fçauoient
pas bien dérober, & c'eftoit pour
auoir efté pareffeux qu'ils eftoient
condamnez, & non pas pour auoir
efté iniuftes. Il me fouuient d'auoir
veu en quelque lieu cette plaifante
definitió de l'Ambaffadeur. L'Am "
baffadeur eft vn homme graue, en- "
uoyé au loin, afin de mentir pour "
la Republique. On tient commu "
nément que d'vn mauuais Subjet il "
fe peut faire vn bon Prince. Et Ciceron s'eft offenfé comme d'vne iniure qui bleffoit fa reputation & fon
honneur, de ce que Brutus l'auoit
appellé homme de bien. Il en fait fes
plaintes à Atticus leur cómun amy,

par vne lettre qu'il luy écrit : Il té-
moigne qu'il ne peut digerer la dureté de cette parole, Et à son aduis,
si Catilina l'euſt voulu loüer, il ne
l'euſt pas loüé plus maigrement.

Pour cette fois il me sera permis
de biaſmer vne perſonne, que d'ailleurs ie reſpecte infiniment, & qui
me ſeroit ſacrée & inuiolable en
toute autre occaſion que celle-cy. Il
n'y a point de loüange que ie priſe
tant que celle que Ciceron mépriſe
ſi fort, & i'eſtime les Bons beaucoup
plus que les Sages, ny que les Vaillans. Sans la Bonté ceux-là ſont des
Serpens, & ceux cy des Loups : La
Sageſſe n'eſt qu'vn venin ſubtil, &
vne corruption penetrante. La Vaillance n'eſt qu'vne faim enragée, &
vne alteration du ſang humain. Les
Sages, s'ils ſont ſubjets, trahiſſent le
Prince, & vendent l'Eſtat; les Vaillãs

entre-

entreprennent sur sa personne, & se
mettent en sa place; Les vns le tiennent en perpetuel soupçon, & les
autres en perpetuelle crainte. S'ils
sont Princes, il n'y a iamais de seureté en leur Cour, ny de paix en leur
Royaume. Ils inquietent leurs Voisins, & trauaillent encore plus leurs
Subjets. La guerre ne finit, ny par les
Traitez, ny par la Victoire. Ils ne
tiennent leur parole que iusqu'à la
premiere occasion de la violer, & ne
se reposent que par la seule impuissance de se mouuoir. Enfin ces rares
qualitez que le Monde admire, res-
semblent à ces belles lumieres, qui
brillent en l'air, & qui font la peste
sur la Terre.

Ce sont des vertus mauuaises, &
pernicieuses à la Republique, ou
plustost ce ne sont point des vertus.
Et sans doute il faut s'arrester à ces

V

,, Oracle d'infaillible verité, Que la
,, Sageſſe n'entre point dás vne ame
,, malicieuſe. Et bien qu'il ſoit dit
,, ailleurs, Que les Fils de ce Siecle
ſont plus ſages que les Fils de la Lumiere, Et qu'on liſe dás l'Euágile de
S. Luc, que l'Oeconome d'iniquité a
fait beaucoup de choſes prüdem-
ment : Neantmoins eſtant tres certain, que la Prudence humaine eſt
folie deuát Dieu, & qu'il n'y a point
de Sageſſe ſans ſa crainte, non plus
que d'edifice ſans fondement ; Il eſt
à croire qu'en ces endroits-là noſtre
Seigneur a voulu begayer auec ſes
enfans, & s'accommoder au langage
populaire. Car comme quelquefois
nous appellons blancs ceux qui ſont
paſlés, & prenons l'enfleure pour
l'embonpoint ; ſouuent auſſi nous
donnons à certains vices les noms
des vertus qui leur ſont voiſines,

Mais puis que les Empiriques ne
sont point receus dans le corps des
Medecins, & que les Philosophes
n'ont iamais pû souffrir les Sophistes, contre lesquels ils se portēt auec
tant d'aigreur dans tous leurs écrits:
Soyons pour le moins aussi difficiles
qu'eux. Puis que nous faisons le portrait d'vn Prince qui n'est pas de la
Race des Othomans, mais qui est
petit Fils de Saint Louys: puis que le
Roy se conserue pur au milieu de la
corruption, & qu'il regne par des
maximes Chrestiennes, opposons
nous courageusement aux mauuaises opinions, nous sommes asseurez
qu'il ne les suit pas: Arrestons-nous
vn peu à cōbattre le vice de la Cour
& des grands Seigneurs, auquel il
n'a point de part: Ne craignons pas
qu'il nous sçache mauuais gré si
nous n'admettons point les Pipeurs

parmy les Habiles, & si nous n'appellons point vertu la finesse. Que ce soit, si on veut, vn Art de tromper, vne méchanceté instruite & disciplinée, vn amas de regles & de preceptes, pour paruenir à vne mauuaise fin : Que ce soit Esprit, que ce soit Science, que ce soit Experience: Mais ne faisons pas cette iniure à la Sagesse, de la faire habiter au milieu des vices, & ne la confinons pas dans la conscience d'vn méchant homme.

Voicy en quels termes elle parle de soy-mesme dans le Liure qui por-
„ te son nom, Celle qui sçait le passé,
„ & iuge de l'aduenir ; qui connoist
„ la subtilité des paroles, & les solu-
„ tions des argumens ; qui voit les
„ signes & les prodiges auant qu'ils
„ soient arriuez, & les éuenemens
„ des Temps & des Siecles, Celle-là

mesme est vne vapeur de Dieu , &
vne pure influence de la clarté du
Tout-puissant: Et partāt il ne peut
y auoir en elle rien de souillé. Et vn
peu plus bas , Elle est la Splendeur
de la lumiere eternelle, L'image de
la bonté de Dieu , & le miroir sans
tache de sa Majesté. Et ailleurs il
dit , Que la crainte du Seigneur est
la mesme Sapience , & , que se retirer du mal est intelligence. Et ailleurs, Que l'ame du Saint homme
annōce la verité, & voit plus que
sept Guettes , qu'on a posées sur
vne montagne.

Les Payens n'ont pas esté generalement de contraire aduis. Encore
qu'ils ne fussent point eclairez de la
Foy, & qu'ils ne marchassent que de
nuit, ils ont trouué quelquefois la
Verité aux flambeaux. Parmy eux
ceux qui ont eu de plus droites opi-

V iij

niõs, & qui ont iugé des choſes plus
ſainemét, n'ont gueres ſeparé la Pru-
dénce de la Probité : Et quoy qu'ils
ayent crû que la Raiſon euſt ſon
eſtéduë plus libre & moins indeter-
minée en la Politique qu'en la Morale, ils n'ont pas crû pourtant, que
cét eſpace deuſt eſtre infiny, & que
tout ce qui eſt mauuais & defendu
dans les Familles, fuſt bon & legitime dans l'Eſtat. Ils ont dit que les
Dieux euſſent bien plus obligé les
hommes de ne leur point donner
cette Raiſon, que de la leur auoir
donnée pour incommoder le Monde, & pour ſe tourmenter eux-meſmes : que ce rayon de Diuinité, co
viſte mouuement de la penſée, cette pointe qui perce & penetre tout,
leur eſtoit vn preſent funeſte, & vne
liberalité ruineuſe, s'ils ne s'en ſeruoient qu'au dommage, & à la perte

fantay, & ce qu'ils ont de commun auec les Dieux les rendoit plus
farouches, & plus miserables que les
bestes.

Ils ont creu aussi bien que nous
que la Loyauté est le fondement de
toute negotiation, & de tout commerce, Que nous ne tenons que par
là aux vns aux autres, Que ceux qui
sont diuisez par la distãce des lieux,
par la difference de la langue, par la
diuersité de la Religion, s'vnissent
par le moyen de la bonne foy, Qu'on
peut guerrer auec les muets, mais
qu'on ne sçauroit traiter auec des
perfides, & que le silence est plus
supportable que le mensonge. Ils ont
tenu qu'on ne gaignoit rien à mentir, sinon de n'estre pas crû quand
on dit le vray, nous laissant tirer de
là cette consequence, qu'il faut estre
homme de bien par necessité & par

interest, quand on ne le seroit pas
d'inclination, ny de volonté ; puis
que le mal est aussi peu vtile que peu
honneste ; puis que la premiere tró-
perie exclud d'ordinaire la seconde,
& que la confiance estant vne fois
perduë, il n'est plus possible de nuire, ny de profiter à personne.

Dans les anciennes Fables, qu'on
representoit par l'autorité du Ma-
gistrat, pour l'instruction du Peuple, & qui sont encore les vrais miroirs de la vie humaine, nous voyós
que les Princes & les Heros protestent hautement, qu'ils haïssent la
feinte plus que la mort, & qu'il n'y
a point moyen qu'ils se puissent re-
soudre à tromper : là où ce sont les
valets, & d'autres gens de neant, qui
sont employez à tramer les trahisons, & qui font les fourbes & les intrigues. Et bien qu'en semblables

actiõs il faille de l'esprit & de la subtilité; neantmoins à cause que la
tromperie est vne tacite confession
de foiblesse, qui fait en cachettes ce
qu'elle n'ose faire à découuert; ils
ont estimé qu'il n'estoit pas de la
bien-seance de l'attribuer aux grãds
courages. De sorte que Tite-Liue
est repris aigrement par Seneque,
pour auoir dit de quelque Broüillon
de son Siecle, Qu'il n'auoit pas
l'Esprit moins grand que méchãt.
Estant impossible au iugement de
ce Philosophe, que ces deux qualitez puissent subsister en mesme su-
ietq, & grand & mauuais luy sem-
blant aussi contraire, que grand &
petit.

Mais cela n'est rien au prix de ce
qui arriua à Euripide, pour ce vers
qu'il auoit fait dire à Hippolite en
quelqu'vne de ses Tragedies.

I'ay iuré de la lãgue, & nõ pas de l'efprit.
Car dés le lendemain de la reprefen-
tation il receut vn adiournement
perfonnel, & fut pourfuiuy par toutes les rigueurs de la Iuftice, comme
ayant voulu corrompre les mœurs
des Grecs, & enfeigner au Peuple à
fe parjurer. Ce n'eft pas qu'il ne fuft
permis aux Poëtes Tragiques de faire auancer de mauuaifes maximes
aux méchans, lors qu'ils les produi-
foient fur la Scene : mais parce
qu'Hippolite eftoit reconnu pour
vn homme parfaitement vertueux,
on s'imagina qu'Euripide auoit
voulu autorifer le menfonge par
l'exemple d'vne perfonne fi graue,
& fi eftimée, & perfuader aux fpe-
ctateurs, en faifant couler ce vice
parmy plufieurs qualitez loüables,
que l'Infidelité n'eftoit pas incom-
patible auec la Sageffe.

ARGVMENT.

Opinion d'Ariſtote touchans la Prudence. Il la diſtingue d'auec la ſubtilité d'eſprit, & tient qu'on ne peut eſtre prudent qu'on ne ſoit homme de bien. Les autres Philoſophes n'ont pas eſté de contraire aduis, Principalement les derniers Platoniciens. Ils content ſept ſortes de ſeparations, par leſquelles l'ame ſe deſtache du corps, & ſe rend capable de la connoiſſance de l'auenir. La derniere de ces ſeparations eſt vne pureté parfaite d'eſprit & de cœur, & vne entiere victoire des mauuaiſes paſſions. A quoy s'accordent les Philoſophes Chreſtiens, & croyent que Dieu a touſiours en ſoin d'illuminer les chaſtes & les vertueux. La prudence du Prince vient de ce deſtachement admirable de l'ame & du corps; quoy qu'on la pût rapporter aux plus nobles des autres abſtractiõs. La ſageſſe malicieuſe n'eſt gueres meilleure que la Magie; ne reüſſit gueres mieux que l'imprudence. Pour troubler le repos d'autruy, il faut premierement perdre le ſien. Les fins ruinent les Eſtats par leurs fineſſes, & les eſprits communs les maintiennent par les regles generales. Effets de la fauſſe prudence en la perſonne de Tybere, & de la veritable en celle de Louys le Iuſte.

CHAPITRE XXVI.

Riſtote fait mention de ce procez criminel, & afin que les Trompeurs de no-

ſtre temps ſçachent, que c'eſt à tort
qu'ils pretendent en prudence, eſtât
dépourueus des autres vertus, qui ſe
voyent toutes éminemment en la
perſonne du Roy, il n'y aura point
de mal de leur monſtrer leur condá-
nation dás les écrits de ce ſage Gou-
uerneur d'Alexandre, dont le témoignage eſt d'autant plus receüable,
qu'il ne croyoit qu'ë la ſeule raiſon,
n'ayant aucune connoiſſance reue-
lée, & que d'ailleurs il auoit veſcu
en vne Cour extremement corrompuë, & ſous vn Prince auſſi fin pour
le moins, & auſſi artificieux, que le
pouuoient eſtre le Duc de Valenti-
nois, & le Roy Loüys XI.

Outre qu'il diſtingue la Prudence d'áuec la Subtilité d'eſprit, en ce
que celle-cy ſe porte indifferemmét
au bien & au mal, où la Prudence eſt
conſtante & inuariable en la recher-

che du bien , & qu'il a faict vn Chapitre exprés au feptiefme liure de
fon Ethique , par lequel il prouue
qu'il n'eft pas poffible d'eftre Prudét
& Incontinent tout enfemble: Il remarque de plus en vn autre lieu,
qu'en defaffemblant le mot cópofé,
dont les Grecs expriment la Temperance, on trouuera qu'il veut dire
en fon origine, Gardienne & Con-
feruatrice de la Prudence. D'autant
que la Temperáce conferue la fanté
du iugement, & luy acquiert cette
gaillarde & viue difpofition, par laquelle fans fe troubler , & fans fe
méprendre, il reconnoift ce qui fert,
& qui nuit au fouuerain Bien. Non
pas que pour cela l'Intemperance
corrompe toute forte de iugement:
car il eft tres-certain qu'elle ne cor-
rompt pas celuy qui confidere les
chofes qui gifent en fpeculation,

mais seulement celuy qui a pour obiet les choses practiques. Côme pour estre Intemperant on ne laisse pas de bien iuger s'il est vray ou non, qu'vn Triangle ait trois angles égaux à deux droits, & que deux lignes paralelles continuées à l'infiny, ne se puissent ioindre: Mais on ne iuge pas bien s'il se faut venger d'vne iniure receuë, ou la pardonner, ny s'il faut garder Helene, ou la rendre à son Mary; à cause que pour bien iuger si vne chose est faisable, ou non, il est necessaire d'en bien connoistre la fin. Or celuy qui est intemperant, & dont le plaisir, ou la douleur a desia gasté la faculté judicatrice, ne peut pas discerner cette fin dás l'éblouissement continuel que luy causent ses mauuaises passions.

La vraye Prudence est donc vne habitude qui rend l'entendement

propre à reconnoiſtre & à pratiquer
les choſes qui ſeruét à eſtre heureux.
Ce que ne fait pas (continuë le meſme Philoſophe) cette autre habitude que nous appellons Art ; pource que ſa fonction ne conſiſte qu'à
operer conformément aux Regles
& aux Ordonnances de la Raiſon , & non pas à faire des choſes
qui ſoient moralement bonnes , &
qui contribuent à la Felicité. Tellement qu'on peut bien eſtre bon
Artiſan , & n'eſtre pas homme de
bien pour cela, mais on ne peut eſtre
prudent que l'on ne ſoit quant &
quant homme de bien: d'autant que
l'on ne peut eſtre prudent , ſi on ne
pratique les choſes qui ſont moralement bonnes. Dauantage il vaut
mieux faillir volontairemét en quelque Art, quéd y faillir par ignorance. Et au contraire il vaut mieux fail-

lir ignoramment contre les regles
de la Prudence , que d'y faillir vo-
lontairement; veu que les choses où
s'attachent les Arts , ne font pas mo-
ralemét bonnes, où celles-là le font,
ausquelles s'attache la Prudence : &
partant on ne peut faillir volontai-
rement contre les regles qu'elle pref-
crit, que l'on ne commette quelque
action vicieuse , puis que l'on n'y
peut faillir que l'on ne s'attache aux
choses qui font moralement mauuaises.

Ces maximes & autres semblables
se trouuent dans les Liures des Philosophes, qui ont le plus esté de la
Cour, & qui se font le plus appro-
chez des Grands. Les autres Familles n'ont pas tenu de contraires opinions, & pas vne n'a approuué la
Prudence malicieuse. Mais les derniers Platoniciens, qui font de ces
foux

foux qui reuiennent aucunefois en
leur bon fens, & qui ont des inter-
ualles affez raifonnables, meritent
qu'on les écouté en cette occafion.
Auffi bien contre vn Mal fi public
que celuy-cy, il faut armer toutes
fortes d'ennemis, & luy oppofer
tout ce qui le peut combattre.

Apres auoir longuement extra-
uagué fur plufieurs façons de diuination (que pour cette heure ie
veux eftimer, eftre vn effet de la
Prudence heroïque.) Ils en propo-
fent en fin vne qui n'eft pas à rejetter, & qui fait grandement à noftre
fujet. Il y a à leur côte outre la mort,
fept fortes de Separations, par lef-
quelles l'ame fe détache du corps, &
s'éleue fi haut au deffus du mortel
& du periffable, qu'en cet eftat-là
elle ne connoift pas feulemét ce qui
eft éloigné d'elle, mais auffi ce qui

n'est pas encore arriué ; Elle n'affiste
pas seulement à la naissance & aux
euenemens des choses, mais aussi à
leur conception & à leurs projets.

La premiere de ces Separations
arriue en dormant, principalement
aux hommes sobres, qui par vne
abstinence ordinaire rabatent les
nuages qui se leuent de la partie in-
ferieure, empeschent que rien de
trouble & de contagieux ne monte
à l'esprit, & voyent dans leur imagination, comme dans la glace d'vn
miroir bien net, les obiets que les
autres ne peuuent voir dans la leur,
qui est toute ternie & toute effacée
des vapeurs & de la fumée des viandes. La seconde se fait par l'entier as-
soupissement des esprits, & par cette defaillance de cœur & de respira-
tion, où tombent les personnes éua-
nouïes ; D'où sont venuës les extases

de Socrate, qui demeuroit quelquefois sans mouuement depuis le leuer iusqu'au coucher du Soleil ; celles de Platon, qui ayant coustume de mediter de la sorte, mourut finalement dans cet essay de la mort ; & celles d'vn certain Enalche, qui ayant rendu l'ame à ce qu'on croyoit, reuint tout d'vn coup à soy, & asseura qu'il se portoit bien ; mais que Nichandas, le plus fameux Athlete de ce temps-là mourroit infailliblement vn tel iour, ce qui arriua à poinct nommé.

Vne si pure & si subtile connoissance se forme de plus de l'abondance de l'humeur melancholique, qui est d'autant plus propre à receuoir les inspirations diuines, & à s'eprendre du feu celeste, que les matieres arides & deliées sont plus combustibles que les autres. Mais elle se pro-

X ij

duit bien plus parfaitement, difent-
ils, de la iufte proportion des hu-
meurs, & de cette admirable harmo-
nie interieure, dans laquelle l'efprit,
ne plus ne moins que le Magiftrat
dans vne Communauté bien vnie,
& où tout le monde eft bien d'accord, ne trouue aucun empefche-
ment en fes fonctions, & vfe fans
referue & fans reftriction de la puif-
fáce qu'il a receuë de fon Souuerain.

La cinquiefme feparation, fi ie ne
me trompe, vient du repos & de la
paix de la folitude, où l'efprit échappé de la captiuité des villes, & déchargé des affaires pefantes & tu-
multueufes de la vie, regarde le ciel
plus à découuert, & communique
plus familierement auecque Dieu.
Ils croyét qu'en cette paifible échole, & fi fauorable à la contemplation, Zoroaftre eftudia les vingt ans

qu'il diſparut, & apprit la ſcience de
predire, qu'il auoit laiſſee dans ſes
liures de la Diuination, qui ſe ſont
perdus. Et c'eſt auſſi de la ſorte qu'il
faut entendre les dix années que fut
caché Pythagore, & les cinquante
que dormit Epimenidés, pendant
leſquelles leur ame n'ayant point de
commerce auecque leurs ſens, vac-
quoit à vne tres-parfaite façon de
philoſopher, & iouïſſoit deſia du
priuilege de ſon immortalité, & des
libertez de l'autre vie.

Les Platoniciens ne finiſſent pas
encore leurs Separations, & de celle-là ils paſſent à la ſixieſme, qui procede de l'admiration, & d'vne reli-
gieuſe horreur, qui remplit les perſonnes agitées de quelque Diuinité,
telles qu'eſtoient les femmes qu'on
nommoit Pythies, qui tiroient de
ſa l'intelligence des choſes futures.

X iij

car tranſportées qu'elles eſtoient de
leur Dieu, venant à mettre le pied
dans ſa grotte, & à penſer auec vne
violente attention à ſa preſence, &
à ſes myſteres, elles eſtoient ſaiſies
d'vn ſi grand eſtonnement, & poſſe-
dées d'vne ſi eſtrange ſuperſtition,
qu'à l'heure meſme leur ame ſe dé-
prenant de leur corps, & rompant
tous ſes liens, ſe portoit iuſqu'à la
plus haute connoiſſance des Eſprits
ſimples, & agiſſoit ſur naturellemét
par l'effort de cette fiéure diuine.

Icy nos Platoniciens ceſſent de
reſuer, & leur derniere façon de connoiſtre l'auenir eſt toute pour nôus,
à ſçauoir vne entiere victoire des
mauuaiſes paſſions, vne abſtinence
perpetuelle des voluptez defenduës,
vne inuiolable pudicité d'eſprit &
de corps: eſtant bien croyable à leur
aduis, que Dieu, qui eſt la pureté

mefme, prend plaifir de faire fa demeure dans le cœur des chaftes, qu'il
y allume vne lumiere qui perce les
tenebres de l'auenir, & qu'il le leur
cele rien de fes entreprifes. A quoy
auffi les SS. Peres femblent s'accorder, particulierement S. Hierofme,
qui tient que les Sybilles, quoy que
d'ailleurs infideles, & eftrangeres du
peuple de Dieu, receurent neantmoins de luy le don de Prophetie en
honneur de leur virginité, & pour
recompenfe téporelle de leur vertu.
Ie ne me veux point preualoir des
opinions que ie ne croy pas, ny rapporter la prudence du Roy, ou à fa
fobrieté, eftant tres vray qu'il ne
vit quafi que du feul efprit, & que
par le moyen de la Temperance la
partie fuperieure de fon ame iouyt
d'vne perpetuelle ferenité, ou à fes
éloignemens de la ville, dont la

X iiij

Chaſſe eſt bien ſouuent le pretexte,
dans.leſquels d'vne veuë tranquille,
& d'vn iugement deſintereſſé, il có-
ſidere les choſes en la pureté de leur
eſtre, que nous ne regardons qu'à
trauers des paſſions qui nous trou-
blent, & dans la cótagion du Monde qui les altere. Ie ne la veux point
non plus attribuer à cette qualité ſi
propre à la contemplation, & qui
s'attache inſeparablement aux obiets qu'elle a embraſſez; à ce temperament ſi eſtimé par les Philoſophes, qui ne luy communique rien
de peſant, & qui le puiſſe pancher
vers la terre. Car en effet comme il
y a vne melancholie terreſtre, qui
n'enuoye que de noires & d'épaiſſes
vapeurs au cerueau, & ne le remplit
que de fantoſme; qui enſeuelit l'a-
me dans la matiere, & luy cauſe ou
des ſonges perpetuels, ou vn aſſou-

pissement ordinaire; Il y a aussi vne
melancholie bien cuite & bien épu-
rée, qui iette vn feu qui ne brusle ny
ne fume, & à laquelle se peut rapporter le dire de cét Ancien, que la
lumiere seche est la plus viue & la
plus resplendissante lumiere. Il y a
vne subtile & ingenieuse tristesse,
qui a esté chercher la verité iusques
dans le Ciel, & iusqu'au fonds des
abysmes; qui a inuenté les Arts &
les Disciplines; qui a formé toutes
les statues de Phidias, & produit
tous les Liures d'Aristote; qui a porté Cesar à vsurper la liberté de son
pays, & Brutus à deliurer son pays
de la puissance de Cesar; qui en vn
mot est la belle maladie de l'ame, &
le plus commun temperament des
Heros, des Saints, & des autres hommes extraordinaires. Ce n'est pas
pourtant de là que ie tire la prudéce

du Roy. Ie la fais bien venir d'vne
plus noble & d'vne plus claire fource. Ie croy auec les Philofophes
Chreftiens, que de tout temps Dieu
a eu vn foin tres-particulier d'illuminer les chaftes & les vertueux, & que
l'Efpoufe ne fe plaift pas dauãtage
parmy les Lys, que la Sapience eternelle qui la gouuerne, fe repofe volontiers fur les ames pures & innocentes.

Toute autre Sageffe qui vient
d'ailleurs eft illegitime & dangereufe: tous les autres feux, quelques purs
& brillans qu'ils femblét eftre, trompent les hommes en les éclairant, &
les conduifent dans des riuieres ou
des precipices. Il voudroit prefque
autant confulter les Demons, & s'é-
querir de l'aduenir par le moyen de
la Magie, que d'auoir de la preuoyã-
ce fans probité. N'eft-ce pas conuer-

tir les remedes en poisons, que d'y-
ser de la Raison pour pecher? Que
sert-il d'estre subtil à faire des here-
sies, si elles sont pires que l'ignorance? Que sert-il de sçauoir broüiller,
s'il faut promisrement perdre son repos pour troubler celuy d'autruy?
Que sert-il d'auoir autant de finesse
que Ludouic Sforca, & d'estre habile à ruiner son Estat, qu'vn esprit
ordinaire eust pû conseruer par des
regles faciles & generales?

   On ne me persuadera jamais, que
l'argent vif vaille plus que l'or, ny
que l'imagination turbulente & ef-
frayée soit yne plus seure guide dãs
les affaires, que le jugement tranquille & bien resolu, ny que la prudence de Tibere fust meilleure que
celle de LOVYS LE IVSTE.
L'vne n'estoit occupée qu'à rasseurer
ce Vieillard qui auoit toûjours peur

Elle abandonna le soin des affaires
& le gouuernement de l'Empire,
pour vacquer à la garde d'vn homme seul. Elle rauit Germanicus à
toute la Terre : Elle fist mourir vn
Prince Estranger, qui estoit venu à
Rome sur la foy publique. L'autre
n'a pour objet que le bien vniuersel,
& la cómune Felicité; ne s'employe
qu'à maintenir les choses du Monde en bon estat, & à faire regner la
Iustice; ne veut autre auantage de
ses Victoires, que celuy que donne
la reputation au dehors, & la bonne
conscience au dedans.

ARGVMENT.

*La vertu du Prince ne trauaille que pour la com-
mune felicité; est l'appuy des foibles, & le refuge des
persecutez sa iustice à la direction de sa vaillance. Celle-cy renuerseroit tout, si celle là ne soûtenoit tout. Il
sçait que Dieu ne trouue pas bon qu'on trouble l'œconomie de l'Vniuers, de laquelle il est l'auteur; que le-*

sus-Christ a condamné par son exemple l'apparence
mesmes de l'usurpation. Mahomet a fait tout le contraire. Il nomme poltrons ceux que nostre Seigneur appelle iustes; note d'infamie les Princes qui se contentent
du leur; autorise la violence par l'expres commandement de Dieu, pretend auoir receu de luy le droict de
sous les Royaumes de la Terre. Ceux qui tiennent ces
maximes parmy nous sōt des Turcs desguisez en Chrestiens. La fiction du Christianisme, qui met en mesme
rang les choses iniustes & les impossibles. Examen de
ceste sentence du Poëte tragique, que pour regner il est
permis de violer la iustice.

CHAPITRE XXVII.

A dessus s'appuyent les foibles, & se reposent les trauaillez. Ses Voisins fa-
ctieux, qui auroient sujet de viure
en continuelle inquietude, se fient
plus en cecy pour leur seureté, qu'au
nōbre des gens de guerre qu'ils peuuent mettre sur pied, & aux alliances
dont ils taschét de se fortifier. Cette
admirable Vertu, qui les effrayoit
d'abord, leur sert de rempart contre

elle mesme ; Ils la content entre les
auantages qu'ils penfent auoir, & le
conferuent moins par leurs armes,
que par la probité de leur Ennemy.
Sa Iuftice a la direction & la conduite de fa Vaillance ; celle cy pourroit
tout renuerfer, fi celle-là ne foufte-
noit tout : fans ce contrepoids perfonne ne feroit affeuré de fa condition. Le Chriftianifme, dont il fait
vne ferieufe profeffion , limite la
portée de fon courage ; dompte en
fon efprit la fierté qui naift auec les
Heros, & enchaifne par maniere de
dire fon ambition & fa hardieffe,
qui fans doute feroient vn merueil-
leux progrez, fi elles agiffoiét en leur
pleine liberté & de toute l'eftenduë
de leur puiffance. Il ne touche point
au bien d'autruy, fçachát que Dieu
l'a pris en fa particuliere protection
par vn des commandemens du De-

calogue: Il ne rauit point, viuât sous
des Loix qui ne luy permettent pas
seulement de desirer : il n'a garde de
faire des actions tyranniques, puis
qu'il ne croit pas qu'il soit loisible
de conceuoir des souhaits injustes.
Et à parler sainement, il y a bien
apparence que ce n'est pas l'intétion
de Dieu qu'il y ait de Monarque
vniuersel que luy seul, ny que d'autres mains que les siennes portent la
Machine qu'il a bastie. Il ne trouue
point bon qu'on entreprenne de
changer l'ordre qu'il a estably parmy les hommes ; que les derniers
venus disputét les places qu'il a desja
données, & trouble l'œconomie de
l'Vniuers, de laquelle il est l'auteur.
Les dominations violentes ne luy
plaisent point. Il aime mieux que les
siens souffrent l'iniustice que s'ils la
faisoient, & est si éloigné de leur

permettre de viure de proye, qu'il
leur conseille de viure d'aumosne. Il
ne nous recommande que la Paix,
l'Amour, & la Charité. Il n'a point
enuoyé le Saint Esprit en forme
d'Aigle, mais en forme de Colom-
be, & son Fils vnique, qui est venu
pour renouueller le Monde, & pour
enterrer tout à la fois la Synagogue,
& abbattre l'Infidelité, a si fort estimé la Puissance legitime, qu'ayant
à se dire Roy, & à faire des choses
estranges, il a voulu naistre du sang
Royal, & n'a point méprisé les
voyes ordinaires, afin que son Empire ne parust pas vne Vsurpation,
& qu'il pust deffendre mesme par
raison humaine le tiltre qu'il se
donnoit.

Ie ne m'estonne point que les
Princes qui ne veulent pas reconnoistre la Diuinité de Iesus-Christ,
s'éloi-

s'éloignent de son Exemple, & ne
s'assujettissent point à vne Loy, laquelle ils n'ont pas receuë. Les Ma-
homerans pensent meriter quand
ils tuent les Estrãgers, & leur cruauté
est vn des principes de leur Religiõ.
Ils ne font point scrupule de conquerir, parce qu'en cela ils ne font
rien, à quoy leur Prophete ne les ex-
horte, & que c'est aux Persecuteurs
& non pas aux Martyrs à qui il promet vne meilleure vie apres celle-cy.

Ce Pipeur, qui n'a visé en sa Religion qu'à la grandeur temporelle,
& aux biens presens, & qui a songé
plustost à aguerrir des soldats qu'à
sauuer des ames, chasse de son Paradis toutes les personnes pacifiques,
& nomme poltrons ceux que nostre
Seigneur appelle Iustes. Que nul, "
dit-il, ne tourne le dos, si ce n'est "

„pour prendre ſon auantage , ſur
„peine d'écourir la diuine indigna-
„tion : Car il faut que les braues
„Champiós de Dieu & de ſon Pro-
„phete demeurent fermes à la ren-
„contre de deux Armées , & en ce
„faiſant ils obtiendront pardon ge-
„neral de toutes leurs fautes. En vn
„autre endroit ; Auriez-vous bien
„opinion que l'entrée du Ciel vous
„fuſt ouuerte, ſi premieremét vous
„n'auiez fait preuue de magnani-
„mes & vaillans Guerriers ? Non,
„ non , mes Amis , aſſeurez-vous
„que Dieu n'aime que les vaillans;
„que celuy-là eſt bien heureux qui
„meurt à la guerre, & que ſi vous y
„finiſſez vos jours, voſtre mort ſera
„ſi dignement recompenſée , que
„vous voudrez reuiure encore vne
„fois, pour y eſtre encore vne fois
tuez. Et vn peu auparauant il auto-

rife fa tyrannie par l'exprez commandement de Dieu, qu'il introduit, luy parlant en cette forte, Et toy mon Prophete, va t'en com-"
battre & vaincre les Incredules; "
pille-les, faccage-les, traite-les "
auec des verges de fer, afin qu'ils "
te craignent : Car tout eft au Pro- "
phete & à fes fideles foldats. "

Defforte que par là s'imaginans que le Monde eft leur heritage, & que l'entiere poffeffion leur en appartient, ils croyent qu'ils n'vfurpér jamais fur autruy, mais qu'ils reprennent feulement ce qui a efté vfurpé fur eux ; qu'ils ne font injure à perfonne, mais qu'ils ceffent feulement de la receuoir ; qu'il leur eft permis de rentrer dans leur bien par les voyes qui leur femblent les plus courtes & les plus commodes ; qu'il n'eft rien de plus legitimemét à eux

que ce que Dieu mesme leur a adjugé,
& qu'ils peuuët vser du droit que leur
Legiflateur leur a laiffé fur tous les
Royaumes de la Terre. Car c'eft encore vne de leurs vifions, qu'au for-
tir du ventre de fa mere vn Ange
luy apporta trois clefs, faites de trois
groffes perles; dont l'vne eftoit la
clef des Loix, l'autre la clef de Prophetie, & la troifiefme celle de Victoire, defquelles fe faififfant, il fe
faifit de la poffeffion de toutes ces
chofes. Mais à dire le vray, la derniere a fait valoir les deux autres,
& s'il n'euft vaincu, il n'euft efté
ny creu, ny fuiuy.

Tout le deffein de fa Religion fe
rapporte à la victoire: Ses Propheties
ne sôt fauorables qu'aux Côquerás:
La plufpart de fes Loix font des Ordonnances militaires : Il ne recon-

noiſt pour ſiens que les Violens &
les Iniuſtes. Et afin de les pouſſer encore plus fortemēt à la deſolatiō des
Royaumes, il ne ſuffit pas à cet Im-
poſteur aduiſé, de leur declarer qu'ils
peuuent conquèrir en ſaine cōſcien-
ce, mais de plus il les note de quelque ſorte d'infamie, lors qu'ils ſe cō-
tentent du leur, & qu'ils veulent demeurer en paix. D'où viēt qu'il n'eſt
pas permis aux Princes Ottomans
de fonder d'Hoſpital, ny de faire de
Moſquée, qu'auparauant ils n'ayent
fait quelque conqueſte, à laquelle il
eſt neceſſaire qu'ils aſſiſtent en perſonne. C'eſt pourquoy le Moufty,
& les autres Interpretes inferieurs,
de leurs prophanes ceremonies em-
ployerent tout leur credit auprès du
Sultan Acmet, qui n'auoit iamais
eſté à la guerre, pour empeſcher la
ſtructure du Temple qu'il vouloit

baſtir, qui à cette occaſion fuſt ſur-
nommée des gens de la Loy, *La
Moſquée Incredule* ; parce qu'il s'e-
ſtoit opiniaſtré de l'acheuer contre
l'autorité de leurs Traditions, & les
remonſtrances qu'ils luy auoient
faites.

Ie ne trouue donc point eſtrange
que les Turcs enuahiſſent les Terres
de leurs Voiſins, ſur cette fauſſe per-
ſuaſion qu'ils ont de faire des actes
de Pieté, & s'y ſentant obligez ſelon
leur Loy, tant par l'honneur que par
la conſcience. Mais puis que Ieſus-
Chriſt n'a rien de cõmun auec Mahomet, & que le Pape & le Moufty
tiennent des maximes qui ſont di-
rectement oppoſées, ie ne puis cõ-
prendre comme les Chreſtiés croyãt
en l'Euangile ſuiuent l'Alcoran : Ie
ne ſçaurois deuiner les raiſons qu'ils
peuuent auoir de s'acharner ſi cruel-

lement fur la vie & fur la liberté de
leurs freres, & ne fçay point en quel
temps, ny par l'entremife de quel
Ange ils ont obtenu difpenfe de
leurs premieres Loix, & permiffion
de violer la Iuftice.

En noftre Religion la Raifon &
l'Equité doiuent eftre les bornes de
la volonté des Roys, côme les Fleu-
ues & les Montagnes font celles de
leurs Royaumes. Ils doiuent mettre
en mefme rang les chofes injuftes &
les impoffibles : Et puis que ce n'eft
point vne imperfection en Dieu de
ne pouuoir pas pecher, ce ne peut
eftre auffi en eux vn deffaut de Puif-
fâce de ne point faire de mal. Quelle
apparence y a-t'il que les petites fautes foient punies, & que les grandes
foient honorées ; que l'enormité de
l'action foit celle qui autorife le crime, & qui iuftifie le criminel, &

Y iiij

qu'vn pauure homme qui cherche
fur Mer à gaigner fa vie auec vne
barque, foit Corfaire & mal voulu
d'vn chacun, & qu'vn autre qui fait
le mefme meftier auec vne puiffante
flotte, foit Empereur & loüé de tout
le monde.

Il n'y a certes point d'apparence,
Et nous deuons abfolument rejetter
la fentence du Poëte tragique, fi fouuent chantée fur les Theatres, & fi
familiere à vn celebre Tyran, Qu'en
matiere d'Eftat & pour commander, il eft loifible de violer le droit,
& qu'il le faut obferuer en autre chofe. Apres auoir fait reflexion fur cette belle fentence, & l'auoir regar-
dée vn peu de prez, ie n'y ay pas veu
beaucoup de fens, & l'ay trouuée encore plus abfurde que dangereufe.
Car s'il eft vray, ainfi qu'ils tenoient
en ce temps-là, que les autres mé-

chancetez font comprifes dans la
Tyrannie, côme les moindres nom-
bres dans le plus grand, & qu'elle eft
la ruine & la diffolution du corps
Politique, Comment eft-il poffible
de conferuer vne partie de la Iuftice, & de la deftruire toute entiere?
d'admettre le comble & le dernier
degré du mal, & d'en exclure les
Principes & les Elemens? de penfer
retenir la vie au bout d'vn doigt, le
corps eftant defia mort, & tombé
en pieces? Quicôque parle de la forte, affeurément ne s'entend pas, &
n'eft pas d'accord auecque foy-mefme. Il femble deffendre quelque
chofe en apparence, mais il permet
tout en effet, & dit, quoy que ce ne
foit pas fon intétion de le dire, qu'il
faut bien fe donner garde d'eftre fe-
parément parjure, facrilege, & par-
ricide; mais que legitimement on

peut estre tous les trois ensemble, &
deuenir ainsi innocent par l'excez &
le nombre de ses crimes.

Raisons sur lesquelles les Grecs se pouuoient fonder
en leurs conquestes. Opinion receuë vniuersellement
parmy eux, que la guerre estoit permise contre les Barbares. Deux differentes sortes de Barbares. Les Romains aussi bien que les Grecs ont eu pour fin la grandeur de leur Empire. Ils ont neantmoins esté quelquefois tentez de la belle passion de nostre Prince, ont pris
les armes pour la liberté des autres. Arrest que donna
la Republique d'Athenes pour la deffence de la Grece
contre le Roy Philippe. Declaration des Romains contre
vn autre Philippe, pour la liberté de la mesme Grece.
Ils ne se mocquoient pas ouuertement du droitl & de
l'equité. Ils faisoient profession de n'approuuer que les
guerres ou iustes, ou necessaires, ou honnestes.

CHAPITRE XXVIII.

LEs anciens Idolatres, qui
n'auoient que de legeres
doutes, & de simples soupçons de la vraye Vertu, & qui par

confequét n'eftoiét pas tenus à vne
probité fi parfaite que la noftre, ont
condamné ces paroles tyranniques
auant nous. Ils effayoient pour le
moins de fe fonder en raifon, quand
ils attaquoient les Peuples , & ne di-
foient pas cruëment que la fin de
leurs conqueftes fuft de conquerir.
C'eftoit vne opinion receuë generalement parmy les Grecs, que la guerre eftoit permife contre les Barbares, dont il y auoit de deux fortes, &
qu'ils feparoiët d'ordinaire en deux
principales claffes. Car bien que leur
vanité eftendit ce mot à tous ceux
qui ne parloient pas leur langue , &
qui ne fe gouuernoient pas felon
leurs couftumes , fi eft-ce que luy
donnant quelquefois vne fignifica-
tion plus eftroite & plus limitée, &
le rétreignant à moins de perfonnes, ils entendoient feulement par

là ou les Medes, ou les Perses, qui
auoient tous les jours affaire à eux,
ou les dernieres Nations du Monde,
qui viuoient sans Loix & sans Discipline, dans l'ignorance & l'infirmité de la Nature, qui n'est point
aydée de l'institution.

Or il est bien vray qu'ils n'auoiét
pas beaucoup de sujet d'aimer les
premiers; puis que c'estoient les Ennemis immortels de leur nom & de
leur patrie, qui y estoient entrez à
diuerses fois l'épée nuë, & le flam-
beau à la main; qui auoient vn dessein constant & perpetuel de s'en
rendre maistres, & qui desiroient à
toute force que le Roy de Perse fust
adoré par des Prestres Grecs, & seruy par des Esclaues de Lacedemone.
Aussi vne si haute insolence les pic-
quoit si viuement, & la haine qu'ils
leur portoient estoit telle, qu'en tou-

tes leurs Assemblées, auant que de
rien mettre en deliberation, ils mau-
dissoient publiquement celuy qui
seroit d'auis qu'on fist amitié, ou alliance auec eux. Et en leurs plus solé-
nelles festes le Heraut auoit charge
expresse de les declarer excōmuniés,
ne plus ne moins que les homicides
& les sacrileges, & de deffendre à
tous les Estrangers, en consideration
de ceux-cy, l'vsage des choses Saintes, & la participation de leurs My-
steres.

Pour les autres Barbares, de qui ie
parle, ils en auoient si mauuaise opinion, & les estimoient si peu, qu'à
peine vouloient-ils croire qu'ils fussent tout à fait hommes, & qu'ils
eussent l'ame entierement raisonnable. Dequoy ie ne m'estonne pas neantmoins, puis que de nostre memoire dans les Escoles d'Espagne on

a difputé fi les Indiens eftoient de la
race d'Adam, ou fi ce n'eftoit point
vne efpece moyenne & baftarde entre celle de l'Homme & celle du
Singe.

Soit donc qu'à leur aduis ce ne fuffent pas des Creatures femblables à
eux, ils penfoient aller feulement à
la chaffe, & s'adonner à vn exercice
honnefte, quand ils leur faifoient la
guerre : Soit qu'ils prefuppofaffent
que ce fuffent veritablement des
hommes, quoy que non bien parfaits & bien acheuez (outre que la
Philofophie Sainte & profane font
d'accord, que le Sage eft maiftre
naturel de celuy qui ne l'eft pas) ils
s'imaginoient que le droit de l'humanité exigeoit d'eux les aydes &
les fecours qui fe doiuent aux perfonnes qui en manquent, & qu'ils
feroient eux-mefmes barbares, s'ils

n'auoient pitié de ceux qui l'eſtoiẽt,
& ne leur oſtoient la vicieuſe liberté, qui les entretenoit dans leurs
brutales inclinations, au deshon-
neur de la commune Nature.

Ils croyoient vſer de charité en
leur endroit, de les aſſujettir à leur
Empire; veu que par la victoire ils
poliſſoiẽt la rudeſſe de leurs mœurs:
ils leur enſeignoient la vertu, dont
ils n'auoient point de connoiſſance,
& leur donnoient de bonnes Loix
en la place de leurs mauuaiſes cou-
ſtumes. Ainſi aux vns ils ont apporté l'inuention des Arts, & monſtré
l'vſage de l'Agriculture: ils ont tiré
les autres des Cauernes, pour les
mettre dans les Villes: A quelques-
vns ils ont impoſé pour tribut de ne
ſacrifier plus leurs enfans : Ils ont
obligé quelques autres de s'abſtenir
de chair humaine, & de reſpecter le

lict de leurs meres & de leurs sœurs,
leur apprenant en mesme temps à se
seruir des viandes innocentes, & des
voluptez permises.

Que si ce changement ne se pouuoit entierement faire par les voyes
de la douceur, & si la tyrannie de
l'habitude estoit telle, qu'il fal-
lust contraindre de deuenir heureux des gens qui estoient accou-
stumez à la misere. Ils disoient
que tous les grands exemples ont en
soy quelque chose d'inique, qui ne
se doit pas considerer dans le bien
vniuersel ; que ny la tromperie ne
peut estre appellée mauuaise, lors
qu'elle est vtile à celuy qui est trompé, ny la violéce non plus, lors qu'elle tourne au profit & à l'aduantage
de celuy qu'on force. Que comme il
y a des choses qui passent la raison,
qui ne sont pas pour cela déraison-
nables,

nables, principalement en matiere
de Religion; qu'aussi tout ce qui est
au dessus de la Iustice n'est pas pour
cela iniuste, & particulierement en
fait d'Estate. Qu'au pis aller, quand
leur entreprise trainneroit apres soy
la perte de la plus part des vaincus, qu'à tout le moins les enfans de
ceux cy recourroiet l'effet de la bône
intention des Victorieux, qu'ils sel
roient enburgis dans la crainte des
Dieux & sous la reuerence des Loix,
& iouyrroient du droict qu'on auoit
presenté à leurs Peres.

C'estoient à peu pres les raisons
sur lesquelles les Grecs se pouuoient
fonder en leurs conquestes. Du proce-
cedé des Romains nous en auons
desia touché quelque chose. Mais
quoy que tous eussent pour fin principale la grandeur de leur Empire,
ils n'estoient pas pourtant tousiours

Z

si aueugles d'auarice, ny si attachez
à leurs interests, qu'au trauers de l'vti-
tile ils ne vissét la beauté de la vraye
gloire ; qu'ils ne fussent tentez de la
passion qui possede aujourd'huy le
Roy, & qu'ils ne prissét quelque fois
les armes pour la liberté des autres.

Se peut-il imaginer vn Decret
plus genereux, & plus necessaire d'e-
stre renouuellé en cette saison, que
celuy qui fust donné par les Atho-
niens à l'instance de l'Orateur De-
mosthene. En voicy la substance en
peu de mots. *Lors que le Roy Philip-*
pe attaquoit des places , sur lesquelles il
auoit quelque droit, le peuple d'Athenes
ne pensoit pas estre obligé d'interuenir en
cette occasion , ny de se mesler d'vne af-
faire qui ne le regardoit point: mais main-
tenant que la Grece est elle mesme atta-
quée, il estime chose indigne de la gloire
de ses predecesseurs , de voir autour de

foy des Villes Grecques qui ne foient
pas libres. Pour cet effet le Conseil & le
Peuple d'Athenes ont jugé à propos de
faire des sacrifices aux Dieux, & aux
Heros tutelaires de la Ville & de la Cô-
trée, & animez par la generosité de
leurs Ancestres, à qui la commune liberté a toufiours esté plus chere que le
bien particulier de leur pays, ont ordon-
né qu'l'on mettra deux cens vaisseaux
en Mer, que l'Admiral fera voile vers
les Termopyles, & le General de Terre
ferme conduira la Caualerie & l'Infan-
terie vers Eleufine. Que de plus on de-
peschera des Ambassadeurs vers les autres Communautés de Grece, pour les
fortifier au dessein qu'elles doiuent auoir
de se maintenir en leur liberté, pour les
exhorter de ne se point effrayer des me-
naces de l'Ennemy, & les asseurer que
les Atheniens font resolus de secourir
d'hommes, d'argent, d'armes, & de

Z ij

munitions tous ceux que Philippe vou-
dra opprimer.

Apres vne lõgue reuolution d'années, vn autre Philippe, ayant eu le
mefme deffein que celuy-là (tant ce
nom est fatal à la Liberté publique)
les Romains luy declarerent la guerre, & apres l'auoir vaincu, la feste
des jeux Isthmiens furuenant d'auanture en ce temps-là, & fe celebrant
à Corinthe, où il abordoit vn nombre infiny de peuple pour y affifter,
ils firet proclamer en plein Theatre
ce qui s'enfuit, *Le Senat Romain, &*
le General Flaminius, ayant mis les
Macedoniens & le Roy Philippe en leur
deuoir, declarent que leur intention est,
que toute la Grece viue à l'aduenir fe-
lon fes Loix; & entendent particuliere-
ment que les Corinthiens, Phociens, Lo-
criens, ceux de l'Ifle Euboée, les Ma-
gnetes, Perrhebes, & les Achaiens de

Plus, iouissent de mesme exemptions,
droits & priuileges dont ils iouissoient
auant que Philippe se fust emparé de leur
entrées; & bien que leur seigneurie leur
eust esté bien que quelques-vns, pour
obscurcir le different de cette action,
veuillent dire que la Liberté dont
ils faisoient present aux Grecs, estoit
plustost vne liberté apparente &
contrefaite, que solide ny véritable;
Neanmoins c'estoit toussiours beaucoup faire d'entreprendre la guerre
à ses despens pour amender la condition de ceux qui ne leur estoient
rien : C'estoit les obliger extréme-
ment de les tirer de la seruitude,
quoy que d'ailleurs ils les laissassent
en quelque sorte de dependance enuers leurs Liberateurs : & ce n'estoit
pas les traiter mal, de les soulager
d'vn faix qui les accabloit, en leur
donnant vne moindre charge à

Les Romains ne prenoient donc pas tout pour eux. Leur ambition auoit quelques regles & quelques limites; & bien que leur esprit & leurs desirs fussent vastes , ils n'estoient pas pourtant infinis. Quand Scipion le Censeur fist la ceremonie du Lustre expiré, & que le Greffier vouluft reciter la priere accoustumée , par ,, laquelle les Dieux estoiét suppliez ,, de rendre la fortune du peuple Ro-,, main meilleure & plus puissante ,, qu'elle n'estoit. Elle est assez bon-,, ne & assez puissante , répondit-il, ,, Ie les prie seulement qu'il leur plai-,, se de la nous continuer : Et ordon-,, na sur le champ que dans les actes publics on corrigeast ainsi les termes de la priere, qui depuis ne fut plus recitée autremét. De sorte qu'il s'est trouué de la moderation & de la retenuë dás les cœurs les plus am-

bitieux & les plus auares. Les Grecs
& les Romains portoient pour le
moins du respect à la Vertu. Ils ne se
mocquoient pas ouuertement du
Droit & de l'Equité, & faisoiét profession de ne prédre les armes qu'en
ces trois cas, ou pour se venger des
iniures receuës, ou pour se garantir
de l'oppression, ou pour donner des
Loix à ceux qui n'en auoient point;
n'approuuant par consequent que
les guerres ou justes, ou necessaires,
ou honnestes.

ARGVMENT.

Les Espagnols ne peuuent alleguer les raisons des
Grecs ny des Romains pour iustifier leurs conquestes,
leur ambition & leur audace manquent de pretextes
Aueu de leurs bonnes qualitez; de la noblesse de leur
ame; de la force de leur courage; de l'amour qu'ils por-
tent à leur patrie; de l'affection qu'ils ont au seruice de
leur Prince, de leur abstinence & de leur sobrieté. En
reuenche leur orgueil est insupportable, & le mespris
qu'ils font de toutes les nations. Leur procedé quand ils

Z iiij

se meslent, des querelles de leurs voisins, leur opiniastre-
re à bien esperer, à s'obstiner contre les mauuais succez
particulierement dans les occurentes d'Italie dont il
s'agit maintenant.

CHAPITRE XXIX.

V'y a-t'il de semblable, ô
Dieu immortel, en l'estat
present des affaires de l'Europe? Qu'y a-t'il en la cause des Côquerás de ce siecle qu'vn bon Payen
puisse soustenir, & qu'vn vray Fidele ose excuser? Ie vóy bien qu'il faut
pour la seconde fois attaquer la Tyrannie; qu'il faut la poursuiure iusques dans le lieu de sa retraite, iusques dans le cœur de ses subjets, &
vóir si la nation est plus innocente
que le conseil: Les Allemans sont-
ils aux Espagnols ce que les Perses
estoient aux Grecs? Ont-ils couru
depuis peu la Galice, ou l'Arragon?
Ont-ils pillé les Eglises de Madrid?

entre la demande des Eschanges de
Castille. De plus, que droit ont les
Castillans sur le Montferrat? Pren-
nent-ils les peuples qui habitent la
riue du Pau pour des Sauuages? Veu-
lent-ils ciuiliser les Italiens, qui tiennent école de gentillesse & de galan-
térie, & chez lesquels il y a long-
temps que toutes les nouueautez de
deçà sont vieilles?

Ils ne peuuent se seruir de ces pretextes, ny employer les couleurs des
Grecs, pour couurir leur ambition,
& la teindre de quelque apparence
de vertu. Il n'y a que le desir d'estre
maistres chez autruy, qui les oblige
de sortir de leur maison, & cette
mal-heureuse fantaisie de Monarchie, qu'on leur a mise dans la teste,
qui les fait entreprendre dessein sur
dessein, & courir au moindre bruit
qu'ils entendét. Au milieu de la paix

ils ont l'esprit armé, & la volonté se-
ditieuse, & lors qu'on pense qu'ils se
reposent, ils estudient les moyens de
remuer. Les raisós d'Estat les tourmé-
tent iour & nuict. Ils ne font mai-
gres ny malades que de cela, & leur
iauniste perpetuelle est le signe exte-
rieur, & vne impression violente de
la conuoitise de regner qui les brusle
& les consume au dedans. Gonzalue
de Cordouë, & le Duc d'Albe sont
bié morts, mais leurs cóseils & leurs
enseignemens viuent encore : Ils
dressent encore des embusches à la
franchise & à la credulité: Ils oppri-
ment encore les Princes : Ils font encore la guerre à la liberté des Peuples. Les enfans ne degenerent point
de leurs Peres. Ils sont aussi subtils
Interpretes de leurs Traitez: Ils sont
aussi peu scrupuleux en l'obseruatió
de la Foy publique : Ils vsent de la

Religion de la mesme sorte qu'ils en
ont vsé : Ils jurent aussi hardiment
sur les Euangiles & sur les Autels
tout ce qu'ils ont resolu de ne pas
tenir.

Il faut pourtant rendre vn entier
témoignage à la verité, & estre equitable, voire mesme à l'injustice. Ce
n'est pas vn peuple qui vaille peu. Il
est recommandable pour beaucoup
de bonnes qualitez, & ses vices mesmes sont specieux & ont de l'éclat.
L'oysiueté, qu'on punissoit à Athenes, est honnorée en Espagne, qui
demeure deserte en plusieurs endroits à faute de mains qui la veuillent cultiuer. En ce pays-là les Artisans ont honte de leur mestier. Ils
l'exercent en cachette, comme vne
chose deffenduë, & paroissent en
public l'épée au costé. Ils s'estiment
tous Gentils-hommes ; Ils parlent

tous en courtisans & en Conseillers
d'Estat ; le moindre Bourgeois a les
mesmes pensées que le Connestable
de Castille.

Iamais ils ne se plaignent de la
misere de leur condition, à cause
qu'ils croyent tous auoir part à la
grandeur de leur Maistre. Il n'y en a
point qui se tienne pauure quand il
songe aux mines des Indes, & qui
ne cherche dãs la felicité publique,
le contentement qu'il ne peut pas
trouuer dans sa fortune particuliere.
Pleust à Dieu que nous fussions aussi
bons François qu'ils sont bons Espagnols, & que nous aimassions nostre
Patrie auec autant de passion qu'ils
aiment la leur. Ne vous imaginez
pas que comme nous ils décrient
les affaires de leur Prince, & publiët
des nouuelles qui ne sont pas fauorables à leur Party. Au contraire, s'il

leur arriue le moindre bon succez,
ils l'augmentent, ils l'amplifient, ils
le font imprimer en toutes les langues. Et s'il leur suruient quelque
notable perte, ils l'excusent, ils le dimi-
nuent, ils le deguisent, ils le cou-
urent de leur silence, & le cachent
sous leur bonne mine. Vous voyez
qu'ils font des triomphes de la prise d'vne bicoque, & ne paroissent
point affligez de la perte de leurs
Flotes & de leurs Armées. Comme
ils sçauent donner reputation aux
petites choses, & faire valoir les me-
diocres prosperitez, ils sçauent aussi
témoigner de l'Indifference dans
leurs plus grandes douleurs, & supporter fierement & auec dédain les
plus cruels outrages de la Fortune.

Leur fidelité ne commence pas
d'aujourd'huy à estre connuë. Elle a
esté loüée par le témoignage de

l'Antiquité, & on a écrit d'eux, que
les tourmens n'eſtoient pas capables
de leur arracher de la bouche le ſecret de leurs maiſtres & de leurs a-
mis. Cet eſclaue eſt aſſez celebre, qui
apres auoir vengé ſon bien-facteur,
ſe miſt à rire lors qu'on l'euſt appli-
qué à la queſtion, & par vne joye
tranquille ſe mocqua des bourreaux,
& de toutes les inuétiõs de la cruauté. Mais quelle reputation ſçauroit
égaler la vertu de Flexio, & quelle
mention ſi honorable en peut faire
l'Hiſtoire, qui ne ſoit au deſſous de
ſon merite? Le Roy Sanchés, à qui
ſon frere Alphonſé faiſoit la guerre
l'auoit mis dans Conimbre pour la
deffendre. Ce fidele ſeruiteur, apres
s'eſtre nourry long-temps de cuir &
d'vrine, & auoir ſupporté conſtam-
ment toutes les incommoditez du
ſiege, ne vouluſt iamais ſe rendre,

ny mettre la ville en la puiſſāce d'Al-
phonſe, quoy que ſon frere Sanchés
fuſt mort. Il ne ſe fia poinbà tout ce
qu'on luy pût dire là deſſus, & con-
tinua en cette vertueuſe increduli-
té, iuſqu'à ce qu'il luy fuſt permis
d'aller à Tolede, où auoit eſté enter-
ré ſon maiſtre, le tombeau duquel
luy ayant eſté ouuert, il luy miſt les
clefs de la place entre les mains.

Pobr leur abſtinence, & leur ſo-
brieté, elles ne ſont pas croyables.
Toute herbe leur ſert de viandes,
tout ſuc leur y ſert lieu d'huile, toute
liqueur leur eſt vin. Auſſi ne voit-on
gueres parmy eux de perſonnes pe-
ſantes & materielles. En vn Suiſſe il
y auroit dequoy faire trois Eſpagnols. Leur ame ne nage point dans
le ſang, & n'eſt point ſuffoqué par
la chair & par la greſſe de leur corps.
Il ſe contentent touſiours d'vne fort

legere nourriture. Du temps de Pline, leurs plus delicieux entremets
estoient des glands rostis dans les
cendres. Maintenãt auec vne raue,
ou vn bouquet de fenouil ils sont
deux fois vingt quatre heures en faction. Ils meurent de faim, & commandent à ceux qui font bonne
chere. ...... vul

Voila certes qui merite d'estre
estimé. Mais quel moyen de supporter cet orgueil, auec lequel ils
viennent au monde? ce second pé-
ché originel, dans lequel ils font cõ-
ceus, cette proprieté essentielle par
laquelle ils sont Espagnols, comme
hommes par la raison. Ils condam-
nent generalement tout ce qui n'est
pas de leur pays; Ils ne croyent pas
que hors de là il y ait rien de beau,
de vaillant, ny de Catholique. Ils
regardent les autres Peuples auec

que

que pitié ; Et bien que l'Espagne
soit mere de peu d'enfans, & qu'elle adopte des Vvalons, des Allemans, & des Italiens, dont elle remplit d'ordinaire ses Armées ; Neantmoins ils ne laissent pas de mespri-
ser ces Nations, par lesquelles ils sont
redoutables, & de nommer Veilla-
ques ceux qui les font vaincre & do-
miner. N'y a-t'il pas plaisir de leur
ouyr dire quelquefois, que leur Armée est de trente mille hommes, &
de cinq mille soldats, c'est à dire de
trente mille Estrangers & de cinq
mille Espagnols, & de voir renouueller à ces Glorieux la vanité des
Princes Romains, qui faisoient aussi
difference entre leurs Confederez,
& leurs soldats, & ne communi-
quoient point cette derniere qualité aux Auxiliaires, qu'ils menoient à
la guerre auec eux ?

A a

Ils font certes plus veritablement
que n'eſtoient les Romains, les Bri-
gans de toutes les Terres, & les Pyrates de toutes les Mers. Leur ambition ne s'eſt pas contentée de la poſ-
feſſion des choſes viſibles : Elle a
eſté chercher vn monde inconnu;
elle a quaſi penetré iuſqu'à vne nouuelle Nature : Et s'ils eſtoient aſſeu-
rez que ces grandes taches, qui paroiſſent dans le corps de la Lune,
fuſſent des Prouinces & des Royaumes, comme l'a voulu perſuader
Galilée, ils voudroient trouuer vn
chemin pour y aller. Mais moc-
quõs-nous de l'extrauagãce de leurs
deſſeins, quand ils ne ſont qu'extra-
uagáns & ridicules. Ne parlons pas
meſmes des affaires éloignées, encore que la Iuſtice vniuerſelle s'eſté-
de par tout, & lie tous les hommes
enſemble. Laiſſons l'intereſt de la

commune humanité, pour prendre
le noſtre particulier. Plaignons nous
des maux de l'Europe, & ne nous
amuſons pas à raconter l'Hiſtoire
des Indes.

Les Roys, ce ſemble, leur font
tort d'eſtre Souuerains, & les E-
ſtats populaires les offenſent d'e-
ſtre libres. Tant qu'ils auront vn
voiſin, ils ne manqueront iamais
de querelle. De gré ou de force
il faut qu'ils entrent en toutes les
affaires des Princes. Eſtant venus
comme Arbitres ils ſe portent incontinent pour Ennemis. Ils changent les offices qu'ils promettoient
en de mauuais droits qu'ils alleguent, & de fauſſes debtes qu'ils
demandent, & ſi deux Concurrens
pretendent à vne meſme choſe, le
temperament qu'ils trouuent pour
les contenter, eſt de la prendre pour

eux. De cette forte ils accommodent
les differents, & mettent les parties
hors d'intereft. Ils ont joüé de ces
jeux en Allemagne ; ils voudroient
les continuer en Italie ; ils ont de l'e-
ftoffe toute prefte pour trauailler encore ailleurs, & quoy que leurs entreprifes aillent quelquefois affez
lentement, & que les fuccez ne fui-
uent pas de prés les refolutions, on
void toufiours neantmoins en eux
vne eftrange obftination à bien ef-
perer. Ils ne font plus deuant Cazal,
mais fi ie ne me trompe, ils ne de-
meureront gueres à y reuenir. Ils ne
fe rebutent ny par les longueurs, ny
par les difficultez des chofes : Ce
qu'ils n'ont pû faire aujourd'huy, ils
s'imaginent qu'ils le feront demain:
S'ils fe font abufez au terme, ils
croyent eftre affeurez de l'euenement. Defia ils deliberent de l'ordre

qu'il faudra establir aux affaires de la
paix, apres la victoire : Defia ils de-
ftinent des Gouuerneurs pour les
places qu'ils n'affiegeront que l'année prochaine, & penfent fi infolé-
ment de l'auenir, que peu s'en faut
qu'ils n'affiegent leurs creanciers fur
la prife de Venife. Et certainement
fi Dieu n'auoit mis en ce Royaume
des barrieres à la violence, & vne
franchife à la foiblefle; Si la France
n'eftoit le commun pays des Eftrangers affligez, & fi nos armes n'eftoiét
les armes deffenfiues de la Chreftié-
té, ie ne doute point qu'ils n'ache-
uaffent toft ou tard les conqueftes
qu'ils ont commençées, & n'empor-
taffent à la fin l'entiere couronne
d'Italie, à laquelle ils ont donné tant
d'atteintes.

Exhortation à l'Italie de se preparer à receuoir son Liberateur. Le successeur vray & legitime de ceux qui ont chastié ses Tyrans ; qui l'ont affranchie de la domination des Lombards ; qui ont remis les souuerains Pontifes en leur Siege. Il la peut guerir, pourueu qu'elle s'ayde vn peu, & qu'elle ayt le courage de se seruir de ses remedes. Considerations tant de necessité que d'honneur, qui la doiuent obliger à ne pas perdre l'occasion que le Prince luy presente, & à preferer la guerre à la seruitude. La Seigneurie de Venise donnera l'exemple de bien faire aux autres Estats, & agira auec autant de force que de prudence. Le Saint Pere ne sera pas contraire à la bonne cause, & fauorisera ce que le Prince veut executer. Pour les autres Souuerains, ils ne doiuent point marchander à se declarer. Il faut que tout le monde se rallie contre le commun ennemy ; qu'en vne si pressante necessité les Catholiques ne fassent point de scrupule de se ioindre aux Protestans. Ils le peuuent faire en saine conscience.

CHAPITRE XXX.

Outesfois que les Italiens se rasseurent, s'ils sont effrayez. Qu'ils conçoiuent vne ferme esperance du iour de leur

salut qui s'approche : Qu'ils se preparent à receuoir la bonne fortune
qui les va trouuer. Il y a encore de la
race de ceux qui ont chastié leurs
Tyrans ; De ceux qui ont nettoyé
leurs Prouinces des diuerses pestes
qui les affligeoient ; De ceux qui ont
ruiné l'Empire des Lôbards en Italie, & remis les Souuerains Pontifes
en leur Siege. Le Successeur de Charles le Grand est en vie, qui ne demâ-
de que leur consentement pour leur
oster le joug de dessus la teste : qui
tend la main aux Potentats qui sont
tombez de leur Throsne, qui se sent
offencé en quelque lieu qu'on offen-
se la Iustice, & porte ses soins & ses
pensées par tout où il y a des gens de
bien qui souffrent, & des foibles qui
gemissent.

Mais qu'ils considerent aussi, s'il
leur plaist, que tout seul il ne peut

pas faire toutes chofes, & qu'en vain
il a la puiffance de les guerir, s'ils n'ōt
pas le courage de fe feruir de fes remedes, & s'ils cheriffent leur maladie. Dieu qui nous a faits fans nous,
ne nous fauue pas fans nous. Il veut
que nous contribuions de noftre
part à noftre falut , & que nous
foyons cooperateurs auecque luy : Il
veut que nous trauaillions à fon ouurage, & que nous foyons les Arti-
fans de la befongne dont il eft l'Entrepreneur.

A quoy fongent donc aujourd'huy
les Speculatifs au pays de Machia-
uel, & de Tacite ? Que pretendent
de deuenir les Princes & les Peuples
qui nous veulent regarder faire les
bras croifez? Si on ne tient ce qu'on
a promis , penfent-ils eftre fpecta-
teurs oififs & immobiles d'vne
action dont le fuccez leur eft com-

mun par vne conſequence ineuita-
rable ? Croyent-ils que cette affaire leur ſoit indifferente, parce que
les premieres peines & les premiers
dãgers en ſemblent particulieremét
appartenir à Monſieur de Mãtoüë?
Ne craignent-ils point que la conta-
gion du mal paſſe iuſqu'à eux, & que
la ruine des autres attire la leur ? Ne
ſçauent-ils pas que nous receuons
tous les coups qu'on donne à noſtre
Patrie, & que toutes ſes bleſſures
ſont noſtres ? Qu'on nous deſarme
en dépoüillant nos Alliez, & qu'on
affoiblit nos Villes en prenant celles
de nos Voiſins ? Quel fatal & miſerable aſſoupiſſement eſt celuy-là?
N'ont-ils point d'yeux pour voir les
flambeaux qui viennent de bruſler
l'Allemagne ? le bruit qu'à fait la
cheute du Palatin n'eſt-il point capable de les éueiller ? Dira-t'on des

Italiens ce qu'on disoit des Peuples
d'Asie, que pour hommes libres ils
ne valoient rien, mais que c'e-
stoient d'excellés Esclaues, & qu'ils
supportoient vne Tyrannie insupportable, à faute de ne sçauoir pas
dire NON, & de ne pouuoir pro-
noncer fermement cette syllabe.

A cause qu'ils ne sont pas encore
opprimez, & qu'on les reserue pour
le dernier acte de la Tragedie, ils
croyent estre en seureté; A cause que
le venin ne leur a pas encore gagné
le cœur, & que la mort ne les presse
pas, ils s'imaginent qu'ils se portent
bien; Et pource que l'Espagnol n'est
pas encore deuant leurs Villes auecque ses troupes, ils jurent qu'il ne
songe pas à eux. Et neantmoins si
quelqu'vn de leurs Citoyens faisoit
prouision d'vne grande quantité de
pierres, de beaucoup de bois, de

chaux, de fable, & d'autres femblables materiaux, & qu'à mémetemps
il dreſlaſt vne place en vne belle aſ-
fiette pour les employer, ils diroient
fans doute qu'il baſtit, & qu'il edi-
fie vn Palais, quoy qu'ils ne viſſent
point les fondemens poſez, ny les
murailles éleuées. Pourquoy donc
ne diront-ils pas que l'Eſpagnol, qui
amaſſe ſes preparatifs de ſi longue
main pour les attaquer, j'entens ſes
meilleurs & plus chers amis, leur
fait la guerre dés à preſent, combien
qu'il ne les ait point encore aſſiegez,
& qu'il ne leur ait pas liuré bataille?
Pourquoy ne ſe mettront-ils de bóne heure en eſtat de ſe deffendre, veu
que s'ils ſouffrent qu'il conduiſe ſon
œuure iuſques au faiſte, il ne ſera
plus en leur puiſſáce de s'y oppoſer?

Puis que toutes ſes paix ſont trom-
peuſes & déguiſées, puiſque ſon a-

mitié eſt ſuperbe & violente ; puiſque ſes complimens ne prient pas,
mais qu'ils commandent & qu'ils
contraignent ; puis qu'il eſt impoſſible de viure auec luy en bonne intelligence & en liberté, il faut de neceſſité qu'ils choiſiſſét de deux choſes l'vne, ou d'eſtre ſes Subjets, ou
d'eſtre ſes Ennemis, & qu'ils regardent lequel ils aiment le mieux, ou
de la ſeruitude, ou de la guerre.

Les choſes ne ſont pas tellement
alterées en leur pays, que la Nature
n'y ait conſerué quelque reſte de bône ſemence. Elle peut encore ſuſci-
ter des ames fortes & courageuſes
de cét ancien principe de valeur, qui
n'eſt pas eſteint, & démeſler quelques gouttes de ſang purement Romain & Italien d'auecque la maſſe
corrompuë. Il n'eſt pas que quelquefois ils ne ſe ſouiennent qu'ils

font les enfans des Seigneurs de l'V-
niuers, & que leurs peres ont triomphé particulierement de l'Espagne.
Il n'est pas qu'y ayant encore parmy
eux tant de Cesars, de Pompées, de
Scipions, & de Camilles, ils n'ayent
honte de porter ces grands noms, &
d'obeyr cependant à vn Dom Fer-
rand, ou à vn Dom Pedre.

Il est certes bien honteux que de
toutes les deliberations de Naples &
de Milan il faille attendre la resolution de Madrid, & que les Italiens
demeurent tousiours au plus bas
estage de la Seruitude, où les valets
sans voir iamais le visage de leur
Maistre obeissent à d'autres valets?
Il est bien honteux qu'ils employent
à flater les Tyrans l'eloquence dont
ils se deuroient seruir à exciter les
Peuples au recouurement de leur liberté? Il est bien honteux qu'ils ne

foient habiles ny vaillans que pour
autruy, & que leur efprit & leur courage ne trauaillent que pour affer-
mir la Dominatiõ qui les opprime.
S'ils font de bonnes actions en Allemagne & aux Pays bas; S'ils reuien-
nét de la guerre chargez de dépoüil-
les, & pleins de reputation, c'eſt la
gloire des Eſpagnols & non pas la
leur. Par là ils n'acquierent point des
Subjets, mais des compagnõs de feruitude; Ils ne font pas meilleure la
fortune de leur pays , mais ils rendent la puiſſance de l'Eſtranger plus
redoutable; leurs chaiſnes deuiennent plus luiſantes & plus fortes, &
non pas plus laſches ny plus legeres.
l'eſpere qu'ils feront quelque refle-
ction là deſſus, & que ie n'auray pas
perdu tout ce que i'ay dit. Peut-eſtre
que la vertu que l'on croit morte
n'eſt qu'endormie; peut-eſtre que les

malades se remettront, & que le
cœur reuiendra aux euanoüys.

La Seigneurie de Venise)ettera
sans doute les yeux sur le Decret de
celle d'Athenes, qui n'estoit pas ap-
puyée par vn Roy de France, quand
elle declara la guerre au Roy Philippe. Elle donnera de la pointe à sa
prudence, & armera les bons conseils, de peur que la fureur ne soit
plus forte que la raison. Elle accom-
pagnera plus que jamais de courage
& de generosité cette excellente sagesse, dont elle fait des leçons à toute l'Europe. Elle considerera, qu'estát
née & ayant crû dans le giron de la
Liberté, & se disát Reyne de la Mer,
il seroit bien vilain que sur sa vieillesse elle changeât de condition, &
qu'en Terre ferme elle quittast son
Sceptre & son Diadéme. Elle se re-
presentera que son incomparable

demeure, qui séble eſtre pluſtoſt vn
miracle & vn exéple de la puiſſance diuine, qu'vn ouurage de la main
des hommes; Son ſomptueux Arce-
nal, ſon ſuperbe port, & ſes magnifiques Baſtimés ne ſont pas des fruits
de la peur & de la pareſſe de ſes Anceſtres; mais des effets de leurs trauaux, de leurs ſueurs, & de leur conſtance; & que toutes ces Illuſtres
marques ne peuuent eſtre conſer-
uées, que par les moyens qu'elles ont
eſté acquiſes.

Le Saint Pere a l'ame trop noble
& trop releuee pour rien faire de bas
en cette occaſion. La parfaite connoiſſance des choſes diuines & humaines que les rebelles meſmes de
l'Egliſe admirent en luy; le commerce qu'il a auec les anciens Romains, dont les écrits ne reſpirent
que liberté & amour de la Patrie; le
ſejour

sejour qu'il a fait en France, où il a
eu de tres-particulieres Côferences
auec le Roy Henry le Grand, & est
entré bien auant dans son esprit &
dans ses pensées : Finalement, cette
mine digne de l'Empire, qui monstre ie ne sçay quoy de plus qu'humain, & ce visage qui iette des
rayons de Majesté sur tous ceux qui
le regardent, ne signifient rien de timide, ny de foible, & ne nous peuuent donner que de bons presages
& de belles esperances. Il prendra la
peine de se remettre en memoire
que sa dignité a esté plus respectée
par Attila que par Charles, & que la
seule presence de Leon desarmé ar-
resta le Fleau de Dieu, & le chasin
d'Italie, là où ce Prince deuot & religieux, apres trois Traitez de Paix
dont il endormit Clement septiesme, le retint prisonnier contre tout

B b

droit diuin & humain , & faccagea
Rome par les mains des Heretiques.
Il verra dans l'Histoire de ses Predecesseurs, que pour vn moindre danger que celuy qui le menace, ils ont
fait autrefois vne guerre sainte contre Mainfroy, cõme contre le Sultan,
& qu'vne autrefois ils ont lasché la
Croisade contre les Colonnes, de la
mesme sorte que cõtre les Infideles.

Mais s'il veut estre meilleur mesnager de ses foudres, & vser plus moderément de sa puissance : Si pour
certains respects il ne peut embraf-
fer ouuertement la cause commune, ny assister de ses Armes les Princes interessez, ie m'asseure pour le
moins qu'il les fauorisera de son inclination, de ses vœux, & de ses souhaits, & qu'il benira leurs affaires se-
cretement. Et puis que nous auons
opinion qu'vn amy ou vn maistre

qui nous voit joüer, encore qu'il ne
die mot, & qu'il ne parle point sur le
jeu, ne laisse pas de nous ayder, & de
porter mal-heur à nostre Aduersai-
re, Ils s'enhardiront ainsi en quelque
façon de la bonne volonté du Pape,
quoy que nõ publique ny declarée,
& prendront courage des signes
qu'il leur fera, s'ils ne peuuent se preualoir de ses forces.

Pour les autres Princes inferieurs,
dont le repos n'est pas fondé sur la
Sainteté de la Religion, & qui comme luy ne peuuent pas commander
au Monde dans vne Chaire, Il est
necessaire qu'ils se remuent tout de
bon pour le recouurement, ou pour
la conseruation de leurs Couronnes,
& qu'ils entrent dans le dessein qu'a
le Roy de les restablir s'ils sont de-
possedez, ou de les maintenir si on
les menace. Il est necessaire qu'on

leur crie à haute voix, que la Liberté
ne se deffend point par la crainte, &
qu'on ne repousse pas la violéce auec
la mollesse. Il est besoin qu'en cette
occasion l'Italie, l'Allemagne, &
l'Angleterre, les Catholiques, les
Protestans & les Arminiens se r'al-
lient contre leur commun Ennemy,
contre celuy qui n'attaque point les
Heretiques par zele de Religion,
mais par interest d'Estat, & qui ne
les veut point, comme Sainct Paul
les Infideles, mais qui veut les choses qui sont à eux.

Vn Stoïque & vn Epicurien, c'est
à dire deux hommes qui faisoient
profession d'vne Philosophie toute
contraire, & qui estoient de deux
Sectes ennemies s'accorderét quád
il fût question de deliurer leur Patrie de seruitude, mirent leurs opinions à part pour joindre ensemble

leurs interests. Vne perfonne qui fe
noye, fe prend indifferemment à
tout ce qu'elle rencontre, fuft-ce vne
épée nuë, ou vn fer ardent. La Neceffité diuife les freres, & vnit les
Efträgers; Elle accorde le Chreftien
auec le Turc contre le Chreftien; Elle excufe & iuftifie tout ce qu'elle
fait. La loy de Dieu n'a point abro-
gé les Loix naturelles. La conferua-
tion de foy-mefme eft le plus pref-
fant, finon le plus legitime de tous
les deuoirs. Dans vn extreme peril
on ne regarde pas de fi prés à la bien-
feance, & ce n'eft pas pecher que de
fe deffendre de la main gauche.

ARGVMENT.

On demeure d'accord du bon droit, & de la iuftice
de la caufe: Il faut voir la facilité des moyens, & de
la poffibilité du fuccés. La Tyrannie eft infupportable,
mais elle n'eft pas invincible. Il y a cinquante ans que

Bb iij

les Hollandois le monſtrent à toute l'Europe. C'eſt vn grand corps incommode & mal adroit ; qui ne ſe re- muë qu'auecque peine ; qui a ſes infirmitez & ſes playes. Il a vaincu les Allemans par eux-meſmes. Il a diuiſé l'Allemagne, laquelle ſera libre ſi toſt qu'elle ſe voudra reünir. Le Roy de Suede viendra au ſecours de ſes voiſins. Le Roy d'Angleterre aura pitié de ſon beau-frere & de ſes nepueux. Le Dieu des vengeances fera raiſon à l'innocence affligée ; eſcoutera la clameur des nations qu'on opprime ; ne ſouffrira plus qu'on ſe ſerue de ſon nom pour tromper le monde.

CHAPITRE XXXI.

LE ſcrupule de conſcience ne doit donc point ſeruir de pretexte à la laſcheté. Nos Princes ont du Droict & de la Iuſtice de reſte, & des forces meſmes ſuffiſamment, pourueu qu'ils ne má- quent point de reſolutió ny de cou- rage. Le Monſtre dont nous auons veu la figure, eſt veritablemét cruel & farouche, mais il n'eſt pas pourtát inuincible. Il a vn grand corps, mais ce corps eſt fait de parties coupées,

&tient plus par des attaches que par
des nerfs. Il a beaucoup de mêbres,
mais ils ne sont ny bien proportion-
nez ny bien joints. Les bras ne peuuent atteindre à la teste: l'estomach
est nud, quand les extremitez sont
couuertes; & s'il se remuë de quelque costé, il laisse tout le reste sans
mouuement. Ainsi la plus part du
temps il reçoit autant de coups qu'il
en donne. Il est aussi fameux par ses
pertes, que par ses victoires.

Regardez vne poignée de gens,
qui le braue & le bat ordinairemét,
& que Dieu luy a mis en teste pour
humilier son orgueil & son insolence. Regardez vn petit marais, qui
resiste à tous ses Royaumes, & à
toutes ses forces. Considerez vne
puissance qui flotte tousiours, & dépend en partie du vent & de la tempeste, qui tient bonne antmoins có-

tré sa formidable Monarchie. Ces
Pescheurs , qu'il méprisoit si fort
au commencement , ont mis
dans leurs filets ses Villes & ses Prouinces ; luy ont enleué des flottes &
des conquestes , & partagent presque tous les ans auecque luy le reuenu de ses Indes. Ne sont-ce pas les
choses foibles de ce Monde , que
Dieu a éleuës pour confondre les
fortes ? N'est-ce pas le grain de sable,
dont il bride la fureur de l'Ocean ?
Ne vous souuient-il pas de la petite pierre qui renuersa la grande
statuë ?

Apres quarante ans de guerre l'Espagnol est encore à recommencer
en ce pays-là. Tout ce qu'il y fait
n'est que de consommer ses hommes , de jetter ses millions dans la
Mer , & de s'efforcer à ne rien faire.
Les auantages mesmes dont il se va-

te, font des victoires fi cherement
achetées, qu'il euft efté ruiné s'il en
euft eu beaucoup de pareilles. Pour
fes pertes, elles ont efté notables &
ordinaires, & il en fentira quelques-
vnes encore long temps. On void à
la Haye vne grande Sale toute tapif-
fée de fes drapeaux, dans laquelle les
Eftats firent feftin au Marquis de
Spinola, quand de Capitaine General il deuint Ambaffadeur pour leur
demander la paix, & que le Confeil
Eternel reconnuft fes Subjets pour
Souuerains, & les enuoya flater,
apres les auoir menacez inutilemét.
Le Prince qui commande aujour-
d'huy à leurs Armées, pourra bien
tapiffer vne autre Sale de la mefme
forte, pourueu qu'il vieilliffe, & que
la guerre continuë. Il n'eft pas moins
fçauant en fon meftier que le feu
Prince Maurice fon frere: Il n'eft pas

moins amateur de la Liberté; Il n'eſt
pas meilleur amy de nos Conquerans, & ie penſe qu'il ne les traitera
pas auec plus de courtoiſie ny plus
de reſpect

Il eſt vray pourtant que les ſuccez
d'Allemagne leur hauſſent le cœur,
& que leurs affaires y paroiſſent fort
bien eſtablies. Mais ne nous eſton-
nons pas pour cela. Ce qui fait le plus
de rumeur, & qui a le plus de luſtre,
n'eſt pas touſiours le plus aſſeuré.
Encore y a-t'il dequoy leur donner
de la peine où ils péſent eſtre ſi bien
eſtablis. Et qui ne ſçait que ſi l'Allemagne qu'ils ont diuiſée, ſe veut
reünir, & ſi les Allemans ſe laſſent
de preſter leurs mains & leur ſang à
leur ennemy pour aſſeruir leur Patrie, tous les Trophées qu'il a erigez
chez eux, tomberont incontinent
en pieces, & vne proſperité de dix

ans reuiendra à rien. Souuent le Vaincu a mis en hazard le Victorieux, &
d'vn bout d'espée on a tué celuy à
qui on auoit demandé la vie. Des
commencemens formidables ont
eu souuent des fins ridicules ; & vne
puissance destinée à conquerir des
Royaumes, s'est venuë briser contre
vn peu de terre. Souuét ceux qui ont
fait la loy aux autres, ont esté les plus
proches du peril ; & le Peuple Souuerain de l'Vniuers dans vne guerre
dont la conclusion luy fut heureuse,
fut reduit à telle extremité de mal-
heur, qu'il ne luy restoit plus d'esperance qu'au Capitole assiegé, &
en Camille banny. L'oppression n'o-
ste point la vertu aux personnes libres ; elle irrite seulement leur courage, & aiguise la vaillance par la
douleur. Elle est cause quelquefois
d'vne plus grande & d'vne plus as-

feurée liberté, & fait qu'apres le recouurement des chofes perduës, on
conferue auec obftination ce qu'on
poffedoit auparauant auecque negligence.

Il ne faut pas toufiours eftre cre-
dule à fa premiere joye, ny fe fier à
l'apparéce des affaires. Il y a de mauuais gains, & des acquifitiós ruïneu-
fes. Et cóme vn Marchád qui auroit
chargé fon vaiffeau de quantité de
beftes fauuages pour les mener d'A-
frique en Europe, feroit mal affeuré
au milieu de fes richeffes , & pourroit fe perdre fur Mer encore qu'il
euft les vents fauorables; Il me femble de mefme que les Princes, apres
auoir gaigné des batailles, & vaincu
des Peuples, doiuent redouter leurs
propres conqueftes , & faire eftat
qu'il n'y a point de plus dangereux

ennemis que dés subjets qui obeyſ-
ſent par force. Les Allemans ſeront
libres toutes les fois qu'il leur plaira
de rompre leurs fers. La diuiſion ceſ-
ſant parmy eux, la puiſſance de l'Eſpagnol ceſſe en leur pays, & le meſme iour qu'ils s'accorderont, il en
ſera chaſſé.

I'ay ouy parler de plus d'vn Roy
de Suede, qui peut bien luy tailler
de la beſongne, & trauailler tres-vtilement, ſi on s'aduiſe de l'employer.
Son courage n'eſt pas vne audace
aueugle & precipitée, & ce n'eſt pas
vne vaillance de colere que la ſienne. Il ſçait faire la guerre auec ſcience, & ne laiſſe gueres de choſes à la
diſcretion de la Fortune. Il a les
mouuemens de l'ame fort éleuez,
mais il les a fort reguliers & fort iuſtes. Il a vn grand eſprit qui eſt conduit par vn jugement encore plus

grand. Il poſſede les Vertus neceſſaires, & ne manque pas des agreables.
Il meriteroit vn Royaume qui fuſt
plus voiſin du Soleil que n'eſt la Suede; & ſi Pyrrhus qui nomma les Romains Barbares , reuenoit aujour-
d'huy au Monde, il diroit aſſeurément, que jamais Grec ne fut plus
poly ny plus raiſonnable que ce Bar-
bare.

Le Roy d'Angleterre n'abandon-
nera pas auſſi vne Cauſe , dans laquelle, outre les raiſons d'Eſtat qui
luy ſont communes auecque nous,
ſon honneur & ſa conſcience l'en-
gagent encore plus particulieremét
que tout autre. Il aura pitié de ſa
ſœur, de ſon beau frere, & de ſes ne-
ueux, qui ne ſont plus que de triſtes
& déplorables exemples de l'inſta-
bilité des choſes du monde, & qu'on
va adjouſter aux Adraſtes, aux Poly-

nices, aux Hecubes & aux Antigo-
nes des Theatres. Maintenant qu'il
est déchargé de cet Importun, qui
trauersoit tous ses bons desseins, &
qui se joüoit si insolemment de son
Nom & de sa puissance en des ga-
lanteries pernicieuses à son Estat,
estant sage & genereux comme il
est, il prendra vne resolution digne de son bon sens & de son courage. Il épousera cette belle Reyne, que le Ciel luy a donnée pleine
d'esprit & d'intelligence, afin qu'en
vne mesme personne il pût trouuer
tout ensemble du contentement &
de l'ayde, & que celle qui possede
son amour, & qui est les delices de
ses yeux, participast aussi à ses conseils, & fust la Compagne de ses soins.
Il suiura ses premieres inclinations
& ses veritables interests. Il ne se dé-
partira pas legerement des ancien-

nes amitiez du feu Roy son pere , &
se ressouuenant des degousts qu'on
luy a donnez , & des niches qu'on
luy a faites en Espagne , il se remet-
tra bien auecque la France , de laquelle il a esté traitté auec toute sorte d'estime & d'affection.

La bonne cause sera encore forti-
fiée par d'autres appuis , & ne man-
quera point de suite, ny de partisans.
Outre qu'il est certain que le corps
dont on nous fait peur , a ses playes
& ses infirmitez qui le trauaillent, &
qui ne laissent pas d'estre dangereuses , quoy qu'elles soient couuertes
de quelque apparence de santé. Et
ne doutez pas que la guerre venant à
le taster , & à le presser de tous costez , elle ne trouue incontinent ce
qu'il a de foible & de douloureux en
ses membres , & que sous ce fard &
cette peinture de Grandeur qui pipe

le

le Monde, on ne découure des parties gastées, & des vlceres peut-estre
incurables.

Au pis aller, quand il seroit aussi
sain qu'il se monstre grand, & qu'il
semble fort: quand veritablement il
se seroit r'acquité de toutes ses pertes, qui luy a respondu de l'auenir?
S'il a prosperé depuis la mort du feu
Roy, c'est à cette heure à son tour
d'estre mal-heureux : S'il s'asseure de
la faueur de la Fortune, il se fie aux
caresses d'vne Courtisane. Il n'y a
point d'apparence, que celle qui fait
profession de legereté, deuienne
constante pour l'amour de luy: Mais
il y a certes bien apparence, que les
gemissemens des Nations qu'on opprime, la clameur des Innocés qu'on
persecute, l'affliction des Meres &
des Vefues desolées, les violemens,
les sacrileges, & les autres mauuai-
Cc h

ſes ſuites des mauuaiſes guerres
monteront iuſques au Throſne de
Dieu, & attireront ſa vengeance ſur
celuy qui eſt cauſe de tant de maux.
Il y a bien plus d'apparence que la
Iuſtice eternelle luy prepare le cha-
ſtiment qu'il merite, que non pas
que la Fortune, qui n'eſt qu'vne in-
fidele, luy garde ſa foy.

Si Dieu entend le cry des petits
corbeaux qui ſont au nid, n'écoute-
ra-t'il point ſes Enfans qui le ſollicitent, & luy demandét raiſon du tort
qu'on leur fait? Si la voix du ſang
d'Abel eſt paruenuë iuſques à luy, le
ſang d'vn nombre infiny de Chreſtiens ſera-t'il muet, & tombera-t'il
à terre ſás faire de bruit? Leurs plaintes, leurs imprecatiós, leurs dernieres
paroles ſeront-elles perduës? Serót-
ils morts pour la Iuſtice, ſans que la
Iuſtice recherche leur mort? Le Ven-
geur des parjures & de la Religion

violée souffrira-t'il tousiours qu'on
fasse de la Religion vn instrument
de Tyrannie, & qu'on se serue de son
nom pour tromper le Monde ? S'il
conte nos cheueux, n'aura-t'il point
d'egard à nos souspirs? ne recueilli-
ra-t'il point nos larmes? méprisera-
t'il nos prieres?

ARGVMENT.

L'enuoy que Dieu a faict du Roy en cette saison est
le plus euident signe que nous ayons de la prochaine deliurance de l'Europe. Il n'a pas fait naistre pour neant
vn si grand Prince. Il ne luy eust pas donné tant de
merite, s'il n'eust voulu donner vn Chef à la Cre-
stienté. Voicy donc le Capitaine general du bon party,
venu pour operer le salut de la France, de l'Italie, &
de l'Allemagne. Il est desia apres la seconde partie de
son vuurage, & destend des Alpes comme Pepin, &
non pas comme Hannibal, ses armes ne doiuent donner de ialousie à personne : elles ne combattent que pour
conseruer. Ce n'est point le Tyran, c'est le Prince. Veritables qualitez du Prince, qui sont estendues dans les
autres parties du discours, & recueillies icy dans la
conclusion. D'ou l'on peut apprendre combien le tiltre
de ce Liure est iuste, & que par le Prince l'Auteur a

entendu auec raifon la premiere perfonne de fon fiecle;
qui ayme mieux regner par le bon exemple, que par la
force, & auoir fur tous les hommes vne fuperioúté de
vertu, qu'vne fouuerainité de puiffance. Si cette per-
fonne-la eft vn autre que Louys trezieffme, il faut donner vn autre nom à ce Liure.

CHAPITRE XXXII.

NOn, non, affeurons-nous
que Dieu eft pour nous, &
que les miferes de la Chre-
ftiente le touchent. Nous en auons
vne marque, de la certitude de laquelle il n'eft pas permis de douter.
S'il n'auoit refolu de fecourir puif-
famment les fiens, il n'auroit pas
cnuoyé le Roy en cette faifon : S'il
n'auoit enuie de les faire vaincre, il
ne leur auroit pas prefenté vn fi braue Chef: S'il vouloit differer le terme de leur liberté, il auroit differé
fa naiffance. Certainement il a fait
naiftre cet excellent Prince pour le
bien des hommes, & pour la felicité

de son Siècle. Il l'a donné aux vœux
de la France, de l'Italie, & de l'Allemagne, qui l'ont demandé ; il ne l'a
pû refuser aux necessitez de son Peuple, qui en auroit besoin.

Le Capitaine general d'vne grande Ligue, qui auroit passé la meilleure partie de sa vie dans des Ca-
binets & dans des Iardins, & qui
n'auroit veu que des Ballets & des
Festes, pourroit estre vaincu par
la premiere mauuaise nouuelle ; &
l'esperance de ceux qui se repose-
roient sur sa capacité, auroit vn
fondement fort fragile & fort rui-
neux. Mais cettuy-cy est nay dans la
guerre & dans les Armées : Dés son
enfance il a veu des Sieges & des
Combats. La Necessité l'a endurcy
de bonne heure à la vertu ; & ce qui
donne de la peine aux autres, ne luy
donnant que de l'exercice, il n'est

rien de si haut ny de si difficile que
nous ne deuions attendre de sa valeur; il n'y a point d'esperances qu'il
ne doiue surmonter par les effets.

Ie le dis encore vne fois : Il ne tiét
qu'à luy qu'il ne conquere, & qu'il
ne dispute de l'Empire & de la domination auecque les Ambitieux.
Mais il ne veut point s'enrichir des
pertes publiques. Il ne veut pas estre
coupable de son bon-heur; Il ne desire pas vne qualité, qui seroit funeste à toute l'Europe. Qu'on ne pren-
ne point d'ombrage de ses desseins,
& que ses armes ne donnent de jalousie à personne. Il a consacré ses
mains à l'Eternel, & à la protectió de
la Iustice. Ses armes ne deffendent
que les bonnes Causes; Elles apportent le repos & la seureté aux Peuples, & leur doiuent estre en mesme
respect que les Boucliers, qui cheu-

rent du Ciel, le furent aux Romains qui les recueillirent.

Ce n'est point Hannibal qui descend des Alpes auec toutes les cruautez & toutes les perfidies de son pays, & apres vn serment solemnel de destruire l'Italie : C'est Pepin, c'est Charlemagne ; qui la veulent deliurer encore vne fois. Et si la fatale année que cet Africain commença sa guerre, vn enfant estant sorty du ventre de sa mere, rentra incontinent dedans, pour monstrer qu'il ne faisoit pas bon au Monde en vne si mauuaise saison, Maintenant qu'vn temps tout contraire à celuy-là se prepare, sans doute il y aura du plaisir d'habiter la Terre, & les Meres se doiuent resiouyr de leur fecondité, puis qu'elles sont asseurées d'esleuer des enfans qui seront plus heureux que leurs peres, & qui viuront

en liberté par le bien-fait de LOVIS
LE IVSTE. Il ne doit point estre
suspect aux Italiens; l'Italie ne le doit
point reputer pour Estranger; Il est
Italien du costé de la Reyne sa Mere, & par consequent interessé dans
les affaires presentes, non seulement
par honneur & par consideration
d'Estat, mais aussi par inclination, &
par pieté.

Et puis qu'on nous veut debiter
de faux Oracles, & des Propheties
supposées ; puis que la Pythie est
encore aujourd'huy menteuse en faueur de Philippe, pourquoy ne cher-
cherons nous aussi des Oracles de
nostre costé, & ne nous seruirons-
nous du témoignage des Sages, qui,
selon l'opinion de Platon, ne sont
jamais sans inspiration diuine? Pourquoy n'alleguerons-nous ce qu'écri-
uoit il y a plus de cent ans vn grand

personnage à Laurens de Medicis
Duc d'Vrbin, Que la miserable Ita-
lieesperoit de sa maison quelqu'vn
qui la deliuraft. Infailliblement l'Esprit qui luy dictoit ces paroles,
voyoit de loin le mariage de Henry le Grand ; entendoit parler de
LOVYS LE IVSTE, & designoit
les merueilles que nous auons veuës,
& celles que nous verrons, si les Italiens ne resistent opiniastrement à
leur bonne fortune, & ne preferent
les aulx & les oignons d'Egypte, ie
veux dire quelques petits interests,
& quelques chetiues pensions, dont
l'Espagne les repaist, à la liberté
qu'on leur presente.

Mais quoy qu'il en soit, le Roy a
dessein de faire ce qu'ont fait les
Princes que l'Histoire nous baille
pour demy-Dieux. Il marche sur les
pas de ces magnanimes Roys, enne-

mis jurez des meschans, Protecteurs
des gens de bien , Pacificateurs de la
Mer & de la Terre , qui ne cher-
choient autre fruict de leurs victoires que le repos du Monde, & ne le
couroient d'vn bout à l'autre, que
pour en procurer la deliurance. Il
sçait qu'il est descendu de ceux qui
ont rompu les forces , & esteint la
Tyrannie de Luitprande , d'Astul-
phe, & de Didier; de ceux qui ren-
dirent au Pape toute la Flaminie, &
toute l'Emilie, qu'on leur auoit vsur-
pées ; qui luy firent present de l'Isle
de Corse , & des Duchez de Spolete
& de Beneuent ; qui adiousterent à
son Domaine tout le pays qui est entre
tre Parme & Lucques. Il sçait qu'il
est heritier de celuy qui se peut dire
à meilleur tiltre que Constantin, le
bien-facteur de l'Eglise, & dont le
nom se lit encore à Rauenne dans

vne table de marbre auec ceſte
dinſcription, IL A ESTE' LE
PREMIER QVI A OVVERT
LE CHEMIN A L'ACCROIS-
SEMENT ET A L'ESTENDVE
DE L'EGLISE.

Il croit auec Ariſtote que le bien-
faire n'eſt pas moins vne marque
d'excellence que de bonté ; & auec
ſainct Paul, qu'on doit faire bien à
tous, mais principalement aux do-
meſtiques de la Foy. Il croit qu'vn
grand Roy doit porter ſes ſoins fort
auant dans l'auenir, & fort loin au
delà de ſon Royaume : Que tous les
temps luy doiuent eſtre en pareille conſideration que le preſent, &
tous les miſerables en meſme re-
commādation que ſes ſubiets. Qu'il
faut que le Monferrat, & le Man-
toüan ſoient auſſi proches de ſon eſprit, que les faux-bourgs de Paris, &

le derriere du Louure, & que si à tré-
te journées de luy vn affligé inuo-
que son Nom & implore sa Iustice,
il sente en mesme temps de la dimi-
nution à ses maux , & du changement en sa fortune.

Il treuue que c'est vne plus belle
chose de rédre la Liberté aux Republiques, que de leur donner vn bon
Maistre, de s'acquerir des seruiteurs
pleins de passion , que des subjets
mal affectionnez, de se faire des a-
mis, que des feudataires, & d'auoir
sur tous les hommes vne Superiorité
de vertu, qu'vne souueraineté de
puissáce. En fin il n'est esleué au plus
haut degré des choses humaines,
qu'afin qu'il soit consideré de plus
loin, & qu'il esclaire plus de païs ;
qu'afin qu'il serue de regle aux autres Princes, & de Loy viuante &
animée à toutes les Nations de la
Terre.

En conscience puis que les gens
de cette sorte font des chemins par
tout où ils passent, puis que leur exéple est vne façon de commander, à
laquelle les plus rebelles ne peuuent
desobeyr, & que l'amertume qui se
trouue aucunefois en la vertu est
adoucie par la vanité qu'il y a d'imiter les Roys, il faudroit que la generation presente fust reprouuee, & il
y auroit trop de dureté dans le cœur
des hommes, si bien tost toute la
Chrestienté ne deuenoit vertueuse,
& si la sainte vie du Roy, sans con-
uoquer d'Estats Generaux, ny d'Assemblees de Notables, ne produi-
soit vne volontaire reformation en
cet Estat, & ailleurs vne émulation
honneste de faire aussi bié que nous.
Il ne faut plus chercher l'Idée du
Prince dans l'Institution de Cyrus;
Il ne faut plus aller admirer à Rome

les Statuës des Consuls & des Empereurs, ny loüer les morts au preiudice de ceux qui viuét. Il n'y a point d'Antique en tout ce peuple de pierre & de bronze, qui represente vn Heros pareil au nostre. Nous possedons ce que nos Peres ont souhaité, & ne sçauriós nous souuenir de rien qui vaille ce que nous voyons.

Quant à moy, soit que ie sois passionné de la gloire de mon Maistre, soit que ie m'interesse dans le dessein que i'ay entrepris; soit que la lumiere des choses presentes m'éblouïsse; soit que le seul amour de la verité me fasse parler, il est certain qu'apres auoir regardé de toutes parts, & consideré le Monde dés le poinct de sa naissance, ie ne trouue point d'homme sur qui le Roy n'ait quelque auantage, ny de Vie qui à tout prendre soit si admirable, que la sienne.

Ie voy de grandes vertus en certains endroits, mais ie voy aussi de
grands vices qui les accompagnent
Les Serpens se cachent dessous les
fleurs : les poisons & les parfums sortent du sein d'vne mesme Terre.
Toute la Nature est vne confusion
de bien & de mal, Il n'y a pas vne de
ses parties, qui ne souffre ses incommoditez & ses manquemens, & les
corps mesmes qu'elle a trauaillez
auec le plus de soin, & qu'elle a formez de la plus riche matiere, ont
leurs defaux, leurs eclypses, & leurs
maladies. Il n'y a que la personne du
Roy où ie ne remarque rien que ie
voulusse qui n'y fust pas. Ie ne suis
point icy occupé, comme au r'affi-
nement des metaux, à separer le pur
d'auec l'impur : Ie ne suis point en
peine à démesler la Vertu d'auec le
Vice. Tout y est esgalement bon,

tout y eſt hors de blaſme , & digne
d'eſtime ; Et ſi le premier rang qu'il
tient aujourd'huy entre les hommes, eſtoit en diſpute parmy eux,
ie ne penſe pas , qu'il y en euſt quelqu'vn qui le luy puſt debatre legitimement, & qui ne luy deuſt ceder,
ou en nobleſſe de ſang , ou en proſperité de ſuccez , ou en adreſſe de
corps , ou en force d'eſprit , ou en
magnanimité de cœur , ou en pureté de conſcience.

Concluons donc que c'eſt *le Prince*
par excellence, & au delà de toute
comparaiſon : que ſa vie eſt la leçon
des maiſtres , & l'exemple des parfaits : que ſes loüanges doiuent eſtre
l'exercice de tous les eſprits , & la
matiere de tous les diſcours. Ne ſor-
tons point d'vne ſi agreable meditation que pour y rentrer ; Ne prenons haleine que pour eſleuer plus
　　　　　　　　　　　　haut

haut noſtre voix, N'achevons qu'à
deſſein de recommencer. Auſſi bien
eſt il Feſte en toute cette Prouince
depuis la priſe de la Rochelle, &
nous auons du loiſir, que nous ne
ſçaurions mieux employer qu'à l'hō-
neur de celuy qui nous l'a donné, &
qui nous fait iouyr en repos de nos
liures & de nos eſtudes. Outre que
quand le loiſir meſmes nous man-
queroit, & que les occupations &
les affaires nous preſſeroient de tous
coſtez, vn ſi noble diuertiſſement
merite d'eſtre preferé aux occupations & aux affaires.

FIN.

A MONSEIGNEVR
LE CARDINAL DE
RICHELIEV.

MONSEIGNEVR,

Estant encore arresté icy par quelques affaires que ie ne puis laisser
sans les perdre, ie souffre auec beaucoup de douleur vne si dure necessité, & m'estime comme banny en
mon pays, puis que ie suis si long-
temps esloigné de vous. Ie ne nie pas
que les victorieuses & triomphan-
tes nouuelles qui nous viennent à
toute heure de l'Armée ne me donnent quelque émotion de joye, &
que ie ne sois sensiblement touché
du bruit que vostre nom fait de tous
costez. Mais ma satisfaction ne

sçauroit estre entiere, d'apprendre
dans les relations d'autruy, les choses dōt ie deurois rendre témoignage; & ie m'imagine tant de plaisir à
vous considerer en vostre gloire,
qu'il n'est point de soldat de là les
Monts sous vostre commandemēt,
de qui ie n'enuie la bonne fortune.
Ie ne laisse pas pourtant, Monseigneur, ne pouuant vous seruir du
corps, & de l'action, de vous reuerer iour & nuict de la pensée, & d'e-
ployer à vn si digne culte la plus noble partie de moy-mesme. Vous
estes apres le Roy, l'eternel obiet de
mon esprit; Ie ne le destourne quasi
iamais de dessus le cours de vostre
vie, & si vous auez des courtisans
plus assidus que moy, & qui vous
rendent leurs deuoirs auec plus d'o-
stentation & de monstre, ie suis certain que vous n'auez point de serui-

teur plus fidele, ny dont l'affection
viéne plus du cœur, & foit plus viue
& plus naturelle. Mais afin que mes
paroles ne femblent pas vaines &
fans fondement, ie vous enuoye la
preuue de ce que ie dis ; par où vous
reconnoiftrez, qu'vn homme per-
fuadé a vne grande difpofitió à perfuader les autres , & que le difcours
appuyé fur les chofes , & animé de
la verité, remue bien les efprits auec.
que plus de force, & y acquiert bien
plus de creance , que celuy qui fe
mefle feulement de feindre & de de-
clamer. C'eft vne partie , Monfeigneur , tirée de fon corps , & vne
piece que j'ay détachée du trauail
que j'ay entrepris : à la perfection
duquel j'auoüe franchement , que
toutes les heures du loifir plus tranquille que le mien, & toutes les puiffances d'vne ame plus releuée que
les ordinaires , euffent trouué fuffi-

famment dequoy s'occuper. Il y eft
traité de la Vertu & des Victoires
du Roy ; de la Iuftice, de fes armes,
de la Royauté, & de la Tyrannie, des
Vfurpateurs, & des Princes legitimes ; de la Rebellion chaftiée, &
de la Liberté maintenuë. Mais parce que le Prince dont ie parle ne s'ar-
refte point, & que le fuiuant ie m'é-
barquerois dans vn fujet infiny, ie
me fuis prefcript des bornes, que ie
n'euffe pû rencontrer en fes actions,
& à l'exemple d'Homere, qui a finy
l'Iliade par la mort d'Hector, bien
que ce ne fuft pas la fin de la guerre,
ie n'ay pas voulu paffer la prife de
Suze, quoy que ce n'ait efté que le
commencement des merueilles que
nous ayons veuës. Or vous fçauez,
Monfeigneur, que le genre d'écrire
que ie me fuis propofé, eft fans com-
paraifon, le plus penible de tous, &

qu'il est mal aisé d'agir d'vne longue impetuosité, & de faire des efforts qui durent. On donne cette
loüange aux Orateurs; à ceux dis-je,
qui sçauent persuader; qui sçauent
plaire en profitant; qui peüuent rendre le Peuple capable des secrets de
la science ciuile. Car pour les Philosophes, qui en ont escrit, leur ratio-
cination est d'ordinaire si seche & si
décharnee, qu'il paroist que leur intention a plustost esté d'instruire,
que d'agreer; & d'ailleurs leur stile
est si embarassé & si espineux, qu'il
semble qu'ils n'ayent voulu enseig-
gner que ceux qui sót doctes. A cela
il n'y a pas pl⁹ de difficulté, qu'à guerir des gens qui se portent bien, &
pour estre obscur, il ne faut que s'arrester aux premieres notions que
nous auons de la Verité, qui ne sont

iamais biẽ nettes, ny bien démelees,
& qui tombant de l'imagination ſur
le papier dans la confuſion que d'a-
bord elles ſe preſentent à elle, reſſemblent pluſtoſt à des auortemens
informes, qu'à de parfaites produ-
ctions. Dauantage dans la compoſi-
tion de l'Hiſtoire, où regne encore
la Politique, vn Autheur eſt porté
par ſa matiere, & les choſes eſtant
toutes faites, qui le ſoulagent de la
peine de l'inuention, comme la ſuite
du temps luy donne ſon ordre, il
n'eſt preſque obligé de ſa part, que
de contribuer des paroles. Ce que
quelques-vns ont eſtimé ſi peu, que
Menandre eſtant preſſé de mettre au jour vne piece qu'il auoit pro-
miſe, Elle eſt toute preſte, répondit-
il, Il n'y a plus que les paroles à faire. Mais dans le genre perſuaſif, outre qu'il faut ſe ſeruir des mots auec

plus de choix, & les placer auec plus
de juftefle, que dans les fimples nar-
rations, qui pour tout l'éclat, & tous
les enrichiffemens de l'expreffion,
ne veulét que la clarté & la proprieté
des termes: ceux qui defirent y reüffir, s'efforcent de mettre en vfage, &
de reduire à l'action les plus fubtiles
idées de la Rhetorique; d'éleuer leur
raifon iufqu'à la plus haute pointe
des chofes, de chercher dans châque
matiere les verités moins vulgaires
& moins expofées en veuë, & de les
rendre fi familieres, que ceux qui ne
les apperceuoient pas, les puiffent
toucher. Leur deffein eft de ioindre
le plaifir à l'vtilité, de mefler la deli-
cateffe parmy l'abondance, & de ne
combattre pas feulement auec des
armes bonnes & fortes, mais encore belles & luifantes. Ils effayent de
ciuilifer la Doctrine en la dépayfant

du Gollege, & la deliurant des mains
des Pedans, qui la gastent & la salis-
sent en la maniant, qui sont, pour le
dire ainsi, ses corrupteurs & ses adul-
teres, & abusent à la veuë de tout le
monde d'vne chose si belle & si excellente. Ils ne se garantissent point
des escüeils en s'en détournant, mais
ils taschent de couler dessus auecque
souplesse, d'échapper des lieux difficiles, & non pas de les fuir, d'aller
au deuant des interpretes malicieux
par vn mot qui destruit la consequence qu'ils pensent auoit tirée, &
de faire voir qu'il n'est rien de si ai-
gre, ny de si amer, qui ne se tépere,
& ne s'adoucisse par le discours. En
fin ils se laissent quelquesfois emporter à cette raisonnable fureur,
que les Rhetoriciens ont bien connuë, mais qui est au delà de leurs re-

gles, & de leurs preceptes; qui pouffe l'Orateur à des mouuemens fi
eftranges, qu'ils paroiffent pluftoft
infpirez, que naturels, & de laquelle Demofthene & Ciceron eftant
poffedez; l'vn jure par ceux qui font
morts à Marathon, & les deïfie de
fon authorité priuée : l'autre inter-
roge les collines & les forefts d'Albe, comme fi elles euffent deu luy
refpondre. Que fi ie m'eftois appro-
ché d'vn fi noble but, ce que ie n'o-
fe, ny ne veux croire, & fi ie pouuois monftrer aux Nations eftrangeres, qu'en France tout fe change
en mieux fous vn Regne fi heureux
que celuy du Roy, & qu'il nous augmente l'efprit, comme il nous a ac-
creu le courage, ie n'en meriterois
pas pour cela la gloire, mais il faudroit la rapporter toute entiere à la
felicité de mon Temps, & à la force

de mon Objet. En tout cas , Monseigneur, si ie ne puis auoir rang parmy les sçauans & les habiles , on ne
me le sçauroit refuser parmy les gés
de bien , & les seruiteurs affectionnez ; & si ma capacité ne vous doit
pas estre en consideration , mon zele merite pour le moins que vous ne
le rejettiez pas. Certes i'en suis souuent tellement émeu, que ie ne doute point , que mes ressentimens ne
vous plûssent , & que ce ne vous fust
vn diuertissement agreable de regarder vn Philosophe en colere. Et
bien que le vray amour soit assez
content du tesmoignage de la conscience , & que ie vous rende beaucoup de preuues de ma tres humble
seruitude , que ie suis asseuré que
vous ne sçaurez iamais , ie desirerois
neantmoins aucunefois, pour la satisfaction que vous en auriez , que

vous me puiſſiez ouyr du lieu où
vous eſtes, & que vous viſſiez auecque quel auantage ie diſpute la cauſe publique; de quelle ſorte ie refute
les fauſſes nouuelles qu'on fait courir, & comme ie ferme la bouche à
ceux qui veulent parler deſauanta-
geuſement de nos affaires. Il eſt certain qu'elles ne ſçauroient eſtre plus
fleuriſſantes, ny les ſuccez des armes
du Roy plus glorieux, ny le repos de
ſes Peuples plus aſſeuré, ny voſtre
adminiſtration plus judicieuſe. Et
toutefois il ſe rencontre de certains
eſprits, qui s'ennuyent de leur propre bien; qui ne peuuent ſupporter
leur felicité; qu'on ne ſçauroit retenir dans la bonne creance, que par
des proſperitez ſurnaturelles, & qui
n'ont plus de foy, ſi toſt qu'il n'y a
plus de miracle. Quand les affaires
preſentes ſont en bon eſtat, ils ſont

de mauuais jugemens de l'auenir, &
dans les euenemens heureux leurs
presages sont tousiours funestes. Ils
sont de serment de n'estimer que les
Estrangers & les choses éloignées:
Ils admirent Spinola, parce qu'il est
Italien, & qu'il n'est pas de leur party; & il leur fasche de loüer le Roy,
parce qu'il est François, & qu'il est
leur Maistre. Ils ont bien de la peine
à confesser qu'il a vaincu, apres vne
infinité de villes prises, & de factiõs
ruinées, qui sont les Monumens e-
ternels de ses victoires ; & il luy a
esté plus aysé de meriter l'estime de
toute l'Europe, que de gaigner leur
approbation. Ils nous persuade-
roient, s'ils pouuoient, qu'il a leué
le siege de deuant la Rochelle, qu'il
a faict vne paix honteuse auecque
les Huguenots, qu'il a esté battu par
les Anglois, & que les Espagnols

l'ont faict fuïr. S'ils pouuoient , ils
effaceroient fon Hiftoire , & eftein-
droient la plus grande lumiere qui
doiue éclairer la Pofterité. Ie ne doute point qu'ils ne voyent de mauuais
œil dans mon Liure , l'image des
chofes qui les offencent fi fort. Et
ceux qui croyét les Fables & les Ro-
mans , & fe paffionnent pour vn
Hercule , & pour vn Achille , qui
poffible ne furent iamais ; ceux qui
lifent auecque des trâfports de ioyé
les actions de Roland , & de Re-
naud, qui n'ont efté faites que fur le
papier, ne prendront point de gouft
à la verité , à caufe qu'elle rend tef-
moignage à la vertu de leur Prince.
Ils trouueront bon , que contre la
foy de toute l'Antiquité Xenophon
qui eftoit Grec, & non pas Perfe, ait
fongé vne vie de Cyrus à fa fantai-
fie , & qu'il le faffe mourir dans fon

lict, & parmy les siens, quoy qu'il
soit vray qu'il mourût à la guerre, &
qu'il fut vaincu par vne femme. Ils
trouueront bon que Pline ait menty
en plein Senat, & qu'il ait loüé Trajan de temperance & de chasteté,
quoy qu'il soit vray qu'il fust sujet
au vin, & à vn autre vice si sale qu'il
ne se peut nommer honnestement:
& ils trouueront mauuais qu'estant
nay sujet du Roy, ie die de luy, ce
que personne ne peut contredire, &
qu'ayant à faire voir vn exemple
aux Princes, ie choisisse plustost sa
vie, ny que la vie de Cyrus qui est
fabuleuse, ny que celle de Trajan,
qui n'est pas bien nette; pour ne
point parler de celle de Cesar Bor-
gia, qui est toute noire de laschetez
& de crimes. Le Ciel ne sçauroit faire à ces gens-là vn Superieur qui fût
à leur gré. Celuy qui a esté selon le

cœur de Dieu, ne seroit pas selon le
leur. Ils ne trouueroient pas Salomõ
assez sage, ny Alexandre assez vaillant. Ils sont generalement ennemis
de toutes sortes de Maistres, & accusateurs de toutes les affaires presentes. Ils crient iusques à nous rompre la teste, qu'il n'estoit point necessaire de faire la guerre en Italie;
Mais si vous fussiez demeuré à Paris, ils eussent crié bien plus haut,
qu'il eust esté deshonneste de laisser
perdre ses Alliez. Pource que quelques-vns de nos Roys ont fait des
voyages mal-heureux de là les
Monts, ils soustiennent qu'il faut
que cettuy-cy, qui ne suit pas les
mesmes conseils, tombe neãtmoins
au mesme mal-heur. Ils combattent
vostre conduite par de vieux Pro-
uerbes, pource qu'ils ne sçauroient
l'attaquer auec de bonnes raisons:
Ils

Ils alleguent que l'Italie est le cime-
tiere des François, & ne pouuant
marquer vne seule faute que vous
ayez faite en ce pays-là, ils vous re-
prochent celles de nos Peres, & vous
accusent de l'imprudence de Charles huictiesme. Ie pense bien qu'ils
pechent plustost par infirmité, que
par malice ; qu'ils sont plustost pas-
sionnez pour leurs opinions, que
pensionnaires de nos ennemis ; &
qu'ils ont plus besoin des remedes
de la Medecine, que de ceux des
Loix. Il est pourtat fascheux de voir
les impertinens de ce temps tenir le
mesme langage que les rebelles du
temps passé, & abuser du bien de la
Liberté, contre celuy qui nous l'a
acquise. Ils me viennent dire tous
les iours que nous receurons beaucoup de desauantage du mescon-
tentement d'vn Prince qui s'est se-

Ee

paré de nous ; & ie leur respons, qu'il
vaut bien mieux auoir vn foible ennemy à combattre, qu'vn amy que-
releux à conseruer. ils veulét à quelque prix que ce soit, que le Roy se-
coure Cazal, & ie leur dis qu'il l'a des-
ja secouru par la conqueste de la Sa-
uoye, & qu'en l'estat où il a mis les
affaires, au pis aller on ne le prendra
que pour le rendre. ils ne se contentent pas que vous executiez des a-
ctions extraordinaires, ils vous en
demandent d'impossibles, & quoy
qu'il naisse quelquefois dás les choses des difficultez qui ne peuuent
estre surmontées à cause de la repugnance du sujet, & non pas par le
deffaut de l'Entrepreneur, ils ne se
payent point de ces raisons ausquelles les Sages acquiescent, & voudroient souuent que le Roy fist ce
que le Grand Turc & le Perse joints

enfemble ne fçauroient faire. Tout
cela, Monfeigneur, me donneroit
vne extreme indignation, & ie ne
pourrois fouffrir cet excez d'ingratitude, fi ie ne fçauois qu'il y a eu autrefois vn efprit chagrin, qui repre-
noit les œuures de Dieu, & ne crai-
gnoit point de dire, que s'il euft efté
de fon Confeil, tant en la creation,
qu'au gouuernement du Monde, il
luy euft donné de meilleurs auis,
qu'il n'en auoit pris, & que d'ordinaire il n'efuubit. Aprés vne fi haute folie vous ne deuez pas trouuer
ftrange, que quelques-vns foient
extrauagans. Le Vulgaire a efté de
tout temps iuge tres-inique de la
Vertu. Mais neantmoins elle n'a iamais manqué d'admirateurs, & fi
ceux qui n'ont qu'vn peu d'inftinct,
& qui ne fçauent que murmurer, ne
luy font pas fauorables, C'eft à nous,

Monseigneur, à vous tefmoigner
que les perfonnes raifonnables, &
ceux qui fçauent parler, font du
bon Party.

Du 4. Aouft 1630.

Voftre tres-humb'e, &
tres obeyffant feruiteur,
BALZAC.

AV MESME.

ONSEIGNEVR,

Ie fuis bien fafché que mon indif-
pofition ne me puiffe permettre d'o-
beyr au commandement que vous
m'auez fait, & d'eftre moy-mefme
le porteur du Liure que ie vous enuoye. Toutesfois puis que vous le
receurez par de meilleures & de plus

dignes mains que les miennes, &
que M. l'Euesque de Nantes m'a fait
l'honneur de s'en charger, ie ne dois
point craindre qu'il coure de fortune en mon absence. Si le Roy y dai-
gne ietter les yeux, sur le tesmoignage que vous luy en rendrez, i'ose me
promettre, Monseigneur, qu'il y
trouuera dequoy se souuenir assez a-
greablement des choses passées, &
que sa vertu estant sans exemple, il
prendra plaisir de voir qu'on en parle d'vne façon qui n'est pas tout à
fait vulgaire. I'auoüe franchement
que la consideration d'vne si haute
Vertu m'a donné des pensées que ie
ne pouuois attendre de la mediocri-
té de mon esprit & j'en ay esté si ex-
traordinairement transporté, que
souuent ie n'ay pas reconnu ce que
ie venois d'écrire. Elle seule m'a découuert l'idée de cet Art, qui com-

Ee iij

mande à tous les autres ; qui excite
& calme les paſſions comme bon
luy ſemble ; qui ne ſe contente pas
de plaire par la pureté du ſtyle , &
par les graces du langage , mais qui
entreprend de perſuader par la force
de la doctrine , & par l'abondance
de la raiſon. Ie l'auois cherché iuſques icy inutilement. La vie du Roy
m'en a plus appris, que tous les preceptes des Rhetoriciens ; & ie dois
à la felicité de ſon Regne, tout le
merite de mon ouurage. C'eſt pour
le moins vn auantage que j'ay ſur
ceux qui ont veſcu deuát moy. Leur
memoire m'eſt d'ailleurs en veneration ; & puis que i'honore les hommes de ſoixante ans , ie n'ay garde
de meſpriſer vne vieilleſſe de pluſieurs Siecles. Pour les Eſtrangers,
qui croyent eſtre en poſſeſſion de la
gloire de l'eſprit , nous ne ſommes

pas obligez de leur porter le mesme
respect, & ie pense pouuoir dire sans
les offenser , que comme ils n'ont
point de maistre qui vaille le nostre,
il ne seroit pas raisonnable que nous
leur fussions inferieurs, & que le plus
digne Prince du monde, comman-
dast à vn Peuple qui fût de moindre
prix que les autres. Vous jugerez, à
mon aduis cette question en nostre
faueur. Mais j'espere de plus, Monseigneur, que si vous prenez garde
à la conduite de mon discours , &
considerez de quelle façon ie sors
des mauuais passages, vous me ferez
l'honneur d'auoüer, que ie ne me
suis point picqué, quoy que j'aye
marché sur des épines, & que dans
les plus dangereuses matieres i'ay
gardé le temperament qui se doit
tenir, *Inter abruptam audaciam, &*
deforme obsequium. Si aucunefois i'ay

eu des sentimens assez libres, il me
semble que ma liberté est semblable à celle des Republiques bien po-
licees, où l'on ne laisse pas d'obeyr
aux Loix, & de conseruer tout ensemble sa franchise. Quand ie serois
de Milan, ou de Bruxelles, ie ne sçau-
rois traiter les Princes de la Maison
d'Austriche auecque plus de respect
& de reuerence que ie fais; Et c'est, à
mon opinion, tout ce qu'ils peuuent
exiger de la discretion d'vn homme,
qui n'est pas nay leur subiet. Car de
n'oser parler de l'ambition des Espagnols, des Maximes du Conseil
d'Espagne, & du dessein de conquerir, que le Roy changera quand il
luy plaira en la necessité de se deffendre, ce seroit desia vn commencement de seruitude que nous leur ré-
drions; & ils sont, ie m'asseure, trop
justes, pour vouloir qu'on les remer-

cie du mal qu'ils ont faict. Il peut y
auoir d'autres endroits qui feront
mal expliquez par les mauuais Interpretes, principalement où il eft parlé des Miniftres, & des Fauoris. Mais
me tenant dans les Thefes generales, & ne defignant point les perfonnes en particulier, mon procé-
dé, ce me femble, eft fort innocent;
& ie ne puis pas empefcher que ceux
qui fe fentent coupables n'ayent des
remords, & que les vifages bleffez
ne voyent leurs playes, quand ils fe
regardent au miroir. Que s'il eftoit
deffendu de faire profeffion de la verité, ie ne ferois pas pour cela rebelle, ny ne m'oppoferois à l'ordre eftably. I'obeyrois à vne Loy fi fafcheu-
fe, à caufe que ie fuis bon Citoyen;
mais ce feroit par mon filence, &
non par ma lafcheté, & à la charge
de ne point parler, & non pas de

parler contre ma conſcience. Graces à Dieu, nous ne ſommes pas en
ces termes. Auſſi ie iouys du bon-
heur du Temps, & ſçachant bien
que tout ce qui vient des eſprits ſer-
uiles eſt ſuſpect, que leur teſmoi-
gnage n'eſt point receu, & qu'ils
font meſme tort à la Raiſon quand
ils s'en ſeruent, i'ay voulu eſtre hardy quelquefois, afin d'eſtre croyable touſiours, & de faire paſſer pour
abſolument vray, ce qui euſt pû autrement eſtre diſputé. Il y en a qui
m'accuſent du vice contraire, & qui
diſent que ie flate, parce que ie taſche en quelques lieux de dire la verité auecque ornement. Ie ne veux
point rédre de mauuais office à perſonne. Mais aſſeurez-vous, Monſeigneur, que ces gens là ſont plus ennemis de mon ſuiet, que de mon liure, & qu'ils en veulent plus au Prin-

ce , qu'à l'Orateur. I'auoüe que si
i'eusse esté capable du gére sublime
d'écrire , i'auois dequoy le faire voir
en cette occasion , & ce n'eust point
esté , comme on a dit autrefois, employer les fléches de Phyloctete ,
à tuer des oyseaux , ny exciter des
orages sur vn ruisseau. Il ne doit pas
estre permis de parler bassement de
ce qu'il y a de plus haut au dessous
du Ciel, & la Royauté qui a esté adorée toute seule , merite sans doute
vne double veneration , quand elle
a pour compagne la Vertu. On ne
sçauroit écrire du Roy en termes
trop releuez ny trop magnifiques, &
nous luy pouuons bien rendre pour
vne infinité de iustes raisons ce qu'õ
a rendu autrefois aux méchans Princes , pour le simple respect de leur
charactere. Ie ne vous representeray
point, Monseigneur, auec quel hon-

neur, & quelle humilité, ou pluſtoſt
auec quel culte & quelle religion les
Princes Romains ont eſté traitez
par leurs ſubiets. Ie ne m'amuſeray
point à vous faire conſiderer qu'on
leur donnoit de l'Eternité , & de la
Diuinité, comme on donne à nos
Souuerains , de la Maieſté , & de
l'Alteſſe; que ce qui s'appelle auiour-
d'huy le crime de Felonnie, s'appelloit en ce temps-là le crime d'im-
pieté, & que nos Rebelles eſtoient
leurs Impies. Ie ne vous allegueray
point que dans le Code de Theodo-
ſe les Réponſes des Empereurs ſont
dites Oracles; leurs Regards, ſplen-
deur celeſte; leurs Ediĉts, lettres diuines ; leur Palais, la diuine Maiſon,
& leur Cabinet , le Sanĉtuaire. Ie
vous ſupplieray ſeulement de vous
vouloir reſſouuenir, que ce ſtyle eſt
le ſtyle de l'Empire Romain, qui a

uoit defia receu le Chriftianifme, &
que non feulement les Courtifans &
les Orateurs ont parlé de cette forte,
mais auffi les Saints Peres, & les
Conciles. Saint Gregoire de Nazia-
ze en fa premiere inuectiue contre
Iulian, appelle Conftance Prince
tres-diuin, bien que ce tres-diuin
Prince euft perfecuté les Fideles, euft
chaffé les Papes hors de leur Siège, &
fuft mort en l'herefie d'Arius. Anaftafe eftoit auffi Empereur hereti-
que, & fuft tué d'vn coup de foudre
par vne iufte punition du Ciel: Et
neantmoins Sabas le bon feruiteur
de Dieu parlant de ce mauuais Prince, dit qu'il eft venu pour adorer les
pas de fa pieté Imperiale; & vn Hi-
ftorien de fon temps, le nōme Saint
Anaftafe. Les Peres du fixiefme Cō-
cile de Conftantinople nomment
encore Iuftiniah, Saint Iuftinian, &

sa femme, Sainte Theodore; quoy que la vie de l'vn & de l'autre ait esté plus remplie de monstres que de miracles, & que Theodore particulierement ne se soit seruie de la puissance de l'Empire, que pour faire du mal à l'Eglise. De la mesme sorte Theodoric Arien est appellé Saint Theodoric par le Concile de Rome. Et au rapport d'Eusebe, Denys d'Alexandrie Martyr de nostre Seigneur, bailla le tiltre de tres-Saint à Valerian Empereur Payen, quoy que nous ne le baillions maintenant qu'au Chef de la Religion Chrestienne. Or si cela est, & si les Peres & les Conciles ont parlé de la Sainteté des Heretiques & des Payens, qui ne procedoit que du charactere & de l'onction qu'ils auoient receuë, & par consequent qui estoit estrangere, & qui venoit de dehors; pour-

quoy ne me sela-t'il permis de recô-
noiſtre vne autre Sainteté iointe à
celle-là ? vne Sainteté, qui n'eſt pas
ſuperficielle, ny empruntée ; mais
qui a ſon fondement dans l'innocence de la vie ; qui n'eſt pas attachée à
la Dignité, mais qui eſt inherente à
la Perſonne ; qui n'eſt pas vne impreſſion du doigt de Dieu ſur vne
matiere fortuite ; mais vne effuſion
de ſa grace dans vne ame choiſie &
predeſtinée. Quiconque trouue de
l'excez en mes paroles, ne ſçait pas
quel eſt le deuoir d'vn ſuiet, & n'a
pas l'opinion qu'il doit auoir de ſon
Prince. Il porte ſa veuë trop hardiment ſur vne grandeur ſi eſleuée, &
ne meſure pas la diſtance qu'il y a
entre ſon iugement & le merite du
Roy. Pourueu que l'honneur que l'ô
rend à ces perſonnes ſacrées ne ſoit
point iniurieux à Dieu, il ne peut y

auoir de l'excez à les honorer: Pourueu que les loüanges qu'on leur donne, n'offensent point vne plus grande Maiesté que la leur, elles ne peuuent estre immoderees. Nous deuôs
mesme reuerer leur ombre, & flechir le genou deuant leur figure.
Tout ce qui les approche nous doit
paroistre plus pur & plus lumineux
par la communication qu'il reçoit
de leurs rayons. Le respect qu'ô leur
porte doit aller iusqu'à leurs liurees
& à leurs valets, & s'estendre à plus
forte raison sur leurs affaires, & sur
leurs Ministres: Pour lesquels vous
vous remettrez, s'il vous plaist, en
memoire que les anciens Chrestiens
auoient coustume de prier publiquement, & qu'ils en demandoient
à Dieu la conseruation, bien que par
là ils luy demandassent la conseruation de leurs Persecuteurs, & de
ceux

ceux qui les expoſoient tous les iours aux Lyons dans la place de l'Amphi-teatre. Apres cet exemple ie n'ay gar-dé de murmurer contre le Gouuerne-ment de mon Pays, ny de treuuer mauuais ce qui ſe paſſe deſſus ma te-ſte. Ie me contente touſiours de la probité preſente, & de la ſageſſe qui eſt en vſage. Ie ne diſpute iamais contre le pilote qui me mene, & ne ſuis point curieux d'vne nouueauté, à laquelle quelque bonne qu'elle fuſt, j'aurois peut-eſtre de la peine à m'ac-couſtumer. Ie ſouffre la Tyrannie, & deſire la juſte adminiſtration. Quand mes Superieurs ſont faſcheux, i'ay de la docilité, & de la patience: Et quãd ils ſont tels qu'ils doiuent eſtre, i'ay de la reconnoiſſance & de l'amour. Ie donne aux mauuais mon ſilence & ma diſcretiõ, mais ie ne me laſſe point de dire du bien de ceux qui en font,

ny de loüer les choses loüables. Pour
ce qui vous regarde, Monseigneur, ie
sçay que vous recherchez beaucoup
plus la solidité de la vertu, que la
pompe, & que vous aimeriez mieux
combattre que triompher. Toutesfois puis que vostre modestie est telle, qu'elle reiette bien souuent la verité, vous ne deuez pas estre creu en
vostre cause, & ie vous recuse legitimement. Il ne faut pas que vostre moderation empesche nostre reconnoissance, ny que nous tesmoignons de
l'ingratitude, parce que vous auez
de la pudeur. Il est vray qu'il y a certaines bornes, dans lesquelles les plus
violentes affections se doiuent con-
tenir; & puis que i'ay commencé à
alleguer du Latin, ie debiteray encore ce mot Tacite, *l'essimum Inimico-*
rum genus laudantes. Mais ne commu-
niquant à personne ce qui est deu au

Roy feul, & ne donnant point à vn
autre l'honneur des euenemens, on
ne peut treuuer mauuais que ie vous
represente comme vn sage & fidele
Ministre qui agit par les ordres, & par
les commandemens d'vn grand Prince, & qui ne cherche autre gloire, que
celle de bien obeïr, & de bien seruir.
On ne peut s'estonner que parmy tāt
d'iniustes passions, & tant de murmures sans fondement, il se trouue
des jugemens libres, & des voix qui
benissent vostre cōduite. Et certes en
vne saison où vous estes si puissam-
ment, & si violemment assailly, ce seroit manquer aux deuoirs de l'humanité, de ne s'estudier pas à chercher
quelque consolation à vos déplaisirs,
& de voir souffrir vn Innocent, sans
luy donner vn souspir, ny le soulager
d'vne parole. Il ne suffit pas, Monseigneur, que vous soyez asseuré de la

protection de voſtre Maiſtre, & du
bon eſtat de voſtre conſcience; vous
auez encore beſoin de l'opinion des
hommes, & du témoignage du Public. Vous n'apprehendez point le
danger de voſtre Perſonne, ny la ruine de voſtre fortune; mais vous apprehendez le blaſme, & la mauuaiſe
reputation: Vous craignez les choſes
deshonneſtes, quoy que vous mépri-
ſiez les perilleuſes Et partant ce vous
doit eſtre vne amertume aſſez douce,
& vn mal-heur, quoy que vous puiſſiez dire, glorieux, de ſçauoir auec
tous les gens de bien, que vous endu-
rez pour la Iuſtice, & que voſtre cauſe eſt celle du Roy, & de l'Eſtat. Si
vous auez de la douleur de n'eſtre pas
agreable à vne grande Princeſſe, pour
le moins vous n'auez point de remords de luy auoir eſté infidelle; & ſi
vous n'auez pas eu aſſez de complai-

sance pour faire toutes ses volontez,
nous sçauons que vous auez trop de
probité pour auoir rien fait côtre son
seruice. Ce ne vous est pas vn petit
soulagemét d'esprit, que la prise de la
Rochelle, où vous auez seruy tres-vtilement, & le secours de Cazal auquel
vous auez beaucoup contribué, soiét
les seuls crimes qui vous ayent rendu
coupable, & que l'éclat de ce que vous
auez fait au dehors n'ayant pû estre
supporté à la Cour, les Estrágers soiét
venus se mesler d'vne certre jalousie domestique, & essayer de perdre celuy
qu'ils ne pouuoiét pas gagner. C'est la
source de nos derniers maux, La credulité de la meilleure Reyne du môde a seruy d'instrumét innocent à la
malice de nos ennemis, & la priere
qu'elle fit au Roy de vous éloigner de
ses affaires, ne fut pas tant vn effet de
son indignation contre vous, que le

F f iij

premier coup de la coniuration qui
s'eſtoit formée contre la France, &
qu'on luy auoit déguiſee ſous vn voile de deuotiõ,afin qu'elle crût meriter
en vous ruinant. Le Roy luy a voulu
donner là deſſus toute la ſatisfaction
raiſonnable qu'elle pouuoit deſirer.Il
a eſté pluſieurs fois voſtre Aduocat &
voſtre Interceſſeur enuers elle. Il a
voulu eſtre voſtre Cautiõ & luy répõ-
dre de voſtre fidelité. De voſtre part,
Mõſeigneur,vous n'auez rien oublié
pour taſcher d'adoucir ſon eſprit. Elle
vous a veu à ſes pieds luy demander
grace, quoy que vous luy puſſiez de-
mãder Iuſtice. Elle vous a veu faire le
coupable & offencer voſtre propre
innocence, afin de luy donner lieu de
vous pardonner. Vous vous eſtes mis
en tous les deuoirs de la flechir, & ſi
elle n'euſt creu qu'elle meſme, vous
l'auriez flechie. Mais les mauuais eſ-

prits qui l'enuironnoient, & qui de-
siroiët plus vôtre perte, qu'ils ne vouloient son contétemét, firent de nouueaux efforts, pour endurcir son cœur
qui s'amollissoit. Ils empeschérét l'effet que nous attendions de vos soub-
missions & des prieres du Roy. Ils
l'emporterent sur la bonté de son naturel, qui commençoit à se rendre, &
sans leurs damnables artifices nous la
verrions encore pleine de gloire & de
maiesté, auoir part à toutes les pensées de son fils, & nous vous verrions
encore receuoir ordinairement de sa
bouche les commádemens de voftre
Maistre, Mais elle s'est desgoustée de
l'vn & de l'autre, & a voulu demeurer
ſeh ſa premiere perſuaſió. Le Roy qui
luy accorda autresfois le pardon de
plus de quarante mille coupables, n'a
peu obtenir d'elle la grace d'vn innocent, & celuy qui est venu à bout de

l'obſtination des rebelles, & qui n'a
rien attaqué qu'auecque ſuccés, a prié
ſa mere inutilement. C'eſt ce qui l'a
contraint d'oppoſer vne neceſſaire
conſtance à vne ſi eſtrange fermeté,
& de ſe reſoudre de ne pas donner à
ſes ennemis le plaiſir de luy voir chaſſer ſes ſeruiteurs. Il vous a retenu lors
que vous le preſſiez de vous permettre de vous retirer, & eſtant preſt de
ceder au temps, & de faire place à l'é-
uie, il a fait voir qu'il eſtoit plus fort
que l'enuie, & qu'il changeoit le réps
quand il luy plaiſoit. Il n'a pas crû que
ce fuſt offencer la Nature, que de ne
pas abandóner la Vertu, ny que ce fut
pecher contre la reuerence maternel-
le, que de ne violer pas l'amitié. Et ſe
reſſouuenant peut-eſtre, que noſtre
Seigneur parlant de ſes diſciples, les
appelle ſa mere, & ſes freres, & dit au
meſme endroit, que celuy qui fait ſa

voloté, celuy-là est son frere; sa sœur,
& sa mere, il a pensé que les Roys ne
doiuent pas considerer de telle sorte la
proximité, qu'ils n'ayent égard à l'affection, & que pour regner ils ont veritablement besoin d'alliances & de
parens, mais qu'ils ne se peuuent paf-
ser de seruiteurs & d'obeïssance. Vous
voila donc, Monseigneur, maintenu
par la necessité de vos seruices, & par
les interests de l'Estat, vous voila au
dessus des vents, & de la tempeste. Les
plaintes qu'on a faites côtre vous, n'ôt
fait autre chose qu'asseurer vôtre Maistre, que vous estiez plus à luy qu'on
ne disoit. Le coup dôt on a crû vous
faire tomber, n'a seruy qu'à vostre af-
fermissemét, & la force de laquelle on
a choqué vostre fortune, sâs la pouuoir
esbranler, nous a monstré la solidité
de sa matiere. Toutesfois estant bon
& vertueux, comme vous estes, ie m'i-
magine que vous n'estes point contét

de cette fortune, que vous ne possedez
pas du consentement de tout le monde. Elle ne sçauroit estre plus puissante ny mieux establie qu'elle est, mais
elle pourroit estre plus douce & plus
agreable. Vous ne receustes jamais de
si grands honneurs, mais vous auez
gousté autresfois de plus pures joyes:
jamais il n'y eust plus de victoires, ny
plus d'auantages sur l'Estranger: mais
il n'y eust jamais plus de maux inte-
stins, ny plus de broüillerie dans la
Maison. Ce desordre que vous n'auez
point fait, vous afflige infinimét, & ie
sçay que vous voudriez de bon cœur,
que toutes choses fussét en leur place.
Ie ne doute point que vous ne pleuriés
l'infortune d'vne Maistresse, que vous
auiez cōduite par vos seruices au dernier degré de felicité, & qu'ayant si
long-temps & si efficacement trauaillé à la parfaite vnion de leurs Maie-
stez, ce ne vous soit vn sensible dé-

plaisir de voir aujourd'huy vos trauaux ruinez, & vostre ouurage par
terre. Vous voudriez, je m'en asseure,
estre mort à la Rochelle, puis que juf-
ques-là vous auez vescu dans la bien-
veillance de la Reyne. Ie veux croire
que parmy les plaintes qu'elle fait,
toutes les loüanges qui vous vienñet
d'ailleurs vous sont importunes, &
que mesme voftre merite vous est en
quelque sorte odieux, depuis qu'il n'a
plus son approbation. Dieu dissipera
vn jour ces nuages, & luy enuoyera
de plus equitables penfees de voftre
fidelité. Mais en attendant que cela
soit, & que les affaires se raccommo-
dét, vous ne serez pas fafché que pour
quelques heures ie détourne vos yeux
de deffus les triftes objets qui les affli-
gent, & que ie vous fasse voir l'image
d'vne plus heureufe saifon que celle-
cy. Ie penfe que ie suis infpiré de mon
bon Ange, de borner mon deffein par

le premier voyage d'Italie ; Auant,
Monfeigneur , que vous euffiez des
profperités enuiées, que vos amis vo°
euffent mãqué de fidelité, que la Reyne euft changé fes affections , & que
les efforts des Armees euffent efté af-
foiblis par les artifices du Cabinet. Ie
ne touche point à ces Suiets odieux, &
n'aurois pas le cœur de manier des
playes fi fraifches & fi fanglátes. Ie ne
traite que de ce qui a precedé nos mal-
heurs , & en tout cela , ie ne garantis
que mon intention. Elle eft fort bonne, Monfeigheur , & n'a pour obiet
que le feruice du Roy ; mais elle eft
peut-eftre mal conduite , & n'arriue
pas où elle tend. Ie fçay bien que ie
fuis bon François , & que i'ayme extremement mon Pays ; mais ie ne fçay
pas fi ie fuis bon Politique, ny fi ie cõ-
nois affez nos affaires. Sans doute i'ay
plus de courage que de force , & plus
de zele que de fciéce. Auffi eft-ce vne

proteſtation, que ie fais à l'entrée de
mon ouurage, afin que perſõne ne ſoit
trõpé, & qu'on y cherche pluſtôt dequoy s'exciter à l'amour de la patrie,
que dequoy s'inſtruire de choſes nouuelles & curieuſes. Ie declare dés le cõ-
mencemẽt que ie ne ſuis aydé de perſonne, que ie n'ay point receu de memoires ny d'inſtructions, & que je
marche ſans guide & ſans cõpaghie.
Et partant ſi j'ay fait des fautes, je n'ay
fait que ce que je dois, & on les prendra cõme venãt d'vn hõme qui void
les choſes de loin, & par le dehors, &
qui s'arreſte à ce qui paroiſt des affaires publiques, & ſans penetrer dans
leur interieur qui luy eſt caché.

Ie pouuois entrer d'abord en matiere, & prendre vn chemin plus court,
que celuy que j'ay tenu : Mais j'ay eu
deſſein de preparer les eſprits par vne
lecture agreable à vne lecture ſerieu-
ſe, & de deferer quelque choſe à l'exe-

ple & à la couſtume des Anciés. Vous
ſçauez, Monſeigneur, que la pluſpart
d'entr'eux font des Proëmes à leurs
Liures, qui n'ont rien de cõmun auecque leur ſuiet, & qui font comme des
teſtes appliquées qu'on peut mettre
ſur toutes ſortes de corps. Ce qui eſt
ſi vray, que Ciceron écrit de ſoy meſme, qu'il en auoit vn volume de ſerer-
ue, d'où il les tiroit quand il en auoit
beſoin pour le commencement de ſes
ouurages. De telle forte qu'ayant mis
par mégarde au Liure de la Gloire, la
meſme Preface qu'il auoit deſia miſe
au troiſieſme des Academiques, il prie
Atticus aſſez plaiſamment, de la couper de ce premier liure, & en ſa place
d'y coler vne autre qu'il luy enuoye.
Dans ces Prefaces ils diſcourent ordinairement des affaires & du Gouuernement de la Republique ; ils ſe plaignent de la corruption du Siecle ; ils
content au monde leurs occupations

de la ville, & leurs exercices de la Cā-
pagne; & apres cela, au lieu de defcen-
dre doucement, & comme par des degrez dans leur matiere, vous diriez
qu'ils s'y precipitent, tant ils y tombent foudainement & à coup. Tous
les Exordes de Salluſte ſont de ce gēn-
re, & feroient auſſi propres aux Liures
de Ciceron qu'aux ſiens. Apres qu'il
a declamé du vice, & de la vertu, &
qu'il s'eſt ietté dans vn raiſonnement
infiny, il ne ſort point par la porte du
lieu où il ſe void enfermé; mais il en
échape par vne breche, & briſant tout
d'vn coup où l'on attendoit qu'il con-
tinuaſt, Venons maintenant, dit-il, à
ce que nous auons à traiter. Les Grecs
ſont encore plus licentieux que luy.
Dion Chryſoſtome n'entame d'ordinaire ſon ſuiet qu'à la fin de ſon diſcours. Si on oſtoit à ſon Maiſtre Platon ſes longues Prefaces, ſes Narra-
tions fabuleuſes, & ſes importunes Di-

greſſions, on l'accourciroit de la moitié; & l'vn & l'autre reſſemblent aux
petites femmes deshabillées, qui
ayant quité leur coiffure, & leurs pa-
tins, ne ſont plus qu'vne partie d'el-
les-meſmes. Plutarque eſt ſans difficulté le plus aduiſé & le plus judicieux
des derniers Grecs: Mais il eſt tombé pourtant dans le vice de ſon Siecle & de ſon Pays, & qui pourra démeſler le Traitté, qu'il a fait de l'Eſprit familier de Socrate, pourra ſortir ayſement d'vn Labyrinthe. Les
Autheurs Chreſtiens deuroient eſtre
plus auſteres, & moins curieux des
ornemens eſtrangers. Ils n'ont pas
laiſſé pourtant de donner quelque
choſe à la couſtume, & de s'é-
gayer hors de leur ſuiet. Et pour
ne pas entrer dans vne enumera-
ration ennuyeuſe, le Dialogue
qu'a fait Minutius Felix pour ju-
ſtifier

ſtifier noſtre Religion contre les
calomnies des Payens, a vn commencement fort peu ſerieux, &
fort éloigné de la grauité de la matiere. Et ſaint Cyprian dans cette
lettre ſi eſtimée qu'il a eſcrite à Do-
nat, commence vne tres-ſeuere
Cenſure des mœurs de ſon Siecle, par vne deſcription purement poëtique, & par diſcours
auſſi peint, & auſſi fleuriſſant,
que s'il euſt voulu parler d'Amour,
ou recité vne Fable. Quant à
moy, qui ay entrepris vn trauail d'aſſez longue haleine, ie
n'ay pas voulu imiter entierement les Anciens, qui attachent
à leurs ouurages d'autres ouurages, mais auſſi ie ne les ay pas
voulu entierement fuyr. I'ay
fait vne Preface, où i'ay parlé
le plus agreablement qu'il m'a

esté possible des plaisirs de l'Automn-
ne, pource que c'est le temps de la
conception de mon Prince. Ie n'ay
pas oublié aussi le Pays où j'estois,
pource que c'est le lieu de sa naissance. I'ay esté encore bien-aise de rendre conte par occasion des diuertissemens de ma solitude, & de justi-
fier le loisir d'vne personne retirée,
contre ceux qui l'accusent de paresse-
se & de lascheté. Outre qu'on peut
voir par la conclusion, que tout cela fait à mon propos, & l'auanture
qui a donné lieu à mon dessein, &
qui est historique, & veritable, m'e-
stant arriuée sur le bord de la riuiere
que ie décris, mes descriptiõs qui ne
sont pas peut-estre ennuyeuses, sont
encore aucunement necessaires, &
peuuent estre considerees cõme circonstances de l'action que ie represente, &c.

Du 3. Mars 1631.

EMINENTISSIMO
PRINCIPI
CARDINALI DVCI
RICHELIO.

I. L. BALZACIVS, S. D.

NON facilè dixerim, Eminentissime Princeps, plus-ne molestiæ ex afflicta tua valetudine conceperim, an illuxerit mihi gaudij ex reddita tibi diuinitus sanitate. Nisi fortè, vt sumus in æstimandis malis delicatiores, obtusior verò est bonorum sensus, vix meam adhuc voluptatem intelligam, & liberatus metu horream iam quod timere desij. Aliquandiu hæsi, fateor, ad subitum optatissimi nuncij fulgorem penè perculsus, neque de te satis audebam famæ, & auribus meis credere. Sed vt ab ea perturbatione se recipere cœpit animus, & super morbo tuo securius aliquanto philosophari, ex occultioribus mali causis hæc præcipuè occurrebat. Deum opt. max. graui illa iræ suæ significatione sollicito dubere voluisse Mortales, & tantisper velut deliberasse, an ingratum sæculum clarissimi quo illustratur luminis, æterna defectione multaret. Fuit

illa, vt credibile est, in messa ab ea fælicitatis publicæ
temperatio . quâ superbientes animos nostros, & iam
repetitis victoriis feroces admoneret humanæ fragili-
tatis, rémque Gallicam altius sese efferentem mode-
raretur potius quam inclinaret. Aut fuit certè, vt
subtilioribus p'acebat, adversorum siderum pestilens
in nos conversio, quæ funestum aliquid, & calami-
tosum portenderet, nullaque potuisset declinatione vi-
tari, ni fusæ ad aras bonorum preces, & feruentissi-
ma Gentium vota letale virus mitigassent. Sed his
substinebatur mali impetus, non concidebat. Necesse
fuit fatalem tempestatem erumpere aliquò, & aliquando parere quod iamdudum parturiebat. Singu-
lari itaque amici numinis beneficio à nostris ceruici-
bus, & ab hoc Imperio procul depulsa, vltimæ Germaniæ incubuit, præcipuáque eius vis in caput fortissi-
mi, & fælicissimi aliàs Gothorum Principu effusa
est. Quod caput, Eminentissime Princeps, tui
pretium, & quasi compensationem fuisse non contem-
nendi quidam signorum cælestium interpretes existi-
marunt, neque minori victimâ tam nobilem animam
redimi posse in arcanas fatorum leges curiosius inqui-
rentibus videbatur. Quod si huic hominum generi
aberrare à vero non semper licet. Si succidanea illa ho-
stia siderum iniquitati debebatur, nec vilius poteris
Reipublicæ restitui, feramus æquo animo acerbam tan-
ti Herois mortem. Te viuo lugeri potest, desiderari verò
non potest. Fecisti enim, Eminentissime Princeps,
vt de alienis viribus securi in vnâ mente tuâ acquies-
camus, Quicquid magnum & memorabile abhinc
septem & amplius annis Europa vidit, totum id è
fonte consiliorum tuorum fluxisse scimus. Quæcúmque

... pro salute, & libertate sociorum ... ea non sua te gessisse ipse testis es, nec ... arbitramur, cum satis sit artis, ... non fore, quaque nunc ad Al-bim ... peragitur nobilissimæ fabulæ, hi-... de farines. Supestitem autem multos annos bene Superis vident, si non populum Christianum ... & universum addentes ... quid optimum terris dedere, esse quam longissimum pascentur. Tu vero periculam illorum in te ... etiam tua sollicitudine ... no-stra perinde humana omnia, mortemque adeo ipsam contemnere, regiù per quicquid est & Diuinitatis in Maiorum electione, & in Regio nomine sanctitatis obtestamur, ut futurum posterum cautior & fidelior custos, ... atque tua, in qua communis salus pe-riclitatur, diligentius accuratiusque servatà. Non mo-do, Eminentissime Princeps, serua te tibi, sed & serua te nobis, serua se tua, adque alienæ Reipublicæ. Ea si quidem in discrimine versatur universu Christia-nus orbis, eo in loco Italiæ res, atque Germaniæ consti-tutæ sunt, ut videantur non sollùm ab omni fortuna, sed ab omni rerum ... si quid tibi iam hu-manitus eueniret. Nam quid de matre Gallia dicam, quæ te ... carere non posse ipso, Regis augustissimi ... quæ ut natales tuos sibi vindi-cet, ... tibi incolumitatem acceptam referre, & cui ... plurimum debes, & amoris & curæ, aut ut parens charissima, aut ut optimus parens. Satis ... quidem, si vita tua non ex annorum numero, sed ex rerum tue præclarè gestarum multitudine cen-setur, Natura ... Satis etiam Gloria, si ...

modum æquitate animi tui definire vis; at, quod no-
stri maximè interest, parum certè Patriæ vixisti: quæ
cum superiorum temporum iniuriâ multa perdiderit
& ornamenta dignitatis, & præsidia stabilitatis suæ,
præcipua quidem per te, nondum tamen omnia recu-
perauit. Quæcunque licentia bellorum ciuilium dilap-
sa fluxere, Eminentissime Princeps, ea tu le-
gum seueritate vincies: corroborabis quæ sanasti, fir-
mabis quæ excitasti, recreabis quæ asseruisti. Hîc restat
gloriosissima vitæ actus: hæ sunt tibi extrema imposi-
ta parte, quæ à se cumulatissimè implebuntur, vt
primum post tot & tam graues procellas aliqua tibi
domestica tranquillitatis lux affulserit. Probè enim
nouimus hoc quicquid est iamdudum te animo agi-
tare, nec delineasse ideo optimam formam principa-
tus, vt post aliquot demum sæcula eam alter expressu-
rus sit. Impones ipse sanctissimo operi vltimam ma-
num, & liberalitas illa, quâ externa etiam & lon-
ginqua subleuas, quæque vltro calamitati occurrit nul-
lius oratione euocata, non deerit Patriæ aliqua sui parte laboranti, & opem imploranti tuam: Est illi gra-
tissimum, quod illam saluam esse voluisti; sed vellet
à te non solum salutis suæ, quemadmodum à Medicis,
verum etiam vt ab Aliptis, virium & coloris ratio
haberetur. Vellet pingui illo & affluente otio frui,
quo sine pax mæsta in sordibus & squalore versatur,
nec bello ipso minor est, sed minus gloriosa calamitas.
Communi humanitati maximè consentaneum existi-
mat, vt non solum florens beatúsque sit, qui Impe-
rium obtinet, sed etiam vt imperet florentibus &
beatis, neue alienæ miseriæ assidua contemplatione
inquinet fœlicitatem suam. Hactenus clara, illustria,

... da gentibus fuere qua gessisti. Nunc de te no-
stri homines iucunda sibi atque suauia pollicentur.
Habent in te quod laudent, & quod stupeant, sed
hoc cum Barlaijs, hoc cum hostibus commune habent. Nunc quod placeat, & qua fruantur, quod
proprium, & vere sit suum expectant. Animus tuus
ad maxima quaque intentus, in procurandis Regum
& Imperiorum grauissimis negotiis totus hactenus
fuit: sed te tenet rerum necessitas eumdem animum
aliquando ad minora referre, & partem aliquam in
domos & fortunas nostras deriuare cura & cogitatio-
nis tuæ. Non enim ut nobilis ille artefex Veneris tabus
ex summa pectoris politissima arte perfecit, reliquum
corpus inchoatum reliquit: sic elaborasse solum in ca-
pite, hoc est in asserenda Regia dignitate, inferiorem
corporis partem, priuatas scilicet plebeculæ rationes
neglexisse videri velis. Quæ cum ita sint, Eminentissime Princeps, cum descenderis a summis ad hæc
humilia, expertus nobis dices quæ sit dulcissima om-
nium, & innocentissima uoluptas. Videbis pulcherri-
mam illam diem, & votis tuis omnibus expetendam,
qua tibi a ciuibus tuis, & ab vniuerso populo Gallico
similiter acclamabitur, atque olim Octauio Puteola-
num suum praeteruehenti à nautis & vectoribus co-
ronatis ac thura libantibus acclamatum est: per illum se
viuere, per illum nauigare, per illum libertate, & fortunis
suis frui. Quibus ille tenuissimoru hominum vocibus,
nulla vi, aut adulatione expressis, tantopere delectatus
est, vt præ iis honorificentissima Senatus decreta, deuis-
tarum Gentium titulos ipsa trophæa & triumphos
suos parui fecerit. Illæ quippe demum laudes altissi-
me in animum descendunt, quæ veræ & à credenti-

Gg iiij

bus dicuntur; neque vlli certim potest esse immortali-
tate suæ pignus, quàm præsens in ipsum vniuersorum
amor. Hoc te vltimum laborum & vigiliarum præ-
mium manet, Eminentissime Princeps. Finita
tua mortalitate, adhuc in ore & Gentium animis viues. Adhuc virtutum tuarum & sanctißimorum
consiliorum memoria moderaberis Terras. Temporum
tuorum fælicitas à grato posteritate inter exempla nu-
merabitur, habebúntque seri Nepotes in vnius Toga-
ti hominis historia benè gestæ, fortiter conseruatæ, &
præclarißimè ornatæ Reipublicæ absolutißimum simu-
lachrum. Et hoc nos quoque iampridem haberemus, nisi
eum domi, tum foris, nata aut concitata in te impedi-
menta ac veluti sufflamina piis deliberationibus ob-
stitissent. Sed hi magnarum cogitationum scopuli vir-
tutis tuæ impetum retardare potuerunt, virtutem
autem tuam nec frangere, nec debilitare potuerunt.
Perrumpes ad propositum tibi scopum si ire non datur.
Expugnabis, si fas est dicere, ipsam fælicitatem, &
à fatis extorquebis quod impetrare non potuisti. Expe-
dita & facilia vulgaribus animis relinquantur; ar-
dua & aspera sola digna sunt in quæ incumbas; &
nihil tantum est quod non ab eo sperare debeamus, qui
tanta gessit, tanta sustinuit. Inuidiam, quia extin-
gui non potest, exarmasti; cum fortuna fecisti pericu-
lum viuum, & vt leuißimè dicam, non victus es.
Illa inquam iterum, vt vulgò creditur, domina, quæ
tot Reges in vincula coniecit, tot regna pessumdedit, de
tot victoribus triumphauit, quoties tecum congressa
est, toties à te recessit illibata tua & inuiolata dignitate. Nullæ sunt illi nocendi artes, quás in te non exer-
cueris; nullum virus, quod non effuderis; nullum

...quid in te frustra ula ... ...ite
...impofuiscum illo exclamare, quæ... ...bifor-
tuna superfunt faus usu pari illud ... ...

Dadi quid utra est Iuno, quid vinci iuuat?
Vince ergo quem tibi proponimus inferiorem longe bo
hastem, nec tota ad id adhibita animi tui contentio-
ne, & post excisas apud nos omnes belli civilis fi-
bras, ipsumque partium & factionis nomen pene
deletum, post exactos alienis sedibus Tyrannos, &
restitutos in avita Imperia Principes, quid seris
hoc de quo agimus, agrorum civium leuamentum,
nisi leuissima accessio laboris tui, quamuis non mo-
enum modo incrementum, sed absolutio etiam postre-
ma laniatur.

Via de omnibus, Eminentissime Princeps cum
nuper in agrum Burdegalensem saligandis rus causa
profectus essem, tecum agere animus erat, & nouis-
simum rerum Gallicarum successum tibi, ut par erat,
gratulari. Sed quia eorum per valetudinem tuam
non licuit, habe has à me litteras, testes perpetuæ
erga te, mea & Rempublicam voluntatis purissi-
mi amoris sensum, & ingenua quandaque mo-
deste libertatis voces boni consule, ac credas velim,
nil mihi in hoc secessu, nec futurius esse, nec antis
quius, quam immortalium virtutum tuarum assidua recordatione frui, & intueri identidem in
museo, penicillo expressam probitati & pudicioris
dignitatem. Quam charissimam mihi imaginem
(liceat vivere antiquo semel loqui) inter Penates
& domestica Numina religiose veneror, & ci-
us quotidiano conspectu animus æger, nec suis
minus quam corporis doloribus intentus, tam-

tiß*exercreatur*. Audes aliquando hoc teste & horta-
tore studiorum augusto vultu, de abditis rerum caus-
sis, de natura cœlestium ignium, de his quæ sub as-
pectum non cadunt, de Deo ipso, & de diuinis quæ-
rere. Nec pauca mihi præterea sunt, cùm ad Philoso-
phiam de moribus, cùm ad doctrinam ciuilem spe-
ctantia, eodem inspectore elaborata; quæ sparsa velut
& dissipata membra, si colligere libereret possent in
iustam corporis molem facili negotio coalescere. Sed de
his infœlicis parentis fœtibus; an abiiciendi an tol-
lendi sint, amplius deliberandum. Vt vt sit; ad summa tua in me merita summus cumulus accederet mul-
toque mihi certiorem, & magis compendiariã ad æter-
nitatem uiam aperires, si velles ipse ingeny tui clarißi-
ma monimenta præposito his à me procœmio edendi fa-
cere potestatem. Quare te vehementer ac enixè rogo, vt
de tuis aliquem iubeas hæc seligere, mihique committi
præcipuarum orationum exempla, quas tu alias ha-
buisti, seu cum è sacro suggestu Christi Domini men-
tem, & consilia explicares: seu cum in ciuilibus Co-
mitiis de pacis & belli iure, de fœderibus sanciendis,
de reuocanda Maiorum disciplina dissereres. Eo vbi-
que verborum & sententiarum delectu, in quibus
incorrupta Patry sermonis integritas & venus illa
spiret, ne leuißima quidem Faci labe, aut peregrini-
tatis aspersa. Nam & tu olim (tali nos consortio glo-
riemur) dum per Rempublicam licebat, non auersa-
tus es mansuetiores has musas, & communia nobis-
cum sacra coluisti. Qui tunc temporis credebantur in
eo genere plurimum posse, non dubium artis tibi suæ
principatum augurabantur; & iam, meo quidem
iudicio, perueneras quò destinabam. Sed ab amœni-

tate ſtudiorum reuocarunt grauiores curæ, & tutela
rerum humanarum. Non fuit publicis rationibus con-
ueniens tam excelſum animum, & tantæ molis ca-
pacem circa verba & ſyllabas diutius occupari, pa-
rúmque Deo immortali viſum eſt te eſſe diſertiſſimum
Oratorum. Non hæc tibi tamen in poſtremis habenda
laus, quam Græci, æque ac Romani Principes in pri-
mis, atque adeo in delitiis habuere, quæque præſtan-
tiſſimis cæteris tuis dotibus dehoneſtamento non erit, ſi
in earum ſocietatem illam venire patiaris. Cæterum de
te, & aliquid gratiæ & benignitatis nec temere nec
dubiter ſperare debeam, nil tamen umquam, & ad
lætitiam animi iucundius, & ad nominis famam il-
luſtrius te mihi impertire poſſe arbitrabor, quàm ſi
quod à te maiorem in modum peto, depromptum è li-
teraria tua ſupellectile munus impetrauero. Is enim
ſum, Eminentiſsime Princeps, qui honeſta vti-
libus ſemper anteponam, malimque bonâ tuâ de me
exiſtimatione, quam magnis tuis erga me beneficiis
apud Poſteros inclareſcere. Vale. Prid. Id. Ianuar.

www.ingramcontent.com/pod-product-compliance
Lightning Source LLC
Chambersburg PA
CBHW050550270326
41926CB00012B/1996